belle vue

人生風景．全球視野．獨到觀點．深度探索

其實，問題出在心理受傷了

心理如何治癒身體，英國皇家醫學會精神科醫師的身心安頓之道

作　　者　艾勒斯特・桑豪斯（Alastair Santhouse）
譯　　者　呂玉嬋
執 行 長　陳蕙慧
總 編 輯　曹　慧
主　　編　曹　慧
編輯協力　陳以音
封面設計　比比司設計工作室
內頁排版　思　思
行銷企畫　陳雅雯、尹子麟、汪佳穎
社　　長　郭重興
發行人兼出版總監　曾大福
編輯出版　奇光出版／遠足文化事業股份有限公司
E-mail: lumieres@bookrep.com.tw
粉絲團：https://www.facebook.com/lumierespublishing
發　　行　遠足文化事業股份有限公司
http://www.bookrep.com.tw
23141新北市新店區民權路108-4號8樓
電　　話：(02) 22181417
客服專線：0800-221029　傳真：(02) 86671065
郵撥帳號：19504465　戶名：遠足文化事業股份有限公司
法律顧問　華洋法律事務所　蘇文生律師
印　　製　通南彩色印刷有限公司
初版一刷　2021年9月
定　　價　380元

歡迎團體訂購，另有優惠，請洽業務部（02）22181417分機1124、1135

國家圖書館出版品預行編目（CIP）資料

其實，問題出在心理受傷了：心理如何治癒身體，英國皇家醫學會精神科醫師的身心安頓之道/艾勒斯特・桑豪斯（Alastair Santhouse）著；呂玉嬋譯. -- 初版. -- 新北市：奇光出版, 遠足文化事業股份有限公司出版, 2021.09
面；　公分
譯自：Head first : a psychiatrist's stories of mind and body.
ISBN 978-986-06506-8-6（平裝）

1. 心理治療　2. 身心關係　3. 個案研究

178.8　　110011242

線上讀者回函

心理如何治癒身體，
英國皇家醫學會精神科醫師的身心安頓之道

Head First:
A Psychiatrist's
Stories of Mind and Body

其實，問題出在心理受傷了

Alastair Santhouse
艾勒斯特・桑豪斯——著　呂玉嬋——譯

謹以此書獻給莎拉和兒子們

「不要問這人得了什麼病，要問病著的是什麼人。」

——「現代醫學之父」奧斯勒爵士（Sir William Osler，1849–1919）

Contents

【推薦序二】

在身心醫學邊界

吳佳璇——資深精神科醫師，專欄作者

二〇二〇東奧終於開幕了。正當全台沉浸於台灣健兒史無前例的優異表現時，衛冕的美國體操名將拜爾絲，卻因精神健康因素宣布退賽。

無獨有偶，幾個月前，日本網球一姊大坂直美也因一發再發的憂鬱症，退出法國公開賽。

我期待選手能如所願，保住自己的身心健康，但她們的行動，也對提升民眾的心理健康識能（mental health literacy），做出貢獻。

「為自己表現不佳找藉口吧？」或許部分觀眾如此認為。不過，我相信，他們並不冷血，而是囿於社會文化，甚至親身經歷過被人亂貼心理疾病標籤等不當對待。

為何鐵口直斷？因為我在精神科診間二十多年，見證過太多類似故事。有明顯精神障礙者，擔心會被「強制關起來」；至於有當今醫學無法解釋症狀的人，則擔心受到鄙視，被視為為「病」呻吟；還有人明明受益於治療，卻因身邊的人一句話，前功盡棄……

回想自己還是菜鳥精神科醫師時，常常比當事者還憤慨，一心想要去除精神疾病汙名，導正民眾觀念。但我漸漸體認，這不是上街遊行，也不是國家訂定心理衛生日，或政治人物宣示打造社會安全網就能一蹴可幾，而須以各種方式持續推進，兩位選手的宣示，正是一例。但我們還需要有更多人從不同角度，無論是接受還是提供心理衛生服務，甚至是政策制定者，說出自己的故事。

遠在英國的桑豪斯醫師，應有類似想法而出版了本書，回顧、思索自己臨床生涯，曾面臨的十數個重要議題。而在行醫路上，我也為同樣問題困惑過，以致翻開書扉欲罷不能，完全不因文化差異減少感動。

台灣與英國，都有引以為傲的全民健保（書中的NHS）。桑豪斯醫師就是在倫敦一家歷史悠久，且提供健保服務的知名綜合醫院服務。精神科醫師在綜合醫院，除了一般精神醫療，最特別的使命，就是接受各科同僚轉診「疑難雜症」——這些病人多受苦於檢查正常，無法符合各種疾病診斷架構的症狀，而當代醫學專科化的特性，更讓病人流轉於各科診間，直到最後，才在累積了無助、挫折、羞恥、甚至憤怒的情緒中，走進精神科。並經過桑豪斯醫師團隊的努力，部分病人因體會身心一體的概念，改善了惱人的頭痛，重新調整失控的血糖，進而找回健康。然而，身為醫者，作者累積了更多困惑，像是人們捐出一顆腎臟背後的動機，能不能決定自己的死亡，甚至在高唱病人自主的時代，是否真能理性做出最好的醫療選擇……

我不禁跌入時光隧道，回想自己在大學醫院工作十年遇到的人與事。一位單身老榮民，因反覆胸痛成為急診常客，但重複進行的每項檢查都無異常，且病人被嚇壞，不敢回家，令醫療團隊十分困擾，便找來精神科醫師。我讓老伯住進身心病房，一邊服藥，一邊了解甚麼是恐慌症，漸漸消弭被醫療拒絕的挫折，並意識自己內心對老化的恐懼。數週後，原本要出院的日子，老伯的胸又痛了起來，且描述跟以前不一樣，我請實習醫師及時為他做心電圖，出現心肌梗塞波型，連精神科醫師都看得懂，便打電話請心臟加護病房為他找一張床。

負責控床的住院總醫師一開始很謹慎，表示沒問題，可他聽到病人大名——老伯可是無人不知的急診常客，反而提醒我小心他「又來這一招」。我心急如焚，竟脫口：「這回狼真的來了，有心電圖為證。」

老伯在學弟協助下，迅速住進加護病房，整整晚了一個月，才走出醫院。

【推薦序二】

「頭過身就過」——大腦保健是二十一世紀最重要的醫學難題

蘇冠賓｜台灣營養精神醫學研究學會理事長，中國醫藥大學安南醫院副院長

現代醫學隨著生物科技的發展而突飛猛進，使得醫療中的主體——「病人」顯得更加渺小。英國精神科醫師桑豪斯的大作《Head First: A Psychiatrist's Stories of Mind and Body》，記錄多年來治療疑難身心病例的經驗，用深切同理心和詼諧幽默感，揭露醫學教育和醫療體制最具爭議的問題——醫學「生物化、物質化、專科化」的巨浪淡化了「以人為本」的基礎。身負醫學教育重任的老師，我們不禁思考：在面對醫學困境上要如何強調「思辨」的訓練？在疾病診斷和治療上要如何強調以病人為中心的視角？在保險給付和效率掛帥的潮流中要如何保有人本精神？

大腦是人類最重要的器官，桑豪斯用 Head First 做為書名，取「頭過身就過」和「大腦最重要」的雙關語意。的確，想像一位腦癌病人 A，接受了全身損傷 B 病人的大腦移植，到底是「A 病人接受腦移植或 B 病人接受了身體移植」？人之為人在於腦

那個器官，抑或是大腦所搭載那看不到的心靈？未來科技複製的大腦是成品，抑或是接下去的「經歷發展、習得能力、累積經驗、形成人格」才是成品？完美大腦是沒生病、精準如電腦的腦，抑或是如莫札特、愛因斯坦、德蕾莎修女等具有絕妙創意高貴心靈的腦（但他們都有精神病）？

桑豪斯在書中舉許多現代人最常見的身心健康問題（憂鬱、疲憊、輕生、體重、疼痛），來說明身心並重的全人醫學之重要。我們常常納悶：「非常注重養身保健，為什麼還是失眠疲憊」、「事業成功家庭美滿，為什麼卻不快樂」。在科學日新月異的二十一世紀，醫學將只剩下大腦的難題，而藝術、哲學、靈性滿足、甚至生命的意義之問題，也可能會變成大腦健康的議題！

「得天下英才而教育之，一樂也」，在大學醫院工作不但行醫救人，更能和聰明絕頂又努力不懈的學生、醫師及教授一同學習。因此我經常看到社會上認為最頂尖的天之嬌子、最有成就的教授、名醫，反而最容易陷入嚴重的身心問題。我常常勉勵醫學生和研究生「預防重於治療」，及早養成良好的健康型態，以身作則，照顧好自己的大腦，才能給家人、學生，以及病患更全面的照顧！

（註：根據 ExpertScape 的統計蘇冠賓教授是台灣「憂鬱症」以及「生物精神醫學」研究領域中排名第一的專家；蘇教授長年投入精神醫學的大腦研究，更多身心保健文章可參考蘇冠賓醫師部落格：https://cobolsu.blogspot.com/）

【推薦序三】

養「身」不忘重「心」

蘇益賢——臨床心理師

某次與朋友聊天，他提到最近感覺自己的睡眠品質不是太好，想聽聽我的想法。我問道：「你是觀察到什麼狀況，所以覺得自己睡眠品質不好啊？」

「是這樣的，前陣子X公司不是出了穿戴型手錶嗎？我覺得很實用，就去買了一個來戴。發現裡面有偵測睡眠品質的功能，我就開始天天帶著它睡覺，起床的時候順便檢查一下自己睡得怎樣。但它顯示我睡得不好，寫說『熟睡期』的時間，占的百分比很少。」朋友一邊回想一邊說著。

「喔喔，所以是穿戴型裝置告訴你的囉？」

「是啊！」

「不過，我好奇，在你最近的生活中，像工作、家庭，有發生什麼讓你感覺有壓力的事嗎？」

「壓力呀，我想想……好像還好吔，工作很穩定，家裡也沒特別有什麼狀況。」

後來，稍微仔細檢視他的狀況之後，我發現他的白天生活確實沒特別的改變，但他的「夜間生活」卻發生了非常微妙的變化。這個變化是：他戴著穿戴型裝置睡覺，並且因為內心下意識知道自己的睡眠正在被評估、檢視，而開始擔心自己睡不好。「擔心」雖然只是一種存在於內心的感覺，卻真的影響了他的睡眠。在睡前，他時常不自覺地胡思亂想，一邊想著，「我在胡思亂想的時候」會不會被穿戴型裝置「記錄」起來，這樣我的「好眠分數」會受影響嗎？

類似這樣的狀況，在現代生活中愈來愈常見了。我們有著許多厲害、先進的生理評估與測量技術，卻時常忽視了心理因素在健康與疾病議題中扮演的角色。

心理學家研究發現，「身」與「心」之間不是獨立的存在。日有所思的想法、信念、思考，乃至於情緒，其實都會透過各種機制，影響著人們的身體狀態。好比，安慰劑效應、A型人格（個性急躁、不耐煩、有敵意這些性格特質，已被證實與心血管疾病有明顯關聯）等例，皆是「身心互相影響」的最佳例證。

按理說，完整的健康，是兼顧人的生理、心理與社會三個層面。不過，仔細檢視當代社會之後，不難發現多數人對於健康的想像，仍是偏重於「身」的照顧，更多於對「心」的關照。

在這本書中，作者從他還是一個孩子、一名學生、一位受訓醫師的不同記憶裡娓娓道來，這種忽視「心」的社會氛圍、醫療模式，是如何影響到我們的健康。以及，這種不平衡的關注，又會如何影響到患者所接受的照護。

對於身心健康、疾病與文化等醫療社會議題有興趣的讀者，千萬別錯過本書。當然，從事各種醫療服務的專業，也都能從本書中找到許多提醒，幫助我們重新找回助人的初衷。

作為一位對於「心」的瞭解，多於「身」的臨床心理師，也期待不久之後，在每一個關注不同「身」的醫療場域，都能有「心」的專業加入，補足「心」知識與能量，讓「身心平衡」的完整照護，能助益每一位病人。

1 踏入精神醫學的旅程

我只見過羅蘭兩次面，對他的印象倒是極深，甚至未見其人就先聞其聲。那日，用過了午餐，我回去準備開始看午診，走到候診室時，一個可怕的聲音嚇了我一跳，那聲音聽起像是咳嗽，又像是從鼻子發出的怪聲。

他進了診間後，我讓他坐下來，他對我說了他的故事。他三十三歲，未婚，三年前從加彭來到英國。自從到英國以後，他的喉嚨就越來越不舒服，經常猛然就是一陣劇咳。

羅蘭發現英國生活大不易。他求職不順，在此地沒有家人，也見不到與前伴侶一塊留在加彭的女兒。他的症狀在幾年前就有了，現在變得越來越嚴重。他嗯哼嗯哼清著喉嚨，唾沫四濺，我壓抑著拿起抗菌紙巾清潔辦公桌的衝動，費了好大的勁，才能繼續專心聽他的故事。朋友勸他去看醫師，從他的言外之意，我知道醫師一開始並不擔心他的症狀，不過後來還是把他轉介到醫院徵求更多意見。

我一聽完就明白了原因。羅蘭的生活不斷承受壓力與失望，長期累積下來，加劇了神經性抽搐，現在這種抽搐扎根在他的身體運動系統中，成了無意識的反應。這類症狀我碰到過，奇特的動作和行為只要經常重複，久了就會變成「改不掉的本能」。例如，我見過一些人出現奇怪的步態，走路變得不自然又費力，可是他們的肌肉或神經並沒有任何問題，也似乎沒有任何刻意的假裝。有時，患者持續感到疼痛或頭暈，或者只能輕聲說話，就算做了數個月或數年的醫療檢查，也找不出任何生理原因。一千個病人可能就有一千種症狀。

治療這類病人時，即使病症沒有明確的生理原因，我也會承認它們不是捏造或假裝出來的；就算我認為病因來自心理層面，它們和其他病症一樣真實。

我們很難確知一個人為什麼會出現特定的症狀，例如是肢體麻痺，而不是頭暈或說話小聲。早在二十世紀初，一些精神科醫師就認為，個人的症狀具有象徵意義——比方說，有人目睹了一件慘事，結果就失明了。精神醫學教科書仍然偶爾會提到這種觀點，不過相信的人並不多。

以羅蘭為例，他起初的症狀是咳嗽和喉嚨痛，但他持續關注著自己的呼吸，這種關注最後變成了一種執念。他的堂兄告訴他，他肯定是被下了詛咒，羅蘭也覺得他的沉痾應驗了這個說法。這種擔心反而讓他的症狀遲遲無法好轉，最後，從鼻子大聲咳嗽和噴氣，對他來說就如同呼吸一樣自然。這種臨床表現一般稱為「轉化症」，因為有一種理論認為心理壓力會「轉化」為身體症狀。不過我們必須承認，如何稱呼這些症狀，其實眾說紛紜。對於症狀分類系統的雜亂無序，反映出我們長久以來以各種角度理解這些症狀。有些診斷源自佛洛伊德派精神分析理論，「轉化症」就是一例，而其他診斷則只是描述說明，比如「持續性身體症狀」，但兩者指的可能是同一件事。「功能障礙」一詞通常用來表示神經、肌肉和器官等身體構造完整，但功能受損。有時用語隱含貶義或侮辱（「鬱悶的病人」，指他們對醫師士氣有所影響；「肥厚的文件夾」，形容患者病歷的厚度），而還有一些術語，如「天幕上」（supratentorial，大腦的某一區），聽起來很尊重，具醫學專業，可卻暗示原因在於大腦，也就是對醫療同行示意病人有精神病。

當我口述要回給羅蘭的社區醫師的信時，我拿起他的檔案，有兩封信掉了出來。第一封是耳鼻喉科醫師寫的，他診斷羅蘭的聲帶有問題；第二封是神經科醫師寫的，他診斷他的神經系統失調。我開始擔心了，我是不是完全誤解了情況？我不知道該不該把我的診斷寫在記錄上，我對我所下的診斷逐漸失去了信心。我知道耳鼻喉科和神經科的醫師都聰明能幹，不是會隨便診斷的人。幾週後，羅蘭回來複診，我的診斷似乎更不可靠了——他居然輕鬆笑著說他的症狀全消失了。原來他對我們這三位醫師都沒有信心，將煩惱通通說給了一位深具同情心的神職人員聽，這位神職人員和他看法一致，他一定是受到了詛咒，於是為他灑上聖水，奇蹟似地治好了他。

我好愧疚。羅蘭找了四位「醫治者」，我們根據各自對於人體或心靈的認識得出一個結論，我們都看到了自己想看到的東西：耳鼻喉科醫師發現他的聲帶有問題，神經科醫師發現他的神經有問題，精神科醫師發現他的精神有問題，而神職人員發現他的靈魂有問題。我始終以為我看到的就是事實——而真相卻令我不安。

醫學是這般的狹隘；我們往往不會質疑自己的信念。所有的醫學教科書以同樣的慣例介紹疾病，從流行病學（疾病的普遍程度）開始講起，然後是病原學（病因）和臨床表現（醫師眼見的病痛），再解釋病程（如果不治療的話，疾病的自然發展過程）和預後（結果）。教科書也會討論改變自然預後的治療方法，結果是**人類**戰勝了**自然**。

在行醫生涯中，我持續在教學醫院指導醫學生。醫學生相信，所有的症狀都是某一疾病的產物，我們應該查出該病，提出治療之方。這個步驟在他們受訓期間成了他們的第二天性，因此不會受到質疑。他們抱著一個絕對的信念：其他的都不是純正的醫學。如果我嘗試教導他們另一種思考方式，他們起初會有些懷疑的樣子，然後開始焦慮不安。我向他們解釋，症狀是生活的一部分，大多數時候，疲勞、疼痛、頭暈或背痛並不代表有病。良醫知道這一點，他們重要的任務之一，是判斷哪些症狀應該調查，哪些症狀應該忽略。但主流醫學和公眾輿論抱持反對意見；根據西方實施且盛行的「傳染病模式」醫學，症狀是疾病的徵兆。

這個模式會先找出致病原，然後研發出一種抗生素或其他治療方法來攻擊致病原，最後完成治療。治療傳染病是現代醫學取得的第一個重要成就，教條和迷信也因而開始被更有證據依據的方法所取代。純科學模式在許多醫學領域大獲成功，這種模式有助於認識並治療癌症、心臟病和腎臟疾病（僅舉幾例），也正是因為這個原因，它在過去幾十年裡成為了唯一的選項。

然而，只關注科學，忽略了病痛的社會層面，是我們還在繼續犯的錯誤。畢竟，這種做法不會教我們分辨，哪些病人會忽略症狀或輕忽治療，哪些病人願意改變生活方式來改善健康，哪些病人的家屬會支持他們，哪些病人會患上憂鬱症，出現輕生念頭，又有哪些病人會發揮他們本來不知道自己擁有的抗壓韌性。換句話說，即使了解某一疾病的科學，往往也難以判斷某一患者治癒的成功機率。

還有更糟的。這種講究科學的醫療方法導致數不清的多餘檢查，如果這些檢查最後沒有什麼發現，那麼病人的症狀就會被以為是虛構的。有時，血液檢查或掃描檢查中出現了一個可怕的「意外發現」，與原先調查的症狀毫無關係，於是過度檢查和過度治療又開闢了一條新戰線。對於羅蘭這樣的病患，關鍵不在於他們的症狀不是真的——它們是真的——而在於它們並非醫學教科書中會讀到的病理現象所引起。

我們往往不會多加思考**究竟**怎樣算是健康，而是出於本能判斷自己是否健康。但當我們確實思索起健不健康這個問題時，通常是從「生物學」的角度——我們的器官是否正在執行它們該做的工作。然而，健康不只代表器官都功能正常，還包括了受許多因素所影響的主觀幸福感。更加詳盡檢查身體，可以延年益壽，或者改善整體健康狀況——這是一個錯誤的觀念，事實恰好相反。在十八世紀，美國開國元勳暨科學家富蘭克林（Benjamin Franklin）就已提出一針見血的見解：「過度關心健康，是健康的頭號殺手。」我們非但沒有吸取這一教訓，還被鼓勵接受更多的篩檢和健檢，推動健康促進計畫。這一切使我們比過去更加擔心自己的健康，雖然人類從未活得如此健康。在富蘭克林一個多世紀之後，法國文豪普魯斯特（Marcel Proust）提出一句評述：「醫師用藥物治療一種病（據說他們偶爾也會成功治癒），就會在健康的人體上注射比世上所有微生物毒性要強一千倍的病原體，又挑起十多種病——於是人就病了。」

醫學史學家評論我們這一段歷史時，會認為當代是一個自我的時代。穿戴式裝置測量我們每日睡眠時間、心率和步數，可幾乎沒有證據顯示此類分析能夠改善我們的長期健康結果。[1]然而，這類分析卻觸發了易受感染族群過度擔憂自己的健康，嚴格檢查健康數據引發他們的健康焦慮，而焦慮反過來侵害他們原先良好的健康狀況。

不過，由於過度執著於健康和福祉而心生困擾的，不只有易受感染族群。雖然西方世界的死亡率下降，治病方法日益進步，我們似乎仍舊不像前幾代人那樣覺得自己很健康。一項研究調查美國二十世紀下半葉的健康趨勢，結果顯示，無論是短期還是長期的健康狀況，民眾比祖輩病得更重，殘疾更嚴重。[2]另一項同樣是在美國進行的研究發現，人口每增加百分之十，**終身殘疾者就會增加百分之三十七**。[3]這怎麼可能？因病致殘的人數為什麼會暴增呢？至少有一部分原因在於我們對於自身健康的觀念，以及我們如何看待自己的健康。

就拿背痛當例子吧，背痛是失能的一大原因。據估計，在美國，下背痛每年耗去醫療系統逾一千億美元。[4]西方國家的研究顯示，下背痛比例正在不斷攀升，這種增長很難以背部疾病發病率提高來解釋。[5][6]最有可能的解釋來自一項德國研究，該研究比較了一九九〇年東西德統一前後十年的背痛發病率。東德過去是共產主義國家，在一九九〇年前，背痛發病率比西德起碼低百分之十，在統一之後的十年，東德「迎頭趕上」，當研究結束時，東德的背痛發病率已與西德一樣高。該研究的作者群似乎毫無疑問，從西德傳播到東德的並非什麼實際的疾病，而是對於背痛的看法和態度，這多半就是東德下背痛發病率大幅上升的原因。[7]

那麼我們應該如何看待健康呢？東德和西德對背痛何以有截然不同的期待，讓較貧窮的東德人感覺自己比更富裕的西德鄰居健康呢？在統一後的十年，他們的背並沒有任何改變，但背痛讓他們服藥過量，導致失能與經濟劣勢，他們開始覺得自己更痛苦。這不是大多數人眼中的病痛，也並非我在醫學院求學時所想像的健康問題。

健康不只是無病無痛，也是一種難以具體言說的虛無之物。它是一種主觀的感覺，未必容易衡量，而且受制於我們變化無常的心情與期望。這一切都是不講科學，雜亂無章，非常令人氣餒的，是介於醫學和精神之間的偏遠內陸，許多醫師不願深入，他們寧可選擇明瞭又切實的掃描結果、X 光片或外科手術。

隨著我們對人體科學認識的加深，醫學也呈現分裂的局面，分成許多不同的專科，因為一個人要知道的知識實在太多了。這樣的好處是，人體每個器官系統都有非常優秀的專家，身體該部位有病痛的患者會得到良好的醫療照顧。缺點呢，則是許多醫師對於本身專業領域之外的事情所知甚少，狹隘的觀點成了智慧的漏洞。結果是，醫療服務聚焦在病灶上，著重技術層面，較少考慮其他因素，好比病人的性情或心理健康，而這些因素對症狀表現卻有很大的影響，所以這種情況下採用技術性的醫療方法，只有一個慘字可以形容。病人的症狀與疾病毫無關係，最後卻要進行多項檢查，白費力氣尋找病因。這就如同拿錯的鑰匙去開鎖，把鑰匙嘩啦啦轉來轉去，越轉越用力，但最後還是徒勞無功。這種做法絕對沒用，而且通常會以造成什麼損壞告終。醫療也是如此。

對於很多病人來說，我們醫師最後完全沒有幫上忙，還因為多餘的醫療手術而傷害了不少人，把不需要進入醫療系統的正常人變成病患。假如「聚焦病灶」的方法治不好病人，會被認為是醫學的失敗，而解決方法往往是更多的藥物、更多的治療。這**的確是**醫學的失敗，但並非因為我們缺乏了解人體的技術能力，而是我們不了解人——為什麼他們會出現症狀，為什麼他們要來看病——而且往往也不了解他們希冀從醫療互動中得到什麼。

我經常思考健康感受與健康測量脫節的研究，其中一起研究的對象為心臟病發後正在恢復健康的人。[8] 心臟病發作後，由於部分肌肉死亡，心臟的工作能力會下降；心臟功能以心臟每一次泵出的血液量來表示，稱為射出分率。正常的射出分率高於百分之五十五，但心臟病發作後，這個數字會下降，下降幅度取決於受損程度。研究人員驚訝地發現，心臟病發作後的失能程度，未必與射出分率有直接關係，反而與患者對自身疾病的想法有關。如果病人認為自己的病造成嚴重的後果，他們的生活就會開始萎縮，他們停止運動和做愛，日常久坐時間變得更長。反過來說，如果病人相信自己的病是可以控制的，就更有可能參與復健計畫，繼續他們的生活，重拾工作與過去喜歡的活動。決定結果和活動力的，是他們的信念。心臟病發作後，保持體能活動具有保護作用，[9]即使心臟病造成的損害更嚴重也是如此——你可能有百分之四十五的射出分率，但你整個人卻因為心臟病而殘廢了；你也可能只有百分之三十五的射出分率，卻過得非常充實。

我們非常了解人體——人體的解剖學、生理學、病理學。問題是，我們（無論是醫師還是病患）極少注意情緒如何影響我們對身體的觀感，我們如何感受我們的健康。

我進入精神醫學的旅程算是曲折。我從未計畫進大學讀醫科，但多年承受來自父母的壓力，我最後被說服了申請醫科。我在英國出生成長，但我的父母還保有一些第二代移民力爭上游的觀點，認為當上醫師就代表我終於「出人頭地」了。

醫學院面試是一段奇怪的過程。被問及申請初衷時，如果回答自己「希望幫助別人」，一般會認為你肯定上不了的。無論是真是假，這個答案被認為老套又膚淺，我也知道最好避開。我記得，在我那一年，只有一個男孩子在面試時這麼說，他得到一句扼要的回應：「那麼，你為什麼不念護理呢？」幸好沒人問我這個問題，因為我知道「我爸媽叫我申請的」也不是一個好答案。

如果現在問我為什麼對醫學感興趣，我的回答會是「因為我對人感興趣」，雖然在醫學院時我從來沒有想到這與我學醫有關。那時所強調的是，醫學是一門科學，我們學習人體解剖學，解剖自願捐給「醫學科學」的人體。只要聞到甲醛，我仍舊彷彿又回到了當年的解剖室，大體成排躺在解剖臺上。到了第三學期開始，當解剖老師叫全班「去給自己找一條腿解剖」時，我對屍體已經麻木了，我會毫不猶豫走到教室後方的大桶前，撈出一條人腿，再走回到課桌的路上，小心翼翼地不要讓腿打到誰。

但是，關於生死，或者關於我們存在的其他重要問題，十來歲的年輕人究竟懂些什麼呢？我相信這就是為什麼更多學生在研究所時開始學習精神醫學。醫學院教學生對人體疾病進行冷靜的臨床分析，我們學解剖學（身體各個器官與結構的位置）、生理學（正常身體的運作）、生物化學（細胞的運作）、神經解剖學（解剖人腦）、神經生理學（正常大腦的運作）、病理學（研究病痛）和組織病理學（在顯微鏡下觀察病體），卻從不討論改變與病人的互動可以在許多方面影響健康結果。

精神科醫師也是醫師，在醫學院所接受的訓練，與心臟科醫師、神經外科醫師和全科醫師（即一般社區醫師）相同。我們學會身體的運作、發病的狀況、藥物在人體內如何發揮作用與被處理，但精神科醫師還學到另一樣東西——對人性的理解。我們觀察到，人們的性格、智慧、遺傳和不幸，可能以無數方式導致種種不同的健康結果和疾病；這樣的觀察讓我們對人的生活產生了興趣，這份興趣則又加深了我們對人性的理解。

取得醫師資格後，我承受著龐大的工作壓力，獲得的支持卻不多；因此，把病人視為需要解決的臨床問題——而非懷有希望、恐懼和情緒的凡人——日子會比較輕鬆。我常常對同事說：「我去二號床檢查膽囊，你去四號床檢查痔瘡，然後我們一起去加護病房，再檢查一次服藥過量的情況。」我們往往不說病人的名字，而沒有人會覺得奇怪。一年一年過去，我的人情味逐漸變得淡薄，對於可能導致服藥過量的痛苦的好奇心，也慢慢淡去了。我變得急躁易怒，開始怨恨病人給我帶來的麻煩，害得我睡眠不足。我似乎從來都離不開醫院，我變得非常不快樂。我單身，我把這事歸咎於一直在工作，性子越來越暴躁。在六個月期間，我的體重增加了近七公斤，這無疑是輪班之間靠微波食品和洋芋片果腹的結果——還有，在護理站吃巧克力。

一個值班的晚上，我才明白情況變得多麼糟糕。事情發生在半夜三點，我從前一日早上八點就開始工作，剛打了個瞌睡，傳呼機就響了起來。我迷迷糊糊，一開始以為天亮了，但拿起傳呼機一看，是醫院總機傳來的——表示這是一通院外來電，也就是說來電者是一個社區醫師，也就是說一個多小時內將有急診病人抵達，也就是說——我不用睡了。接下來將是忙碌的一天，又一個不休不眠的夜，我的肩膀不由得往下一沉。我打了電話，社區醫師問我是否可以接一名疑似心臟病發作的七十六歲婦人。這樣的請求我拒絕不了，但我卻失了風度，發起脾氣。

放下電話後，我斷斷續續又打起盹來。我知道自己很快就會被病人送至急診室的消息給吵醒，所以拉長耳朵，留意薄牆另一側是否傳來一陣叮噹響，表示醫院的大門開啟了。我肯定又睡著了，因為當我的傳呼機第二次響起時，我又像之前那樣感到迷糊，後來才回過神來。傳呼機的號碼不是來自通知我患者到急診室，而是又一通外線電話，也就是說又有一個病人。我懷著沉重的心情撥了上頭的號碼，接著發現我其實是與剛才那位社區醫師通話，他告訴我患者在救護車上身亡，不會送來急診室了。突然間，這一夜又有得睡了——起碼可以睡上半個晚上。我愉快地關了燈，倒在醫院提供的塌陷床墊上。可是，我怎樣也睡不著了。我開始覺得惶惶不安，因為我意識到一個我本來可以幫助的人在那晚死去了，不知道她是否有家庭，是否有退休計畫，是否還有其他責任未了。我的滿足感隨即變成了羞恥感；這不是我，也不是我想成為的人。我覺得我失去了人性，而那是醫師最重要的素養。

又過了好幾年，我才轉入精神醫學領域。我的癥結點是，我發現醫院整合醫學是一條好走的路——那時我已經通過評核，成了皇家內科醫師學會的一員，再晉升一級就是顧問醫師了——繼續走這條路看來是比較輕鬆的。但我覺得無趣；過了幾年後，每一次的心臟病發作看起來都差不多，胸部感染、腎衰竭、關節炎和許多其他問題也都一樣。

服藥過量則是另一個故事。戲劇般的世間人事聽得我目瞪口呆，背叛的情節讓我震驚，人性弱點令我同情，而悲壯決定背後經常存在的平淡緣由，則是叫我嘖嘖稱奇。我記得有一個女人，她因為男友劈腿，工作無趣，內心十分痛苦，有一回在家中浴室俯身要拿梳子，結果頭部不小心撞上水槽底部，她居然就在衝動之下決定吞下過量的藥。頭部撞到陶瓷水槽成了壓死你的最後一根稻草？太離奇了。這類故事吸引著我，向我展示人生的另一面，也證明了人人身上都有根本的弱點和不足。

自從二十五年前轉換跑道成為精神科醫師後，我得以從事我一直以來真正想做的事：傾聽並理解像你我這樣的普通人。我聽到了無數人最深的恐懼與未竟的夢想，也聽到了他們對身體疾病的反應，他們因精神疾病所受的苦楚。我逐漸明白，我們的相似遠大於我們的相異；我目見耳聞人們對於愛、失落、救贖、壓力和罹患精神疾病做出相同的反應。我們都會害怕，都會感到脆弱和沒有把握，這很難承認，就連對自己承認也不容易。我們喜歡用各種方式展現力量和自信，以證明自己的成功，我們開的車、度的假、住的房子、穿的行頭和鍛煉出來的體魄，都是為了展示我們的完美和重要。然而，我們之所以這麼做，是因為我們需要關懷，我們沒有把握，缺乏信心，我們渴望贏得他人的認同，好證明自己的生活是對的，儘管我們內心深處要的其實是人人都想要的東西——平息內心的批評聲浪，相信自己夠好，知道自己的人生具有價值。

我們的個性、態度和信念影響著我們人生的每一個階段。我們都記得有個同學怎麼都不會受罰，而沒那麼討喜的某個同學卻怎麼做都不對。有些孩子毫不費力就進步了，有些孩子卻連交朋友都難。一般資質的人，可以靠努力、毅力和偶爾膨脹的能力感，在工作上有所成就，而智商高的人可能發現自己的事業停滯不前，卻不知道自己的言語聽在他人耳中顯得好辯，或是他們的害羞被誤以為是簡慢無禮。我們與世界互動的無數方式，無論是口頭的或是非口頭的，都指引著我們的人生之路。

我們的個性同樣也直接影響我們與自身健康的相互作用。我們是輕忽我們的症狀，還是只要身體一有新的感覺，就心裡發愁，一再去看病呢？我們是否信任包括醫師在內的他人，還是認為「大製藥廠」是醫師決定的背後推手，所以選擇不聽醫師的勸告呢？也許我們認為醫師錯了，或者寧可相信從網路看到的建議，又或者聽信某個與醫師建議相反的朋友的故事。也許你風度翩翩，又堅持不渝，所以比起其他患者，醫師願意在你身上投入更多的時間，研究新的治療方法，甚至遊說藥廠生產特定藥物。宗教或文化信仰可能讓人以為他們的病痛是一種懲罰。憂鬱症會使人覺得治療是沒有意義的，因此患者不想治療，我曾見過相信自己是醫師的躁症患者，自行決定治療，結果導致了悲慘的後果。我們的信念、口才、期望、魅力、毅力和心理健康，都會對健康結果造成重大影響，但我們對這些因素的重視遠低於它們的重要。

我專攻的精神醫學是身心的交會點。借鑒我擔任內科醫師的早年職業生涯，以及後來在精神醫學領域的工作經驗，包括在社區和精神科病房。近二十年來，我受雇於一家心理健康信託機構，在一間綜合醫院工作，那是大多數人都去過幾十次的那種醫院，有一般的內科門診、外科門診、病房和手術名單。民眾為了身體健康問題上醫院，期望醫師診察後能下一個診斷，開一張處方，甚或安排一場手術。很少到醫院的人會認為，他們就診的結果會是要去看精神科醫師，但對許多人來說，這會使他們的治療照護為之改觀。

健康是複雜的，要提供有用的照護，就需要了解人性，也需要了解人體。醫師要做出艱難的判斷，也要承認判斷帶有不確定性。我們必須靈活變通，必須能夠容忍不確定性。人體健康狀態衰退的方式有限，但人的生活、歷練、個性和心理健康與健康的互動方式是無窮的，呈現給醫師的樣貌也是數不清的。這就是我一直以來深受吸引的範疇。

探索個性和心理健康如何支配我們的幸福感受是本書主題。心理對身體具有如此深刻的影響力，這似乎難以相信，卻是千真萬確的——它決定了我們現在的一切和日後的一切。我們的心理左右我們對症狀的理解，對症狀的反應，主宰我們所接受的治療，甚至決定治療是否能夠見效。

接著，讓我們看看多年來帶領個案走入我的診間的許多問題，也許能讓你對一間綜合醫院的精神科醫師的工作有一些認識。我寫這本書的目的，是希望你能學會用新的方式，來思考你的心理、你的身體以及你的健康。

1 Finkelstein, E. A., Haaland, B. A., Bilger, M., Sahasranaman, A., Sloan, R. A., Nang, E. E. K., & Evenson, K.R. (2016). Effectiveness of activity trackers with and without incentives to increase physical activity (TRIPPA): A randomised controlled trial. *The Lancet Diabetes & Endocrinology*, *4*(12), 983–95.

2 Verbrugge, L. M. (1984). Longer life but worsening health? Trends in health and mortality of middle-aged and older persons. *The Milbank Memorial Fund Quarterly. Health and Society*, *62*(3), 475–519.

3 Colvez, A., & Blanchet, M. (1981). Disability trends in the United States population 1966–76: Analysis of reported causes. *American Journal of Public Health*, *71*(5), 464–71.

4 Katz, J. N. (2006). Lumbar disc disorders and low-back pain: Socioeconomic factors and consequences. *The Journal of Bone and Joint Surgery*, *88*(suppl 2), 21–4.

5 Palmer, K. T., Walsh, K., Bendall, H., Cooper, C., & Coggon, D. (2000). Back pain in Britain: Comparison of two prevalence surveys at an interval of 10 years. *BMJ*, *320*(7249), 1577–8.

6 Freburger, J. K., Holmes, G. M., Agans, R. P., Jackman, A. M., Darter, J. D.,Wallace, A. S., Castel, L. D., Kalsbeek, W. D., & Carey, T. S. (2009). The rising prevalence of chronic low back pain. *Archives of Internal Medicine*,*169*(3), 251–8.

7 Raspe, H., Hueppe, A., & Neuhauser, H. (2008). Back pain, a communicable disease? *International Journal of Epidemiology*, *37*(1), 69–74.

8 Petrie, K. J., Weinman, J., Sharpe, N., & Buckley, J. (1996). Role of patients'view of their illness in predicting return to work and functioning after myocardial infarction: longitudinal study. *BMJ*,*312*(7040), 1191–94.

9 Ekblom, O., Ek, A., Cider, A., Hambraeus, K., & Borjesson, M. (2018). Increased physical activity post-myocardial infarction is related to reduced mortality: Results from the SWEDEHEART Registry. *Journal of the American Heart Association*, *7*(24), e010108.

2 精神疾病的汙名

在一九八〇和九〇年代，精神疾病很少被討論，承認自己有精神疾病被認為是可恥的。就像你的收入或你是否有外遇一樣，這是沒有人會公然提起的話題，人們會隔著花園籬笆，用反感語氣談論精神疾病患者。如今，包括英國王室在內的人，都能夠公開討論精神疾病，難以想像我們對這個話題曾經那樣敏感。

這種新的坦然態度是一件好事，而我長期以來一直思考，這有多好呢？討論精神疾病（媒體一般稱為心理健康）自然有助於減少羞恥，淡化汙名；在大部分的歷史上，人們恐懼精神疾病，而精神疾病患者也始終深受其害。證據顯示，無法談論一己情緒問題的人，特別是那些孤立於社會之外的孤獨者，自殺的風險較高。[1] 他們無法解決他們的問題，也無法得到所需的幫助和支持。我們越是普遍公開討論精神疾病，精神疾病就會越正常，尤其要摒棄「堅毅寡言真男人」或「精神疾病是軟弱象徵」這類觀念。

另一方面，能談論的精神疾病通常是相對較輕微的疾病，並且為大眾消費先做過適當的「消毒」。例如，王室成員或許會承認因為失去親人而悲痛，但我猜想沒有一個王室成員會被鼓勵談論他們的幻覺、妄想症或思覺失調症。因此，這反而讓一種想法繼續存在：有的疾病仍然是一種不能談論的恥辱，公開討論的大部分疾病，都是關於跨越正常人類經驗界限的小問題。

我想，可能是英國受到了美國文化的影響，我們才能夠更坦然談論情緒問題。誰忘得了（再努力也沒用）一九九〇年代脫口秀主持人斯普林格（Jerry Springer）風格的電視訪談節目呢？來賓吵吵嚷嚷，自曝隱私，另一個世代深感羞愧的事，如今卻搬到檯面上談論，甚至還有點自豪。

那段期間，我記得有一回在醫院搭電梯時遇到一對母女。我走向電梯時，母親已經和成年女兒在吵架了；原因我並不清楚，但似乎是相當常見的情況，有點像爭吵，又有點不像。電梯門開了，我們三個人走進去，而她們兩人繼續爭論，都沒想到我聽見她們吵嘴會感到尷尬，或者她們會為了自己嘮叨不停而有點難為情。從她們兩人偷瞥我的眼神，似乎可以看出她們對這場爭論根本感到某種自豪。在我看來，這是一種社會行為的改變，人們採用了新規範。

《老大哥》（Big Brother）等實境秀節目，進一步推動這種自我揭露，在某種程度上導致一個更加開放、消除歧視的社會，要求接納的堅持態度取代了英美傳統的寬容價值觀，進而接受異於常規的行為和人，其中包括精神疾病。這不是好事，還能是什麼呢？

舒特醫師（Dr Mike Shooter）支持這樣的態度轉變，他是二〇〇二至〇五年英國皇家精神科醫學院院長。我記得，在二〇〇二年的一場研討會上，他提到自己憂鬱症發作，那場演講聽得我如痴如醉。他發病時還是醫學生，他描述病是如何開始，也說明了那場病如何影響了他。在沒有講稿的情況下，他創造出一種親密的氛圍，生動描繪了憂鬱症的黑色面紗。我深感有幸能親眼見證這樣一個自白的時刻。

也大約是在這個時期，有一股潮流興起，就是請精神疾病的過來人——所謂的「醫療服務使用者」——擔任精神科專科醫師任命面試小組成員，那正是我第一場專科醫師面試時遇到的情況，場面有點令人不舒服。面試一開始，一個醫療服務使用者問我，為什麼我自認能成為一名稱職的精神科醫師——標準的面試問題，如同一顆慢速飛來的板球，輕易就打到了邊界。讓我猝不及防的是下一個問題，不過這問題我或許早該料到——「你個人有過任何精神疾病嗎？」我覺得應該幫忙推動面試的進行，所以一句簡單的「沒有」似乎並不合適，但是這個問題讓人覺得唐突。再怎麼說，一個心臟科醫師求職面試時，不會被問及是否有過心臟病發作的經驗吧。我懷疑我們的自白風氣是否發展得太過頭了。

我個人是否有過任何精神疾病，這個問題讓我想起在曼徹斯特的童年。我的親人都住在那裡；當年，我的曾祖父母逃離歐洲猶太大屠殺和迫害，最後在那座城市落地生根。在這些親人中，包括我的兩個姑婆，珀爾和莎迪，她們同住在北曼徹斯特普雷斯特維奇一幢獨立房子裡。她們成年後一直住在那裡，從一九四〇年代搬進去後，幾乎沒有修葺過屋子。每週六下午，我們都走路去探望她們，曼徹斯特郊區中心聚居著猶太人，滿街黑衣黑帽的大鬍子，他們不是要去猶太教堂，就是剛離開教堂。

自從一九六二年參加我雙親的婚禮之後，莎迪就再也沒有踏出過家門一步。十幾歲時，她有一天出門後感覺頭暈目眩，非常焦慮，直到返回安全的家中，頭暈的感覺才消失。從此以後，只要一出門，她就覺得頭暈，呼吸困難，後來便越來越少出門，生活圈子越來越小。她做了最後一次努力——參加我父母的婚禮，然後做了一個決定：完全不出門的話，日子會更簡單。

莎迪在家裡找了些事來做。她燒得一手好菜，每週六下午，我們全家坐在橡木壁板裝飾的小雅室，莎迪從廚房的上菜窗口遞出炸魚、鮭魚、泡菜和各式手做蛋糕。我們幾個小孩坐著喝汽水吃蛋糕，偶爾從蛋糕切片中間拉出一根長髮，互相對望一眼。喝完茶後，大人繼續聊天，我們轉移陣地到客廳，搶著坐上那張附帶腳凳、派克諾爾牌勃艮第天鵝絨躺椅。接著，我們坐下來觀賞《體育世界》（World of Sport）播出的摔角比賽，接著看《神祕博士》（Doctor Who）。客廳地毯印有雞尾酒杯圖案，很像一九四〇年代遊輪的地毯。要是有誰想上廁所，麻煩就來了，因為樓上靜悄悄的，叫人毛骨悚然，我們一想到就情緒激動，怕得不敢獨自上去。所以我們三人有個約定：我們一定結伴同去，一個守在廁所門外，另一個人趕緊進去小便。

由於莎迪姑婆從不出門，所以養了一條狗作伴，不過因為她從不出門，所以狗也不出門。布蘭迪是一隻雜種狗，背上垂著一團毛，只有門鈴響起，或者有誰拿起剪刀想剪去那團醜得可怕的狗毛，牠才會表現出活力。多年來，牠慢條斯理走來走去，那團亂蓬蓬的狗毛則像鐘擺在屁股上方左右擺動。莎迪非常喜愛布蘭迪，疼得不得了，只是這隻狗吃的雖然是上等的肉，住的卻是一只鍍金的籠，牠的世界最遠只到繫在項圈上的洗衣線拉直的距離，牠可以在屋前的院子遊蕩，但僅只於此。

少了其他犬類的陪伴，久而久之布蘭迪性情變得孤僻，精神略為失常。牠死去之後，一隻叫米吉的貴賓犬取代了牠（以牠原主人「吉米」的名字命名，但反過來拼寫）。米吉是個活潑的小東西，你如果坐下來，牠會設法跳到你的腿上。我擔心這種禁錮生活會讓米吉也精神失常；我當時才十幾歲，已經開始懷疑狗會不會像人那樣得精神病，一隻溫順的寵物會不會變得喜怒無常，甚至咬了郵差，因為牠無法用其他方式表達自己的苦惱。

養狗是一項愉快的消遣沒錯，但真正的事實是，莎迪有懼曠症（agoraphobia），導致她成年後足不出戶。如果有人被判處終身軟禁，肯定會發出強烈的抗議，但這卻是莎迪強加給自己的徒刑。她錯過了尋常的人生里程碑——求職，尋覓伴侶，或許還有生兒育女。但除了這些里程碑，她也錯過了構成生活的日常細節。她錯過在公車上與乘客互換眼神，在超市結帳時的閒聊，秋天的煙燻味道，夜間開車時收音機恰好播放你想聽的曲子，夏日午後剛除過的草地——一生中大大小小的經歷。她最後一次走出小屋的生活體驗是在一九六二年，因此她對外界的一切了解都來自電視和收音機。這都是懼曠症的影響，這種精神疾病往往被認為是小事，無關緊要，比不上思覺失調症或「嚴重精神疾病」。然而，它給她的生活帶來了其他疾病很少會造成的破壞。

莎迪的客廳櫃子永遠塞滿 Mills & Boon 出版社出版的言情小說，這些小說的內容千篇一律，因為粗製濫造，所以每月都有新書上市。醫情羅曼史系列的標誌是封面一角的心電圖，那熟悉的心電活動波形也象徵著浪漫的心悸與陶醉。在小說中，一個英俊但傲慢的醫師被充滿愛心的美麗護士所迷惑，不只被她的美貌所引誘，也著迷於她的善良天性。如果一個人對浪漫唯一的體驗是這樣的言情小說，又沒有現實生活的依託，他最後可能將小說信以為真。因此，莎迪就活在這些小說裡，如同現代有人活在自己用電腦創造出的虛擬現實中。幾年後，莎迪中風了，有幾個星期語無倫次，與她的對話在現實當下和幻想世界之間漂流，她經常說有一個黝黑英俊的高大陌生人要來帶她走。這讓我很傷心。

莎迪的姊姊珀爾胖了一輩子，但似乎一年又比一年胖。她每天到家族在羅奇代爾開的家具行上班，給家裡帶來收入，莎迪則負責燒菜做家事。

就像莎迪一樣，珀爾終生未婚，而且從不看醫生——這是她經常大聲重複的原則。我不清楚這是從哪裡來的，但懷疑她對自己體重感到難為情。她小時候，只要有醫師到家裡看診，她就會躲到櫃子裡。也許那個時代的醫師比較容易批評他人，毫不留情讓她的體重問題成了焦點——於是乎，不論大病小痛，她絕對都不會去看醫生。

珀爾長大成人後，只要有人要她為這種極端心態提出合理的解釋，都會得到同樣一句執拗的回答：「我就是不看醫生。」接著她翹起下巴，討論就此結束。因此，她從來沒有和任何醫師討論過她的體重，或是小腿上如大理石紋的紅褐色斑塊（那是因為坐得離鹵素燈管電暖器太近的關係，莎迪也有這種斑塊，日後我在醫學院學到這稱為 *erythema ab igne*，火逼性紅斑）。

後來，發生了一連串事件，也逼得珀爾最後閉門不出了。首先，家具行的員工組織工會，鼓勵店員向管理階層提出要求，以為任何抵制都代表了老闆壓榨員工。結局對每個相關的人來說都很不幸，珀爾和她的家人並沒有誇大其詞，員工越來越多的要求促使家具行走上破產之路。最後，家具行倒閉，人人都失去工作，包括店員、工頭、出納和珀爾。

在家具行紛紛擾擾的這段期間，壓力開始造成傷害，珀爾在下班途中出了意外，她被翹起的路邊石絆了一跤，摔倒在地，由於身軀龐大，痛得站不起來。她不肯叫救護車（「我不看醫生」），最後街上有人扶她上了一輛車，才把她送回家。這樁意外讓她驚嚇過度，她害怕再出事故，從此不敢出門。

關於我們在她們家度過的那些週六午後，我對珀爾有一個忘不了的記憶：她一雙大手捧著茶壺，手掌和手指都平貼著壺身。茶壺太燙了，根本沒有人敢碰，但是珀爾似乎感覺不到燙手的高溫。她用獨特的沙啞嗓音說話，剖析該週發生的事，我則不停瞟著門，等候搶到躺椅觀看《體育世界》和《神祕博士》的良機。

當我們要走的時候，我總是感到一陣內疚。珀爾和莎迪對我們慷慨無比，我感受到她們的慈祥與關懷，只是身為一個孩子，我無法用言語回應。到下個週末再見到她們以前，我會去上學，父母會去工作，我們與外面的世界互動交流，而她們則只能看到自己家中的情況。到了該返家時，我親吻她們長了細毛的臉頰，注意到珀爾的奶油色皮膚出奇柔軟，泛著紅暈。我收下她們塞到我手中的五英鎊鈔票，閃開汪汪叫的小狗，跳到車裡。第二天，我照例去踢足球，然後到了週日晚上益發悶悶不樂，因為接下來要上一週的課。

莎迪過世後，珀爾的活動能力越來越差，但她還是不肯接受任何的醫療干預。她的生活逐漸萎縮，臥室從樓上搬到樓下的前廳，在我記憶中，前廳仍舊迴盪著童年逾越節家宴情景。最後，珀爾的健康情況失控，不得不住進醫院，這時她才被發現甲狀腺功能低下。我當時已經是醫學生，一切對我而言都說得通了：她的體重，她泛著紅暈的奶油色皮膚，她永遠沙啞的嗓音，甚至是她稀疏的眉毛，全都有了解釋，通通是甲狀腺功能低下的著名影響，解決方法很簡單，她只需要每天服用一錠甲狀腺素，補充不足的荷爾蒙就行了。

所以，如今長眠於北曼徹斯特墓園的兩位姑婆，因為今日視為小恙的狀況改變了她們的人生歷程。莎迪的懼曠症將她終生困在屋內，但如果她當時尋求幫助，這是可以治癒的。要是珀爾能夠克服她對醫師的不理性懷疑，便可以每天服用甲狀腺素，不會因為甲狀腺功能低下症未經治療而使生活不便。我不知道不願尋求醫療協助本身是否該被視為心理健康問題，不過當一般人想到影響生活的健康問題時，想到的可能是癌症、腎衰竭或多發性硬化症等疾病，而非珀爾和莎迪所承受的病痛。

我不知道在第一場顧問醫師資格面試時所感受到的惆悵悲傷應該如何表達，我要如何才能公正描述我的感懷，以及歷歷在目的兒時記憶呢？珀爾和莎迪經常陪在我的左右，我是那麼深切愛著勇敢、和藹又慷慨的她們兩人。我覺得我無法在回答中提起她們兩人，我也不確定我是否真的想這麼做。無論出發點多麼良善，關於我家族精神疾病的這個問題，仍舊令我氣惱，我給了幾句平淡老套的回答，大概表達了這麼樣的一個事實：精神疾病是常見的，對大多數家庭都有這樣或那樣的影響。後來，獲知我的申請並沒有通過，我也不覺得驚訝。

---

1 Calati, R., Ferrari, C., Brittner, M., Oasi, O., Olié, E., Carvalho, A. F., & Courtet, P. (2019). Suicidal thoughts and behaviors and social isolation: A narrative review of the literature. *Journal of Affective Disorders, 245*, 653–67.

3 規避風險的文化

有一點經常讓我感到驚訝：社會文化滲透到醫學文化，在治療病人和研究症狀兩方面，皆有極大的影響力。我們對於健康和疾病的看法非常複雜，攙雜了我們現階段對於生物學的認識，還有我們的文化、哲學和宗教信仰。回到古代，在「醫學之父」希波克拉底的時代，關於如何定義疾病和健康，古人提出了許多和今日一樣的問題。那時普遍的觀點是，許多病痛，例如癲癇和痙攣，是神靈附身或詛咒的下場。希波克拉底——也就是立下「希波克拉底醫師誓詞」的偉大醫師——反對這種觀點，他認為疾病是大腦失調的結果，是身體出了問題。[1]希波克拉底希望闡明疾病與邪靈無關，而是與身體有關，讓人們對於醫學有現代化的理解。

在現代醫學，有關身心如何相互作用和影響的辯論，總是會回到十七世紀法國哲學家笛卡兒。笛卡兒認為，身體是由一個物質實體（神經、肌肉、血管等）和一個短暫的精神（即心靈）組成，他相信心靈完全獨立於身體之外，也許能夠透過大腦與身體溝通，但不是身體的一部分。這種身心分離的觀點稱為「笛卡兒二元論」。

二元論有宗教的根源，永恆的靈魂既與肉體分離，又與肉體相連。然而，從臨床醫學角度來看，二元論的說法讓心靈和肉體之間缺乏聯繫。現今盛行的醫學文化將身體視作一部機器，體內器官以可預測的方式運轉，因此，運轉出錯，病人出現症狀，問題很容易會追溯到出了毛病的器官或系統。但已故社會學家卡爾森（Rick J. Carlson）在一九七五年出版的《醫學末日》（*The End of Medicine*）中說得很好：「把人看成一部機器，確實有助於我們了解身體的功能，以及人類在宇宙中的角色，但不表示將身體當成機器對待就能治癒它。然而，醫學卻把這個觀點挪用為診治的前提。」[2]這段話點出了當前文化的本質，我們對科學的信仰幾乎不容置疑，很難想像當症狀發生時，當人感到疼痛、疲勞或頭暈時，症狀可能是千真萬確的，卻又不是潛在的身體問題所引起。這種想法與主流文化扞格不入，所以臨床醫師和患者都難以接受。在全英各地診所，每天有一模一樣的情節正在上演，這個事實令人困惑和為難，忽視是通常的處理方式。借用英國哲學家賴爾（Gilbert Ryle）的話，就是「機器裡有鬼」。

大多數的情況下，我們不會多加思索我們生活的文化，就像金魚不會去多想牠優游其中的水，我們能做到的，往往就是恪守本分。坦白說，我當醫師的第一天只有一個感受，那就是恐懼。我當然沒去思索醫學文化，這份工作有做不完的事，幾乎無暇再管其他的事。在一九九〇年代，沒有人會讓你循序漸進慢慢來，你從八月一日那天就得進入狀況，倘若那天恰好是週六——我就遇到了，那是一九九二年八月——你走進一家可能從未去過的新醫院，有人發給你一個傳呼機，接著……沒了。旁人叫你開始工作，週末照樣要隨時待命，處理急診室或病房的緊急狀況，基本上整間醫院都是你的業務範圍。在醫院某處，一個有幾年資歷的主治醫師沒有一刻得閒，如果有個菜鳥醫師拿他認為無關緊要的決定來打擾他，他鐵定要大發脾氣。所以，我初披白袍就得獨自應付難題，沒有歡迎，沒有引導，沒有地方放我的袋子，如果我錯過了中午十二點到下午兩點的午餐時間，也沒有地方吃午餐，晚餐則是過了八點就沒得吃。

即使是幾十年後的今天，大醫院對醫師還是漠不關心。我自忖一個不言而喻的道理：一個組織中不該有兩種文化；你不能對醫務人員（其實是對任何人）不好，卻又指望他們善待病人，這根本是行不通的。受到惡劣對待的員工心懷不滿，也不開心，往往會把這些情緒傳染給他們所照顧的民眾。這不是因為他們是壞人，而是因為他們壓力大，有時薪資低，而且經常不受重視。如果員工的健康和福祉得不到照顧，那麼他們本來應該治療的患者的健康也會受到影響。唯獨具有遠見的大醫院主事者才能明白這一點——不過，也要為他們說句話，他們通常也在對抗來自政府或股東的壓力，壓力難以承受，他們的痛苦轉而往下傳遞。

當醫師的第一天，我面對的第一個挑戰是找到我的值班室。好不容易找到了，它位於一棟陰暗水泥建築的三樓。在接下來的幾年，我每六個月輪調一次，算是成了這些房間的專家。典型的值班室是這樣的：床架上永遠是一張塌陷的床墊（傳說這些床墊是淘汰的病床床墊）。這些床墊永遠不可能睡得舒服，因為彈簧斷了，又薄又凹凸不平，夜裡睡著睡著通常會滾到中間的凹陷處。床墊散發著一代又一代焦慮鬱悶的受訓醫師的氣味，他們也曾在這張床墊上斷斷續續地打盹，永遠都睡不飽。窗簾極薄，出於不明原因，顏色通常介於深橙色和褐色之間。房間溫度調節總是不良，不是非常悶熱——暖氣開到最強，怎樣也關不掉，就是冷得要命——風從陋窗灌入，吹得窗框嘎嘎作響，廉價的橘色窗簾飄呀飄。房間大多位在離病房不太方便的距離，有時要走上很長一段路才能到中央大樓（晚上常常很危險）。總之，值班室的種種反映出醫院對於住院醫師的冷漠，這種心態在公共機構很常見。不過，從管理的角度來看，則是有道理的，不然還能怎麼做？六個月後，你就走了，換一批膽怯又士氣低落的新人來接替你。

今日已經沒有醫師值班室了，取而代之的是各級管理部門辦公室，此一趨勢在我一九九二年取得醫師資格時才剛剛興起。由於醫療保健結構改變，值班室被認為是多餘的。我剛當醫師時，和所有同行一樣，被分到一個「醫療隊」。隊上有一個顧問醫師，接著按資歷深淺依序是資深主治醫師、主治醫師、資深住院醫師、住院醫師。在接下來的半年時間裡，醫療隊成員就是你的家人，你幾乎所有時間都和他們在一起（遠多過你陪伴真正家人的時間），一同照顧「你們的」住院病患，每隔三、四個晚上要輪班陪著病人。值班那天，從早上八點開始工作到入夜，有時在值班室抓時間睡一、兩個小時，然後繼續工作到次日。有時很辛苦（有一週，由於和多人交換排班，我最後工作了一百四十小時），不過那是和你認識並信任的人一起工作，有人一起承受，不知怎麼就減輕了痛苦。

現在住院醫師輪班工作，表面看來會讓他們生活品質更好，他們的工作時數確實也不一樣了。然而，制度對醫師來說仍舊不利，輪班班表亂七八糟，這要醫師如何能夠盡心看診，持續照顧病人呢？但是醫師永遠不是醫院優先考慮的，值班室沒了，顧問醫師專用餐廳沒了，「醫療隊」的舊醫療組織也沒了，改由一個顧問醫師帶著一群還不熟悉的屬下工作，彼此之間缺乏凝聚力，與士氣攸關的**團隊精神**也蕩然無存。

當時，綜合醫院還沒有真正成立精神科。那時的文化和心態是，醫院有我們這些精神科醫師，是為了解決身體健康問題而已；我們沒有時間處理病痛的心理層面。我們有的是一條傳送患者的傳送帶，一張張沒有表情的面孔，患者自述病痛，我們調查病癥，種種一切幾乎沒有留下可以思考的時間。優先考慮的是業務執行效率，速度幾乎凌駕於一切之上。在綜合醫院，對身心健康之間交集部分感興趣的精神科醫師非常罕見，而在重要醫學中心和教學醫院之外，這樣的醫師則根本不存在。坦白說，不詢問心理方面的事比較簡單，因為反正知道了這些資訊，你也做不了什麼。病人自己很快也會發現，他們這些方面的煩惱和憂慮，與醫師似乎沒有特別關係，也就不會主動提出。

在內心深處，我開始懷疑忽視疾病的心理層面，是不是件好事。我繼續擔任整合醫學醫師，累積了資歷後，接著開始看門診。和醫學上其他事情一樣，別人只期望你出現，並在無人告訴你的情況下就知道該怎麼做。通常到了最後，你會逐漸開始搞清楚狀況。對於每一個門診病人，你都必須回溯他們的檔案，整理出他們的經歷時間軸，包括查明病人出現過的症狀，當初的檢查結果，以及在你之前的醫師是否列出正在考慮的潛在診斷（在我們這一行稱為「鑑別診斷」）。然後，你必須查出之前的醫師做過什麼檢查來解決問題。

通常菜鳥醫師會做的——至少就棘手的病例來說——是把問題擱置一邊，直到他們轉到另一科。這可以透過一連串基本上毫無意義的檢查做到，這些檢查會達成兩個主要目標。首先，這會營造出採取行動的表象，檢查多餘又毫無目的，卻莫名其妙取代了深思熟慮的分析和明確的決策。其次，它讓病人覺得他們所投訴的病痛得到認真且徹底的調查。然而，即使只是第一眼看到病歷，往往也能明白看出，病人的身體健康問題，是由壓力、不快樂、抑鬱或各種其他心理和社會因素造成的，從病人提及的複雜家庭動態、經濟壓力、情緒和焦慮症狀，也能知其一二。只是已經來不及追究了，醫師對身體已經投入太多心血，病人也相信了，確信醫師一定是預期能找到生理問題，否則不會持續尋找。加入前輩的行列，迴避應當進行的對話——他們的身體問題是否其實反映出心理或社會壓力——反而比較簡單。你只需要再想出幾項還沒做過的檢查，或者重複幾項做過的檢查，等到所有檢查結果都出爐，問題就會輪到下一個醫師，不再是你的了。

如果說我從內科轉換到精神醫學有一個關鍵時刻，這就是那個時刻。這個時候，大家也開始意識到，對許多醫學聲稱能夠提供幫助的人來說，醫學診治他們的方式反而讓他們身體健康惡化，如同大多數災難，沒有惡意，甚至是出於最良善的意圖。想想以下的事實吧，在一項針對美國基層醫療網進行的著名研究中，五百五十多例常見症狀（如胸痛、疲勞、頭暈、頭痛、背痛、麻木）的新病訴中，只有百分之十六的個案證明是由潛在的身體原因造成。[3]這是一個驚人的數據，表示幾乎所有的病例中，患者帶著常見的症狀去看醫師，卻很少找得出病因，醫師也沒有什麼可以治療的。這項研究中，醫師對超過半數的個案進行治療，據說結果往往無效。此後，相似的研究也永遠得到相同的發現。在醫療這一行出現的問題中，有相當一部分並不是大多數人認為的「醫療」問題。大多數症狀不是由於病變器官引起，但我們卻一直假裝是。

即使病人透過基層醫療網的轉介，因胸痛、骨盆腔痛、疲勞、頭暈、腸道問題或其他各種疾病上大醫院找專科醫師問診，統計數據看起來也沒有好多少。一項在倫敦進行的研究發現，如果你能被轉介到婦科門診，只有百分之三十四病人的症狀，可從主診專科醫師口中得到充分的醫學解釋，百分之六十六的病人的症狀沒有醫學解釋。[4]在神經內科門診，情況也好不到哪裡去，神經內科醫師只解釋清楚百分之三十八的病人的症狀。在腸胃科（百分之四十二）和心臟科也是如此，在心臟科，只有百分之四十五的症狀，被認為可以用器官機能疾病來解釋。至於在風濕病專科，這個數字是百分之五十五，胸腔科則是百分之六十。在荷蘭一項於門診進行的研究中，只有百分之四十八的門診病患，得到對於他們症狀的明確醫學解釋。[5]

從醫學角度無法解釋的症狀也很昂貴。在英國，所有不必要的檢查加起來，估計每年支出逾三十億英鎊，將近英國國民保健署（NHS）年度預算的百分之三。[6]有時醫師內心深處也明白，這些檢查什麼也不會告訴他們，檢查的理由只是「讓病人安心」，有趣的是，結果通常並非如此。一項研究探討「讓天天犯頭痛的患者接受掃描是否能使患者放心」，[7]從表面上看似乎是個好主意，你能立刻讓病人醒悟他們的頭痛並沒有嚴重原因，他們接著便能繼續安心過日子。然而，結果讓人失望了。一年之後，病人接受常規掃描所得到的寬慰完全消失，彷彿從未接受過掃描檢查。

政策報告也不時要求注意醫學無法解釋之症狀的成本，從非必要檢查的角度來看，這是一種財務成本（包含無法工作、無生產能力患者的經濟損失）；而誤將醫學框架套用到本質是心理問題之上，則是消耗人力成本。當報告出來，統計數據發表，有時確實會引起媒體短暫的興趣，只是這些報告轉眼就被遺忘，醫療診治也完全沒有改變。

牛津大學心理醫學教授夏普（Michael Sharpe），偕同其同事倫敦大學金匠學院教授格列柯（Monica Greco），解釋了生病（illness）和疾病（disease）之間的差異。[8]

「生病」是病人自己對症狀的主觀體驗，他們正在承受身體不適的痛苦；「疾病」是醫師經由檢查得出的診斷。疾病可以透過掃描、驗血和身體檢查發現，被認為是「真實」的，可以從客觀的角度確認。但生病只是一系列的症狀，缺少醫師給予的「疾病」標籤作為認證。因此，沒有疾病標籤的病痛往往被認為是「不真實」的，因為檢查找不出任何問題，患者的痛苦顯得可疑，他們的困境被視為一種道德淪喪。想像一下：有個人去看病，說自己頭暈，醫師檢查之後沒有發現任何異常，就對病人說：「全是好消息，檢查一切正常，你知道自己沒有什麼問題，可以放心了吧。」事實上，病人繼續承受痛苦，但他的痛苦沒有疾病的正當性。對病人而言，檢查沒有任何發現，絕不是什麼好消息，同事、家人可能開始質疑他們的痛苦是否為真。好心的（或者不怎麼好心的）人可能建議這個人「振作起來」，回到工作崗位。當一個人覺得自己生病了，承受各種症狀的折磨，卻沒有一個潛在的疾病來解釋症狀，旁人不再認為他們正在受苦，而是意志薄弱，缺乏堅忍的品格。

在這種背景下，目前實行的醫療模式，雖然令許多病人失望，而且成本高昂，但還是有一定的意義。數不清的檢查一輪接著一輪，目的是給病人一個疾病標籤，為他們的病痛開脫罪責，讓他們的痛苦有了正當性。在由人做出道德判斷的社會中，當找不出疾病時，造成生病的心理原因可能被判定為活該和可恥——即使遭受莫大折磨的情況也是如此。相比之下，由疾病所引起的病痛被認為無可指責，值得同情和社會支持。醫學執行「讓生病變為正當」的功能，因為這是我們身為一個社會為它所選擇的角色。

這種「身體是機器」的醫療模式，也受到越來越規避風險之文化的支持。在這種避險的心態下，比起其他的事，醫師對於診斷不出病因的恐懼，遠超過過度檢查的傷害，找不出病因是處置失當的噩夢。另一方面，過度檢查或許被認為有點太過謹慎，但一般來說是一種良善的醫療行為。儘管眾所周知，過度檢查症狀可能造成實質的傷害，因為沒有任何檢查是絕對準確或絕對安全。活體切片檢查可能切錯，血管可能被刺穿，掃瞄結果可能發現意義不明的小斑點，實驗室可能送回含糊不清的血液測試結果——這些都會令患者更加焦慮，而且幾乎不可避免地要做更進一步的檢查。

在這幾年碰過的個案中，我可以想出幾個人的人生險些毀了，就因為一個又一個好心醫師想解釋他們臨床表徵的每一細節。有一個轉介到我門診的年輕人，為了想找出他頭暈的原因，在見到我之前已經看過六個不同專科醫師（心臟科、風濕專科、神經科、自主神經系統科、腸胃科和耳鼻喉科）。答案在我眼中很明顯，其他醫師肯定也很清楚，他得的是焦慮症，頭暈是過度呼吸的結果，這是焦慮症患者常有的情形。然而，在檢查他的頭暈是否有潛在的生理根據之前，沒有一個專科醫師有信心敢打包票這麼說。在長達十八個月的時間，他的生活處於停滯狀態，為了查明是否是內耳疾病、平衡失調、低血壓、神經系統原因、心臟原因、控制血管的神經損傷，他不停接受檢查。他照了X光，做過腦部掃描、血液檢查和傾斜床檢查。他曾接連數日戴著心律監測器，也曾在血管裡注射染料，接受讓他感到噁心又疲憊的治療。礙於身體狀況不佳，他遲遲沒有和女友訂婚，工作只能在往返醫院之間的空檔完成。他接受的檢查和掃描次數多得我數不清（我通常是會數的）。他經歷了所謂的「醫源傷害」（iatrogenic harm）——也就是醫師在無意中所造成的傷害。

我第一次見到他時，他很難與人交談。他二十多歲，看上去很年輕，不過一臉警惕，甚至有些戒心。他死板地講述自己的故事，因為已經講過太多次了，唯一一次稍微提振起精神的時候，是我問他這些經歷是否讓他對醫師產生了不信任，這個問題似乎打開了一個鎖。他告訴我，他對醫療專業完全失去信心，醫師們讓他忍受了那麼多的不適，耗費他那麼多的時間，他的情況卻比一開始差得許多。在這一點上，我想不同意也難。他自幼被教導要尊重權威，不喜歡質疑醫師的意見。我問他，我怎麼知道他能否信賴我的意見。他不太確定，但心裡又有某樣東西軟化了。他很害怕，似乎急於開口述說他的恐懼和不確定——他是生了重病，還是太過憂慮？——檢查反而加劇了他對重病的恐懼，而從一個專科轉到另一個專科，則令他身心交瘁。我直言不諱告訴他，他的問題無非是得了焦慮症卻沒有治療，對健康持續抱著疑慮，加上反覆的檢查和治療，他的焦慮症反而加重了。漫長的討論後，我看得出他開始考慮，最後決定贊同我對他的問題的解釋。最令人欣慰的是，開始使用抗焦慮藥物治療後，他的焦慮症在四週內就出現改善，八週後恢復正常，不久我就讓他不用再回診了。過去的十八個月是他想遺忘的噩夢，但他的例子卻始終縈繞在我的腦海。這或許顯示出我們當前規避風險文化中的最大問題，病患循例接受所有檢查，這表示醫師終究是在錯誤地方尋找病因，拖延了能夠真正幫助病人的治療。

就在這之後幾週，胸腔科同事又給我轉來了一位病人。轉診的是有哮喘的中年婦女，她的呼吸困難遠遠超過任何客觀的臨床所見，換句話說，哮喘醫療團隊開始懷疑她的病其實有心理因素。這似乎是相當簡單的個案，我當時剛進醫院，急於給一般內科的顧問醫師同事留下好印象。事實上，在蓋氏醫院（Guy's Hospital）這種老字號醫院，身為唯一的精神科醫師，我覺得自己是在孤軍作戰。蓋氏醫院在醫學界有許多馳名的醫師前輩，以他們大名命名的病房讓他們永垂不朽：[9]解剖學家庫柏（Astley Cooper）以自己的名字命名了「庫柏氏睪丸」、「庫柏氏乳房韌帶」、「庫柏氏疝氣」等；[10]布倫德爾（James Blundell）執行了史上第一次輸血；布萊特（Richard Bright）是腎臟疾病研究先驅；愛迪生（Thomas Addison）率先發現美國總統甘迺迪後來罹患的愛迪生氏症。長廊有幾個世紀的歷史，我覺得自己背負著精神醫學的聲譽，下定決心把工作做得徹底，所以請祕書查一查轉診的瑪格麗特是否有任何精神科紀錄。那時候，我們有兩套紙本病歷，一套關於身體健康，另一套是精神科的，存放在醫院一個完全獨立的地方。（自那以後也沒太大的進展。現在我們使用數位病歷：一套系統記錄身體健康，另一套是精神科專用。不可避免的是，兩套系統互不相通，我手下的住院醫師要花一定比例的時間輸入一組紀錄，然後將剛剛輸入的內容用電子郵件寄給自己，再登入另一套病歷系統，將一模一樣的內容貼上去。）

幾天後，病歷部送來瑪格麗特的紀錄，厚厚一大疊，不出所料，信件筆記不可勝數。當我打開時，那一整疊東西突然散開，許多紙張從文件夾中滑落在桌面和地板上。我俯身撿拾，撿起的第一封信是用打字機打的，信紙像香菸紙一樣薄，日期是一九六〇年代，在泛黃的邊緣和不整齊的字體之間，偶爾有一些原子筆槓掉更正的內容。這是瑪格麗特的小學母校寫給她父母的信，告知他們，孩子的焦慮情緒影響她的出勤率和學業成績。旁邊有另一封也是來自學校的信，比較簡短，不過內容完全相同，並且對於前函沒有收到回覆表示遺憾。其他掉到我桌子底下的信件寫於一九七〇年代，用的是過去時代醫師的高壓語言。七〇年代的病人不許看自己的醫療紀錄（事實上，在接下來的三十年，病人依然沒有權利看他們的醫療紀錄），所以寫信者很少考慮到萬一病人讀到信的感受。我撿起一封醫師寫的信，收信者是一位早已退休的精神科醫師：「這個女孩（雖然她現在已經二十歲了）來找我，主訴胸痛，擔心可能與心臟有關。她帶著一篇關於心肌病的報紙文章來看診，我不得不說，我覺得她的推測相當古怪，我已經向她解釋了這一點。她不用再找我回診，之後就交由您照顧了。」

辦公桌上還有一份為法庭而寫的精神報告，日期是一九八〇年代，瑪格麗特被人撞見在商店順手牽羊。從報告中，我得知她從一家藥房拿走幾樣東西沒有付錢，她辯稱她本來想要付錢，但突然恐慌症發作，控制不了自己，所以拔腿衝出店家，沒有停下腳步。撰寫報告的精神科醫師表示同情，認為她的說詞似乎可信。我拾起一疊疊的信，它們雜亂無章，恢復不了原本的排列順序，所以我也找不到後來開庭的結果。最後我開始把零零散散的紙片塞回文件夾，其中有一些是她的門診紀錄，幾乎無法辨認，我勉強讀懂了幾段蛛絲般的筆跡所寫的簡短文字，「包括緊張、焦躁，抗焦慮劑」，大致可以解釋成增加抗焦慮藥物劑量治療她的理由，因為她的症狀仍舊持續不變。我不禁心想，那時候醫師的日子簡單得多，幾張潦草的字條，也許再一張處方簽，病人就會心懷感激，沒有怨言。

身體健康紀錄同樣也透露了細節。到三十歲時，瑪格麗特已經去過醫院大約半數的醫療部門。她動過幾回侵入性手術，似乎都留下副作用，她疼痛不止，又重新回頭探查問題。她墜入了醫療的兔子洞，奇怪的是，這正是她想待的地方。她絲毫不抵抗無休無止的檢查，在醫學專業的懷抱中，她覺得很安全。她成為內行的病人，以約診看診為重心，穩定建立起生活。

當我終於見到瑪格麗特本人時，我不知道我在期待著什麼，但她最引人注意的一點是，她幾乎各個方面都毫不起眼。她穿著石洗牛仔褲、運動鞋和一件不成形的深綠色襯衫，稀疏頭髮及肩，已經開始長出白髮。她講話有條有理，只是嗓音帶有一絲焦慮，可以感覺到她急於給人留下好印象。她對我說了一些她幼年的事，大部分我已經從紀錄知道了。她生長在倫敦郊區的工人階級家庭，性情素來焦慮。父親在鐵路局工作，母親始終沒有工作，一方面是因為她要照顧三個孩子，另一方面是因為各種微恙讓她經常一連數日臥病在床，包括偏頭痛、頭暈和關節痛。後來，瑪格麗特在感到壓力時會覺得腹痛，她的母親便經常不讓她上學。

十六歲時，瑪格麗特得了盲腸炎，由於她長年腹痛和缺課，旁人很難信以為真。她說她一開始說自己肚子痛，醫師都不予理會，直到她的盲腸裂開，大家才動起來，趕忙送她進手術室。她清楚記得那件事，說她後來開始做惡夢，夢到自己死在醫院。她記得自己越來越擔心自己的健康，尤其是因為「他們一開始都不聽我的」。這替她日後諮詢醫療專業人員定下了模式，如果有人說，她的某一症狀可能無法從器官機能疾病的角度理解，也許應該理解成反映出她的焦慮和對身體健康的關注，她就會指出她先前的經歷。這是她手中的王牌，警告醫師不留意病人的下場，而醫師向來擔心被告，害怕漏掉什麼，總是為她做檢查。

她經常身體不好，顯然影響了她的家庭生活。當時，她已結婚生子，但在一間紡織公司短暫工作後，健康問題就阻礙了她的職涯。她很少和家人一塊去度假，因為她擔心在國外生病。她一連串的病痛讓我想起園遊會的「打地鼠」攤位，一個健康問題才解決，另一個就在別的地方竄出來。如果身體健康沒有問題，她又會焦慮起來，而且比過去更加焦慮。她的生活就這麼過下去——在小診所看病，到大醫院掛號，接著接受檢查，永無止盡的循環。我很想知道，如果她康復了會發生什麼，她的生活又將如何。

在她是我的病人的那些年裡，她以同樣的方式生活著。某一層面上，她的確明白我所說的身心之間的聯繫，也能理解我對於她症狀的解釋。只是，每當她身體哪裡感到一陣痛時，她就把這一切都忘了，逐漸陷入一種情緒，堅信這一次和之前的幾百次不同，這一次會是要命的事件。接下來會像盲腸故事重演，她試圖讓所有人相信她真的不舒服，一旦做出了這個決定，她就會痛苦地哭泣，活力盡失，絕望萬分。沒過多久，又一套的檢查展開了，結果通常都是正常的，儘管有時也會發現不重要的小異狀。顧及瑪格麗特的痛楚和情緒，醫師往往會提供治療，有時甚至動了手術。就這樣，瑪格麗特過著如此這般的生活。

我在她身上取得的成就並不大。我鼓勵她不要一有什麼極小的症狀就去看醫師，也向她解釋我上面所概述的：有症狀是正常的，也是常見的，幾乎在所有情況下都不代表有什麼病——這是眾所周知但很少討論的事實。照顧瑪格麗特很難有什麼進展，而阻止內科醫師和外科醫師過度檢查，則是更難的工作。他們明白我要表達的重點，也很清楚瑪格麗特所養成的行為模式，但是他們害怕漏了什麼，況且檢查終究不花他們一毛錢。為她進行徹底檢查，即使不是正確的選項，也似乎永遠是安全的選項。

我照顧瑪格麗特十年，她在心裡形成一個牢不可破的信念：我救了她的命。我始終不懂她為什麼會這麼想，也許是因為這些年來我見證了她走過多次的危機。通常她的危機與她收到來自官僚組織的信函有關，這種事總是讓她陷入恐慌，有時是家庭危機或事件，不難預料她接著不是焦慮症發作，就是出現新的症狀。

每年十二月，我都會收到她寄來的卡片，還有她在工藝美術課上做的成品——有一年是一個超大的陶土蘋果，隔年是讓我聯想到雷神杯的巨大號角杯，又有一年是一隻珐瑯象。最後，因為某個激動且戲劇性的理由，她搬到別處，我把她交給另一位精神科醫師照顧。雖然她堅持認為我是她活著的唯一原因，但對我來說，她的情況反而支持了我的論點：我為他做得最少的人，往往最感激我。我盡了最大的努力讓她遠離不必要的醫學檢查和治療，專注於改善她的心理健康，然而，每一次我都會被醫療文化扯後腿，因為醫療文化難以處理瑪格麗特這種臨床表徵，也不知她代表了大多數有健康問題的人。我沒有責怪誰，她的其他醫師敬業勤懇也用心良苦，我猜想他們一定也懷疑過讓她接受某些檢查和手術是否明智，只是他們受制於一個規避風險又僵化的醫療系統，在這個文化中，安全的選項幾乎永遠是過度檢查。這種文化勉力接納像瑪格麗特這樣的病人，也是我們鍥而不捨尋找疾病的附帶傷害。

1 Haynes, S. D., & Bennett, T. L. (1992). Historical perspective and overview. In T.L. Bennett (Ed.), *The Neuropsychology of Epilepsy* (pp. 3–15). Springer.

2 Carlson, R. J. (1975). *The End of Medicine*. Wiley.

3 Kroenke, K., & Mangelsdorff, A.D. (1989). Common symptoms in ambulatory care: Incidence, evaluation, therapy, and outcome. *The American Journal of Medicine*, *86*(3), 262–6.

4 Nimnuan, C., Hotopf, M., & Wessely, S. (2001). Medically unexplained symptoms: An epidemiological study in seven specialities. *Journal of Psychosomatic Research*, *51*(1), 361–7.

5 Van Hemert, A. M., Hengeveld, M. W., Bolk, J. H., Rooijmans, H. G. M., & Vandenbroucke, J. P. (1993). Psychiatric disorders in relation to medical illness among patients of a general medical out-patient clinic. *Psychological Medicine*, *23*(1), 167–73.

6 Naylor, C., Das, P., Ross, S., Honeyman, M., Thompson, J., & Gilburt, H. (2016). Bringing together physical and mental health. The King's Fund. Retrieved from https://www.kingsfund.org.uk/sites/default/files/field/field_publication_file/Bringing-together-Kings-Fund-March-2016_1.pdf (accessed 26 Nov. 2020).

7 Howard, L., Wessely, S., Leese, M., Page, L., McCrone, P., Husain, K., Tong, J., & Dowson, A. (2005). Are investigations anxiolytic or anxiogenic? A randomised controlled trial of neuroimaging to provide reassurance in chronic daily headache. *Journal of Neurology, Neurosurgery and Psychiatry*, *76*(11), 1558–64.

8 Sharpe, M., & Greco, M. (2019). Chronic fatigue syndrome and an illnessfocused approach to care: Controversy, morality and paradox. *Medical Humanities*, *45*(2), 183–7.

9 Agha, R., & Agha, M. (2011). A history of Guy's, King's and St. Thomas' hospitals from 1649 to 2009: 360 years of innovation in science and surgery. *International Journal of Surgery*, *9*(5), 414–27.

10 Singal, R., Singal, R. P., Mittal, A., Sangwan, S., & Gupta, N. (2011). Sir Astley Paston Cooper: History, English surgeon and anatomist. *The Indian Journal of Surgery*, *73*(1), 82–4.

4 憂鬱症

我現在習慣了別人發現我是精神科醫師時的反應。最常見的問題大概是「你正在分析我嗎？」，我的回答通常是「沒有」（雖然偶爾也會說：「對，我注意到你剛才問的時候撓鼻子……」）。這個問題顯示，一般人對精神醫學的工作原理及本質有根本的誤解。我們不會讓病人躺在沙發上，也不會要求他們自由聯想，我們無法只憑觀察探知人們內心深處的想法，我們不會讀心術。在諮商晤談時，我絕對不會一開口就說「跟我說說你的童年吧」。不過我察覺自己每天都會提出大量的問題，其中許多是非常私人的。

我收過數百張「好玩」的生日卡，上面畫著精神科醫師辦公室，病人躺在**躺椅**上，頭枕那端有張椅子，坐著一個大鬍子精神科醫師，不過你可能覺得驚訝，現在醫學院其實幾乎不再提佛洛伊德，更別說傳授他的理論。佛洛伊德很有見地，不過一八五六年出生、一九三九年過世的他，已經是個逝去時代的過氣人物。當然，佛洛伊德說過一些有趣的話，他提出一個觀點：每個人內心都有一個「本我」，本我是個沸騰的欲望大鍋，為個人提供動力，像汽車引擎一樣驅使他們前進。而像汽車一樣，只有引擎卻沒有剎車，用不了多久就會出現災難。因此，一種相反的動力——「超我」——起了剎車的作用。佛洛伊德認為，超我是一套嚴厲約束的道德規範，通常來自父母或其他權威人物，是人人需要遵守的準則。平衡本我和超我的是「自我」，自我是我們意識和自覺的一部分，以社會接受的方式指導我們的行為，遊走於我們的基本欲望和良心之間。

佛洛伊德認為，讓無意識（本我和超我）為有意識的大腦所用，我們會因而認識並理解我們自己。他相信，強大的自我意識會影響我們，讓我們試圖對抗精神折磨的治療。他用自己的名字命名了現在所謂的「佛洛伊德式口誤」，也就是說溜嘴，比如說，「票到的時候，我必須嫁給他」，而不是「票到的時候，我必須記得他」。佛洛伊德認為，這類失言暴露了內心深處的欲望，以上述例子來說就是暗示了與該人結婚的渴望。他也認為夢的意義深遠，他相信潛意識在睡眠期間不受阻礙，這也就是人會做夢的原因，而這些夢境的解釋則是「通往潛意識的王道」。佛洛伊德認為，利用這類技巧可以探知最深層潛意識中的想法和欲望，要克服心理障礙，少不了要發掘這種自我意識；了解自己，就能擺脫精神官能症的困擾。

這種分析方式是一個漫長的歷程，可能需要週週都去看醫師，甚至一週多達五次。試圖將無意識的記憶、被壓抑的感情欲望翻出來，那是一個耗時的過程，進展往往是以年為單位，在我看來，這種分析方式所得到的結果，不能證明這種治療所耗費的大量時間金錢是合理的。根據現代精神醫學的主流觀點，佛洛伊德派精神醫學已經過時了，不再適宜日常診斷。一九七〇年代的精神科醫師穿牛仔喇叭褲，留著亂蓬蓬的鬍子，現代精神科醫師則是一襲持重俐落的西裝，使用核磁共振掃描器，認為精神疾病是一種自體免疫疾病。在臨床醫學發展的這條路上，充斥著已經不再風光的觀念，有些徹底消失，有些——例如精神分析——雖失去了突出的地位，不過也找到了利基，並沒有完全消失。

其中歷史最悠久的思想是四體液學說，此一理論始於古希臘人，在醫學界盛行了一千五百年。以前的醫師不像今天的醫師專精身體的不同部位，事實上，正如英國社會學家史考爾（Andrew Scull）在他的《歇斯底里記》（*Hysteria: The Biography*）一書中所指出的，當時那樣反而是江湖醫術和業餘的標誌。[1]持續一千多年的主流觀點是，身心需要保持完美平衡，這樣平衡由四種體液所維持，分別是血液、黏液、黑膽汁和黃膽汁，醫者的職責是查明病人體液失衡的狀況，提供治療，使之恢復平衡。

按照這個理論，憂鬱症是黑膽汁過剩的緣故，黑膽汁的希臘文是 melancholia，也就是今天 melancholy（憂鬱）的字源。躁症患者的血液過多，導致容易亢奮的火爆脾性，抑制過量的血液即能恢復平衡，清淡的奶味布丁曾經是一種蔚為流行的治療方法。以催吐劑嘔吐、放血和通便也都是恢復體液平衡的手段。

這個理論延續了一千多年，因為它以簡扼明確的方式解釋了一切：身體的運作、我們的個性、身體和我們四周世界的關係。舉例來說，黏液是與冬天有關的體液，這解釋了為什麼那個季節常流鼻水，也難怪與黏液（phlegm）有關的性格是冷漠（phlegmatic）。這個理論訴諸我們對於秩序和明確的需求，四體液學說基於一種假設——在我的經驗中，這假設很少受到質疑——事情應當要有道理。如同在量子物理學的世界，在情感和精神醫學的世界裡，有時事情就是無道理可言。

一個週三下午的門診，我領著下一個病人要走入診間時，心中就暗忖著這一點。西蒙是事業有成的律師，已婚，育有三名幼子。他經常陷入嚴重的憂鬱症，憂鬱症似乎毫無理由或不考慮他的情況就偷偷逼近，他感到無助絕望。我想起幾年前還是住院醫師時，曾與一個大名鼎鼎的精神科醫師共進午餐，席間聊到我們最不想得的病是什麼（醫師間偶爾有的話題）。他立刻給了明確的回答：嚴重的憂鬱症。當時，我吃了一驚。他說，雖然不乏會改變生活或摧毀人生的討厭疾病可以選擇，但如果看過夠多的憂鬱症徹底發作，你會明白憂鬱症是最要不得的。我也仍然清楚記得，一回在值班室與一個精神科醫師同事聊天，他告訴我，他有一名憂鬱症患者非常嚴重，因此產生一種妄想，相信他的內心正在腐爛，他可能已經死了，他甚至自己走到墓地，躺了下來，等著誰來把泥土鏟到身上。我無法想像這麼做的人懷著怎樣的心境，是怎樣的絕望和痛苦使他走到那個地步，但我知道我絕對不希望我自己或我所關心的人經歷這種事。

當憂鬱症發作時，病人會感受到深刻的痛苦、絕望和無助，那種悔恨、無用、內疚和羞愧的感覺最後變得難以忍受。他們認為自己的過去是一連串的失敗，自己的現在是一連串無意義的痛苦，而未來會是一連串的無望和徒勞。這種情緒彌漫在他們所有的互動中。（我還是醫學生時，在病房裡碰到一位女性憂鬱症患者，我向她自我介紹，問我是否能夠和她說說話。她盯著地板，拖了一會兒，接著渾然不知醫學生正大堂皇的放蕩名聲，只能想到用無生氣的語調說：「當醫學生可真無趣。」）。憂鬱症患者不吃不睡，無法工作，抽離了社會，不停想到死亡——自殺念頭從未遠離，幾乎始終存在，有時是一種幻想和逃避的手段，有時則是一個清晰而周密的計畫。

和西蒙一起坐在辦公室裡，陰鬱和痛苦的感覺似乎充斥整個房間，他就是散發出這樣的感覺。雖然是冬天，我們卻覺得非常躁熱。外頭天色漸暗，屋內的日光燈嗡嗡作響，時鐘滴答滴答走著。配合他的聲音，我也放低了音量，不過他其實很少說話，大部分時間都垂頭盯著地板。他的生活正在走下坡，工作時無法集中精神，開始經常出錯。

他睡不好，吃不下，體重漸輕，衣服鬆垮垮掛在身上。他說，普通交談已經是一種折磨，工作中的閒聊讓他疲憊不堪，當有人講笑話時，他能明白笑點，但就是不覺得好笑。他罔顧所有證據，相信他的過去是一場失敗。他把一些小爭執當成他是壞人的證明，在腦海中重溫早已遺忘的學生時代事件，開始擔心自己可能是個小霸王，希望被他霸凌過的人能目睹他今日的痛苦，讓他們知道他得到了應有的報應。我聽了覺得非常心酸難過，一時間沒了主意。我問他，他認為以後事情會不會好轉，他搖搖頭，他認為未來暗淡無光，他無法控制，所以努力又有什麼意義呢？

這讓我想起離開醫學院以後沒怎麼想過的一項研究，該起實驗以動物模型研究人類憂鬱症。[2]動物模型的目的是，從動物數據中嘗試推斷出人類疾病的可能原因，這起實驗中有兩組狗——我記得是小獵犬——每組都坐在一張金屬板上，當蜂鳴器響起時，金屬板會通電。這對小狗不會造成什麼嚴重的傷害，但會讓牠們感到很不舒服，想要跳離板子。牠們可以越過一道小柵欄，跳到另一側的金屬板上。

第一組小獵犬之前已經受過訓練，知道只要嘗試，就能躲開電擊，第二組小狗則是被調教成認為自己無法控制電擊。因此，當蜂鳴器響起時，第一組小狗迅速跳到另一側躲避電擊，第二組小狗根本沒有嘗試逃跑，牠們如果確實嘗試了，會發現實驗人員早已關了另一側的電荷。第二組小狗躺在輕微帶電的板子上，無精打采，沮喪地嗚嗚哀叫，相信不管自己怎麼做都無法改善牠們的結局。小獵犬垂頭喪氣，鬱鬱寡歡，認命地接受了自己的命運——這一畫面深深烙印在我的腦海中。

我不確定這樣的實驗在今日這個時代是否能夠獲得道德認可，但它的確透露了關於人類「習得性無助感」的重要信息，以及它與憂鬱症的關係。這個理論似乎極具說服力。想像一下，這一生別人都告訴你，一切都遙不可及，再努力都達不到目標，成功只會發生在別人身上，一段時間以後，你一定很不願再白費力氣，遇到挫折時，放棄反而比較容易，這種態度讓人更加堅信自己做什麼都不會成功。而一旦停止努力，過不了多久，機會就不會再出現，人生就這麼與你擦肩而過。習得性無助感像是自我應驗的恐怖預言，會使人變得冷漠、抑鬱，而另一種人生就在徒勞和絕望中消失。

如果生活經歷可以解釋憂鬱症，那麼當我們向患者解釋憂鬱症的原因時，為什麼要談論大腦中的化學傳遞物質呢？是這樣的，神經傳遞物質似乎起碼是部分原因，缺乏血清素、正腎上腺素等神經傳遞物質（可能還有多巴胺），是罹患憂鬱症的重要因素，數十億的神經元、突觸連接和神經傳遞物質構成個性，也影響心理問題的發展。憂鬱症與遺傳有關，基因或許影響了大腦和化學傳遞物質的連接，這些連結反過來又受到我們的經歷、行為、自處模式和人生大事的影響。

當我建議病人服用抗憂鬱藥時，許多人會緊張起來，一想到要服用可能影響心智功能的東西，他們感到惶惶不安——我卻注意到，人們對其他可能影響他們心智的東西，比如酒精或大麻，幾乎總是抱持較為輕鬆的態度。但我能理解有人不樂於服用抗憂鬱藥。我想我對動髖關節置換手術也同樣會緊張，但如果有置換的必要，那就得要做。因此，對於抗憂鬱藥療法，我也抱持類似的務實態度。沒有人真的想吃藥，但也沒有人真的一開始想要生病。不過，如果慎重開藥的話，抗憂鬱藥毫無疑問是有效的，而且可以改變生活。抗憂鬱藥肯定對西蒙有用，幾週後我見到他時，已經出現了一絲變化。他說他的睡眠稍微改善，不再那麼易怒，也不那麼焦慮了。幾週後，他的情緒逐漸好轉。我記得，有一天他從候診室走進診間時，還開了一個玩笑，讓我又驚又喜。他告訴我，他現在回到工作崗位，一切都很順利，他又有了性生活，他很喜歡和家人相處，家人也為他的康復感到欣慰。

憂鬱症是一種治療效果能夠令人非常滿意的疾病，可是病人往往會面露難色，不願接受治療，這種心態不容易轉變，所以想成功治療憂鬱症，有一半的戰場可能是在說服病人他們確實需要治療。對於有些人來說，這種心態就是憂鬱症本身固有的一部分。我見過一些個案沮喪不已，自認毫無價值或是活該受苦，他們告訴我，他們認為我不如把時間用在別人身上。

但更常見的情況是，疾病本身不是難題，真正難的是克服資訊貧乏者的偏見。在網路和媒體上，存在大量關於疾病和治療的錯誤訊息，這些資訊滲入公眾的意識，加深一般人對於疾病的普遍誤解。而許多文章對於服用抗憂鬱藥物的患者冷嘲熱諷，這種「羞辱用藥者」（pill shaming）的新現象，凸顯了社交媒體對於接受精神治療者的批評，而且這樣的批評似乎只針對治療精神疾病的藥物。親眼見到承認正在接受治療的人所受到的敵意，我只能困惑地搖搖頭，不懂他人有什麼資格質疑某人對其疾病治療方式的選擇。對於身體疾病的治療，絕對不會令人反感到這種程度；例如，沒有人會對別人選擇心臟繞道手術提出尖銳的批評。但是精神疾病情況特殊，觸及到我們的本質，也許對治療的態度只是反映出了這種恐懼。

1 Scull, A. (2009). *Hysteria: The Biography*. Oxford University Press.

2 Seligman, M. E. P. (1972). Learned helplessness. *Annual Review of Medicine*, *23*(1), 407–12.

5 利他行為

我們到人世間走這一遭，會留下什麼呢？我很好奇是不是許多人想過這個問題，如果思考過，他會想留下怎樣的名聲事蹟呢？又會希望自己怎樣被記得？我想大多數人若有機會對人類同胞做好事，都一定會把握機會，大多數的善舉是透過一些小事，比如說慈善捐款或者幫助陌生人，當然與醫療保健完全沒有互動關係。然而，對於一些人來說，利他行為讓他們變成了病人，進入醫療系統，從而走入精神科門診。

是什麼讓你願意捐出自己的腎，自願成為病人，糾纏在醫院組織中，而你其實根本不需要在那裡？如果情況需要的話，我想你可能願意捐腎給近親，例如孩子、手足或父母，甚至病況告急的知交吧。二〇〇三年，我剛升上精神科顧問醫師，在倫敦一家積極推動器官移植計畫的大型教學醫院工作，當時腎臟捐贈幾乎都是父母捐給子女，有時是兄弟姊妹。然而完全不知道接受者是誰，直接將腎臟捐給醫院，移植到你永遠也見不到面的陌生人身上，那是美國人做的事，這類捐贈在美國合法一段時日之後，才在英國變成合法。

人人生來就有兩顆腎臟，天生只有單腎的人一般不會發現自己少了一顆，因為他們覺得自己非常健康，有時他們第一次發現自己只有一顆腎，就是想要捐腎的時候。腎臟的功能是過濾血液中的廢物，調節體內液體的水平，少了功能正常的腎臟，毒素會堆積，人會感覺越來越不舒服。少了正常的腎臟，就無法生成尿液，過量的液體會使身體腫脹，呼吸困難。血液透析機可以複製腎臟的功能，但與透析機不同的是，真的腎臟無時不刻都在工作。洗腎病友每週必須到醫院三趟，每次連接透析機四個小時之久，血液從體內吸出，經過機器過濾乾淨後，送回到體內。許多病友表示，洗腎是一段非常消耗精神的過程，生活就在洗腎和養病之間不停循環。洗腎生活充滿限制，而且不只有顯而易見的事情，比方說，洗腎過程漫長又無聊；對洗腎病友來說，除了工作生活上的不便之外，還有許許多多的實際問題，比如度假。我所見過的大多數患者，他們解決度假問題的方法通常是根本不遠行。

接受腎臟移植能讓洗腎病友重獲一定程度的自由，通常也是他們追求的目標。腎臟移植不是一個容易的選項，除了手術之外，還需要每天服用抗排斥藥物，而藥物自然也有副作用。但是如果順利的話，移植手術比洗腎提供更大的自由，生活可以恢復到接近正常的狀態，所以若有選擇餘地，這個辦法會是大多數人的首選。問題是，這個選項通常沒得選。在英國，目前約有五千人在候補名單上等待移植，可謂一腎難求。[1]在美國，平均需要等待四年左右才能等到機會。[2]

大多數移植的腎臟來自遺體捐贈，死者要求在去世後捐出自己的器官，這些腎臟未必都是健康的，根據死亡的年齡和情況而有所不同。所以，舉個例子來說吧，一個不幸死於摩托車事故的年輕人，其捐出的腎臟品質可能優於死於痼疾的老年人的。第二個要考慮的因素是時間——從捐贈者死亡到尋獲匹配的受贈者，然後將腎臟送到對方手中（可能遠在國家的另一端）。你或許已經想到了，時間拉得越長，結果就越糟。還有最後一點，腎臟得與受贈者匹配，而陌生人比近親更難匹配。人體天生會清除任何似乎是異物的東西，這在對抗感染時通常是好事，但身體也會注意到，自己的腎臟和移植的腎臟之間有許多不同。一旦身體注意到移植腎臟的不同之處，就會試圖與之對抗，這個過程稱為移植排斥。因此，在人體辨別敵友的數百種標記中，捐贈者和受贈者之間的匹配度越高，移植結果就越理想。

為了彌補腎臟的不足，多年來活體捐贈（捐贈者仍舊在世）持續穩定增加，現在約有三分之一的捐贈來自活體捐贈。然而，這帶來了一個新的倫理問題：如果腎臟捐贈者接受手術後身體狀況沒有獲得改善，有時甚至在捐出腎臟後變得更差，和醫學一般目標背道而馳，那麼我們有什麼正當理由摘取他人的腎臟呢？如果捐贈者在身體方面沒有獲益，那麼收穫只可能是心理層面；例如，從無私的行為獲得的快樂。正是由於這個原因，精神科醫師首次涉入了腎臟捐贈的領域，他們必須判斷某人的心理狀態是否承受得了手術，尤其在早年手術成功率難以保證的情況下。

腎臟移植手術在一九六〇年代就已問世，不過當時還不太普遍，風險也較大。

由於這項手術相對罕見，選擇病人——包括捐贈者和受贈者雙方——都更加謹慎。在移植手術發展初期，有人會顧忌捐贈者或許受到脅迫，也會擔心捐贈的心理風險。設想一下：你坐在老闆的辦公室喝茶，和老闆討論著一般人和老闆談論的事。討論結束時，你停頓了一下，問還有別的事嗎，老闆說有，於是你坐回自己的位置。老闆似乎字斟句酌，然後開口說，這些年來她已經把你當成朋友。本著這樣的精神，她接著又說，她需要一顆腎臟一段時間了。她向你談起洗腎日子多麼辛苦，永遠覺得疲憊、不適、瘙癢和煩悶，如果做移植手術的話，一切都會變好許多。她希望你考慮看看願不願意捐腎。沒有壓力，老闆急忙補充說：不要有壓力，考慮看看就好。當然，不要擔心，你也可以忘了這次談話，當作沒有發生過。

好了，你會有什麼感覺呢？沒有實際的壓力，也沒有什麼期待，只是一個看似通情達理又謹慎溝通的請求。然而，既然這個話題已經提出來了，你等於陷入了困境，每一次打照面，這個話題就會懸在半空中，停在你和老闆之間。由於你們地位懸殊，你最後可能感到一股壓力，不得不對你非常不想做的事情說「好」。或者說「不」，然後感覺老闆每天對你的決定感到失望，而你知道他是對你的決定感到氣惱。

同樣，在動態不平等的家庭中，脅迫的例子並不罕見，我就多次遇到這種情況。我還記得雅蘭納，她二十多歲，主動提出想捐腎給她父親。她的兄弟姊妹都願意捐，只是結果雅蘭納最為匹配。晤談剛開始時，我問起她與她父親的關係，這是對於潛在捐贈者所提出的標準問題。她的回答無誤，卻帶有一種俗套刻板的感覺，把她說的每一句話寫在紙上，她看起來一定會是理想的捐贈者。是的，她愛她的父親，關心他的健康，想捐出一顆腎。然而，我提高警覺，不是因為她說的話，而是她的語氣。她的回答沒有一絲一毫的溫情，正確但不由衷，這讓我有種感覺：儘管她嘴上這麼說，但其實不喜歡她的父親。

我對她說，她好像還有別的話沒有講出來。她提出一個問題，個案有時在決定說出更重要的事之前會問的問題：這次的晤談是否會保密。雖然顯得很擔心，她還是吞吞吐吐開始說出她的故事。她很害怕被指責「沒有通過」精神評估，但如果不考慮後果，她似乎很想一吐為快。最後，她開始講述她的童年。家裡另外兩個孩子就讀私立學校，享盡所有好處，她卻因為書讀得不好，被送去公立學校。這段過往讓她很氣惱，因為她不能明白做父親的對親生子女怎麼能有差別待遇，不過她真正不滿的是，父親偏愛她學業表現較佳的手足，而這份偏愛表現在大大小小的地方，比如允許她的手足跟著學校去參加模擬聯合國活動，卻不讓她和朋友一起去度假來補償她。用餐時，她父親似乎總是讓別的孩子坐在離他較近的地方，徵詢他們的意見，聽了他們的笑話大笑，讚賞他們的事業。很難分清有多少是現實，有多少是她為自己編織的故事，不過她現在不管在哪裡都會覺得父親偏心，因為她永遠都在尋找證據。無論真假，長年下來的挫折、失望和怨懟已經累積。在我看來，她不是真心想捐贈器官，不過她做好了捐贈的準備，不願直接說出自己的真心話。

我忐忑不安，不過還是等待著合適的時機。就在討論到手術利弊時，我將話鋒一轉，問到如果她改變了心意，覺得自己能否不履行捐贈的提議。一陣沉默。我又問了一遍問題，不過換個了說法：「如果醫院找到理由取消你捐贈腎臟的資格，你會怎麼想？」又是一陣沉默。「這會讓你失望……還是也許會讓你鬆一口氣？」

那一刻，我又看到電視劇常演而現實生活卻罕見的動作。她的肩膀誇張地往下一垂，焦慮緊繃一掃而空，她看起來像被剪斷了線的木偶，腦袋幾乎是在胸前晃動。她顫抖地呼出一口氣，淚水開始在眼眶中打轉。她試圖掩飾自己的喜悅，不過顯然如釋重負，因為總算有人發現她只是為了討好家人而做這些事。她非常希望有人能注意到，然後阻止她，如此一來，她就不用承受任何責難。這時，我倒是好奇起她父親的心情，他是那麼渴望得到一顆腎，可以改變生活，不用再洗腎。我的責任是眼前的病人，她的父親不是我的病人，儘管如此……我當時不確定，此時仍舊還是不確定，這是一個好結果，但有多好呢？

在這類晤談中，情緒和細節都是關鍵，重點不是對方說出的內容，而是對方怎麼說出那些話。這就是心理治療師有時說的，「用你的第三隻耳朵傾聽」，你會聽出弦外之音，而非單純注意語言，因為言語之下正在進行完全不同的溝通。如果我沒有好好留意，或者我接受了他們告訴我的字面意義，就會點頭同意表面看似完全合理和可以理解的捐贈願望，於是雅蘭納捐了一顆腎，接著無時無刻不在怨恨。這就是自願捐腎後會產生的心理壓力。雖然可能是誇大其詞，我明白何以某期刊的審查委員稱捐腎為「自我犧牲的召喚」。[3]

當捐贈者和受贈者彼此認識時，情況往往令人緊張焦慮。有時，捐贈者之所以主動幫忙，是因為他們暗地希望改變與受贈者的關係，一種恆久不變的感激之情會將他們永遠綁在一起。相較之下，受贈者可能就只是想要一顆腎臟，以便擺脫洗腎，展開新的生活，而捐贈者不過是達到這個目的的手段。根據我的經驗，受贈者和捐贈者關係中的任何曖昧都會帶來災難。腎臟必須是一份無條件給予的禮物，不能有任何附加條件，不能有「這麼晚了，你想帶著我的腎去哪兒啊？」的想法。

不過，我的經驗是，大多數捐贈者並不後悔捐贈的決定。事實上，大多數人都說，如果時間倒轉，他們還是會做出同樣的選擇。當被問到這個問題時，他們說捐贈一舉提高了他們的自尊，使他們重拾生活目標感。對於這樣的人而言，捐腎確實是改善而非惡化他們的健康狀況，而自尊心提高的好處表現在個人生活的各個層面，包括人際關係、友誼和工作生活。

隨著腎臟移植更加普遍，人們的態度也有所緩和。不會有人對捐贈者說，將腎臟捐給親屬是一個陷阱，涉及某種脅迫，反而是凸顯出相反的問題：拒絕給某人捐贈的機會，讓他們手足無措旁觀親人持續承受洗腎的痛苦，將嚴重影響他們的心理。有時，我面臨這樣的問題——對病人的心理健康和福祉來說，哪一個風險較大：捐贈的風險？還是不捐贈的風險？在我的行醫生涯中，社會價值觀無疑發生了轉變，促使做決定的權衡考量穩步改變，病人意見成了所有考慮因素中權重最大的因素。「醫師最清楚」的時代現在令人反感，而醫師主控醫療的醫病關係，是我們想像中最為惡劣的醫療縮影。

當捐贈者有精神病史時，我經常參與評估他們的工作。這也引出了一個問題：捐腎的壓力，尤其是不順利的情況下，是否可能再次觸發精神問題，使情況變得更糟糕。我面對的問題是個案對於風險的理解，以及他們對於風險的態度，不全然是精神醫學，但也並非毫無關係。心理學家康納曼（Daniel Kahneman）在大作《快思慢想》（*Thinking, Fast and Slow*）中闡述了人類思考風險的方式，以及情感和直覺——而非理性——如何影響個人的行為，這些觀點適用於各種教育程度的人。[4]康納曼解釋，人會以直覺方式理解風險，這種理解往往與現實情況大相徑庭。例如，一個人對於風險的認識，可能依據他們所認為手術的價值而改變。如果他們認為捐腎毫無意義，對受贈者的生活品質沒有助益，他們更有可能認為手術有風險，危險極了；反過來說，倘若他們認為手術是幫助他們所愛的人的絕佳機會，他們更有可能認為手術的風險要低得多。

關於情感戰勝理性的研究，我非常喜歡丹尼斯 - 拉吉（V. Denes-Raj）和艾普斯坦

（S. Epstein）在一九九四年發表的論文。[5]受試者獲知，他們從一個加蓋罐子中每挑出一顆紅色雷根糖，就贏得一分。其中一個罐子（A）有九顆白色的和一顆紅色的，所以挑到紅色雷根糖的機率是十分之一。另一個罐子（B）有一百顆雷根糖，九十一顆白色的，九顆紅色的，所以挑到紅色雷根糖的機率是百分之九。你會選哪一個罐子呢？

好，從邏輯上來說，一定是A罐，因為機率是十分之一，從B罐中拿到紅色雷根糖的機率只有百分之九（小於十分之一）。然而，大多數受試者（百分之六十一）選擇了B罐。問題來了，為什麼人會做出一個明知是錯誤的選擇？答案是，這是一個帶有情緒的選擇。從數學角度來說，受試者知道自己的選擇是錯的，然而從情感的角度而言，他們就是覺得，如果紅色雷根糖較多的話，拿到紅色雷根糖的機會更大，因此B罐非常誘人。這是一個完全不符邏輯的選擇，然而我們卻一直做出這樣的決定。在醫療上面對這類決定時，我們會複製同樣的思考模式。但如果醫師認為——比如說，病人沒有認清捐腎相關的風險，那麼醫師應該介入多深？應該尊重病人的自主權到什麼程度？

我還記得羅伯，三十多歲，他的姊夫問他能否考慮捐一顆腎給他的姊姊。他的姊姊洗腎多年，不過羅伯不太清楚她腎臟衰竭的原因，猜想也許是童年那場病傷到了腎臟。他記得姊姊在他們小時候住過院，只記得她的臉那時很浮腫。他不知道她住院的其他細節，只知道他必須在爺爺奶奶家住一週。

他們在湖區一幢半獨立式的小房子長大，父親在國家公園工作，養護人行道和橋樑，母親在附近的旅館擔任接待人員。記憶中他的童年很幸福，不過和姊姊並不是特別親密。他們只差兩歲，沒有其他兄弟姊妹，不過他們不像別的兄弟姊妹會互相吐露祕密，從小到大玩不到一起，青春期時也沒有融入同一個社交圈。

羅伯告訴我，他一有機會就離開學校，在飯店業工作了幾年，然後搬到倫敦。在倫敦，他的躁症首次發作，不過他的印象有點模糊了。（那次晤談後，我拿到了他因躁症入院的舊病歷，比他的記憶還要嚴重。他從未出過海，卻想買一艘船，預備駕船環繞世界一周。躁症發作時，他情緒亢奮，自信過頭，所以對任何反對意見都置若罔聞，他後來真的買了船。在隨後的幾天，他的亢奮很快被煩躁所取代，對於無法跟上他飛快思緒和緊張言語的人，他感到氣餒，甚至氣憤。不過，煩躁的情緒也很快被深深的憂鬱所取代，因為他的躁症在接受治療後逐漸緩解，而他也開始反省所發生的事情的嚴重程度。）羅伯以過分哄抬的價格購了一艘二手船，損失大筆金錢，影響到人際關係，但最重要的是，他擔心未來還會發生什麼。

這種擔心是有道理的。在接下來的幾年，他三度復發，一度被送進醫院住了五週。但在沒有發作期間，他的生活也在進步。他在地方議會擔任園丁，二十多歲時結婚，育有二子。不幸的是幾年後，一次躁症發作，他將大筆積蓄花在另一個不切實際的計畫上——一個無望得標的景觀工程；他妻子絕望不已，一氣之下離開了他。他說在人生的這段時間，他以為自己會失去一切。他發現，躁症發作之後的心理痛苦，比他所經歷過的任何事都要難受，比躁症發作期間難受許多，他其實覺得躁症發作時還挺有趣的。他告訴我，他喜歡躁症帶來的亢奮，他熱情無比，精力充沛，覺得什麼事都有可能發生，世界會屈服於他的意志。但隨之而來的低潮則是一種特殊的折磨，這種折磨不是明明白白的憂鬱症發作，而是一筆帳，一筆現在需要償還的債。在他躁症發作時，在他覺得自己百折不撓的期間，他所做的每一件事，說過的每一句話，花掉的每一分錢，所有不檢點的性關係，現在他都得為其負起責任。所有的悔恨、羞愧和內疚，一切的責備、眼淚和憤怒——讓他備受痛苦與煎熬。

我看著坐在辦公桌另一頭的羅伯。「你明白手術的壓力可能誘發你躁鬱症復發嗎？特別是如果不順利的話。」

根據我的經驗，捐贈者會說，他們了解移植手術，也清楚疼痛、出血和感染的風險——甚至是手術致死的風險，發生機率約為三千分之一——但我的個案幾乎都認為這種風險適用於他人，而非他們自己。

「還有一個風險就是腎臟可能無法運作，這並非誰的錯，但表示這一切可能是白費力氣。」

羅伯點了點頭，然後沉默了。他坐在我的對面，穿著休閒長褲和舊刷毛上衣，一雙結實的靴子在桌底激動地敲打著。

「你確定要這麼做嗎？」我問。「畢竟你和姊姊也不是特別親。」

他想了一下才回答。「我出生在小家庭，不是在一大票長輩的溺愛中長大。姊姊是我唯一真正的親人，無論如何，我都已經答應了她。」

「可是，如果手術、住院，也許是手術的併發症，誘發躁鬱症又發作呢？」

「嗯，那本來就是隨時都可能發生的事，不是嗎？」

的確，躁鬱症隨時可能發作，況且手術的額外風險很難量化。不過我很肯定風險會提高，尤其是如果出了狀況，原本只要幾日的住院拉長了，加上疼痛、感染和無眠的夜晚——但很難說風險會提高多少。

一般人對於風險的思考方式也會受到提問方式的影響，也就是所謂的「框架效應」。如同康納曼所說的，如果向受試者提出一模一樣的問題，但換個措辭，那麼你會得到很不一樣的答案。同樣地，個人對於風險的態度，也會受到一些其實不重要的因素影響。我在蓋氏醫院的同事做了一項研究，詢問有意願捐腎者願意承受什麼樣的捐腎風險。[6]研究顯示，捐腎與其他已知結果的情境一樣：如果風險以「存活率」而非「死亡風險」的形式呈現，捐贈者更可能接受較高的風險，尤其為了一個身體不適的近親。因此，比起比百分之十死亡風險，百分之九十存活率更受喜愛，雖然兩者是同一回事。

然而，這不是上述研究最令人驚訝的發現。讓我特別注意的是一個新奇的數字：手術的風險要多大，潛在捐贈者才會認為風險太高了。腎臟捐贈者手術死亡的公認風險數字大約是三千分之一，而潛在捐贈者認為他們可以接受的數字，最常見的是二分之一！換句話說，熬過手術的機率是五十比五十，有百分之二十九的捐贈者表示他們可以接受這個機率。這讓我們又回到了醫師主控醫療和醫療診治的討論上。我不相信有哪個醫師會讓健康志願者為救親人一命，冒上百分之五十的死亡風險，我的推測是，捐贈者期望醫師會因為風險過高而拒絕動手術，替他們把關風險，如同我不希望機長來問我天氣狀況、是否應該飛行，即使我拚命想到達目的地。另一方面，對於一個有能力做決定的成年人來說，風險是誰的呢？

我曾在一場全英腎臟研討會發表演說，臺下聽眾包括腎臟科醫師、護理師、移植外科醫師和心理學家，我提出了羅伯的這個問題：他們認為羅伯應當捐贈器官，還是不能允許他捐贈呢？兩派意見的支持人數大致相當。我向他們提出的難題是，這個風險無法量化，但很可能增加躁鬱症復發機率，而且不要忘了，過去的復發已經造成重大的情感和心理傷害。除此之外還有各種自利的偏見，在不確定的條件下冒險的人，往往看到的是他們想看到的，也就是支持而非反對他們的決定的東西。如果由你做評估，你會怎麼做呢？你到底會不會建議他捐贈呢？

與羅伯晤談時，我遲遲做不了決定。我的責任是保護羅伯不受自己的傷害，還是接受這樣的事實：如果他明白風險，就算他並非確實認為這些風險適用於他，這也就足夠了吧？我最終選擇了第二種觀點。在我和羅伯談話的三個月後，他接受了手術。術後三天，有幾次的緊張時刻，他顯得精力太過充沛，舉止也過於冒失，但幾晚好覺似乎讓他恢復正常。半年後，他也沒有如我所擔心的躁症復發。事實上，他說他對自己的感覺好了很多，雖然他經歷了許多事，但這是他生命中值得驕傲的好事。

幾個月後，我坐在辦公室，隔著窗戶看著未來主義風格的倫敦碎片塔時，腦中浮現了羅伯。我當時正在思索該如何處理一個新個案，這次是一個利他捐贈者，名叫盧克，那天早上我才見過他。「利他捐贈」，是捐贈者想把腎臟捐給任何需要的人，一個他們不認識且很可能永遠不會見面的陌生人。

早年與利他捐贈者互動時，我對他們的動機有一種不確定，甚至是不信任的感覺。我覺得他們最起碼有一件事要向精神科醫師解釋：既然他們沒有從捐贈中獲得任何身體方面的裨益，與受贈者也沒有任何關係，那麼他們究竟為什麼要這麼做？有什麼好處？一個人有什麼理由願意將腎捐給可能根本不會感謝他們的陌生人？你怎麼知道外科醫師不會失手讓你的腎臟掉在手術室地板？倫敦和英格蘭東南部醫學中心陸續將潛在的利他腎臟捐贈者轉介給我，我雖然可以參考美國的一些研究，著手建立自己的捐贈資料庫，為即將成為一項非常有趣的工作內容打下基礎，但英國當時幾乎沒有關於利他捐贈者的評估準則。

我對利他腎臟捐贈者的經驗是，他們的動機各不相同，難以歸類。我會說他們唯一的共同點，是他們想做一些了不起、無私的事情，而且希望透過這種極端的方式，以區別自己與他人是不一樣的。有時原因似乎可以理解——例如，他們認識一些受益於NHS醫療或接受過腎臟捐贈的人，與洗腎病友的困境有特殊的關係，或是同情他們。有時則是一種基本的理念，一個改變世界的心願。我曾聽個案說，財富、權力和特權的分配極為不均，毫無原則，所以他們想要極盡一己之力來平衡這些事，捐腎就是朝他們的目標邁進的一步。他們通常在慈善機構擔任志工，或在慈善部門工作，但也非人人如此，也有人在金融業，有人是地方政府職員，還有在醫療保健行業工作的——各行各業皆有代表。我評估過最年輕的捐贈者只有十八歲，最年長者則過七旬。我遇過一些非常勵志的人，甚至讓我自己也開始考慮是否應該捐腎。相較之下，也有想要捐腎的個案不受崇高哲學原則的束縛。在最近的一次晤談中，一個三十出頭的年輕人告訴我，他在電視上看到一些關於捐贈的事，決定自己也應該這麼做。他解釋說：「我一直都知道人不需要兩個腎臟……我沒有不捐的好理由。」我告訴他，很多人和他的情況一模一樣，但找到很多不捐的好理由，而他只是聳聳肩：「做人就要盡力幫助他人。」我不斷回到動機的主題上，想要挖掘出他這麼做的深層原因，但對他來說原來理由真的就是這麼簡單。他根本不認為捐腎是大事，他覺得不應該是大事。

還有一些可能讓人感覺稍嫌勉強的捐腎理由。有的潛在捐贈者感到孤獨，希望內科和外科的醫師客串成他們的同事和朋友，而非只是對他們的照護抱有冷靜專業興趣的臨床醫生。這麼做的動機是為了充實生活的空虛，填補友誼和家庭方面通常存在的空白。這種情況我遇過幾次，經驗告訴我，這種情況未必有好的結局，把關心你的專業人士變成朋友，不是解決缺少陪伴的辦法。

我也見過一些捐腎的人，對他們來說，捐腎不是利他行為，更像是一種自殘行徑，只是那是醫院所造成的自殘，也就是醫療版本的「假警察之手以自殺」。我還記得，有一個個案的捐腎動機很難辨別，但也沒有發現什麼真正令我擔憂的事，我推測他只是一個不太善於自我反省的人，想要行動，但不思考行動的意義。我不知道他是否應該繼續走完捐贈的程序，但得出的結論是，我實在找不出阻止他捐贈的理由。就在這時，我接到移植部門護理師的來電，提醒我留意另一家醫院的醫療紀錄。我不知道這些紀錄為什麼沒有送來給我，我甚至不知道有這些紀錄。那些紀錄令人毛骨悚然。幾天後，紀錄的影印副本送來了，我越翻越驚恐，我讀到個案上次住院是因為吞下鈕扣電池（非常危險的事），還有一些用藥過量進急診的情況。我和他談話後，完全不知道有這些事，或者應該說他對我隱瞞了這一切，而不知怎麼一回事，我索討的社區醫師紀錄中也沒有這些。整個情況讓我心急如焚，我要求和他再碰面。幾週後，我見到他了，告訴他我已經看過另一家醫院的紀錄。我直接詢問他過去的醫療史、精神史和自我傷害行為，也問他為什麼不告訴我。他對我說，他以為這不相干。我不知道他是否也要求他的社區醫師對我隱瞞這些訊息，因為我想不出能有什麼理由不告訴我。我曾經想過他要是動了手術會發生什麼，不過因為我婉拒支持手術，所以這仍舊是個未解的疑問。

通常我能夠判定一個人是否適合將腎捐給醫院，但有時我發現自己不能確定什麼是可以接受的合理動機，這個問題涉及了什麼是利他主義的核心，以及純粹的利他主義是否存在。

一個春日午後，我在門診見到了盧克。我的診間在一樓，從裡面可以看到醫院的中庭和走道。雖然沒有自然光，不過診間外幾層樓高的地方開了一個天窗，六月有兩週的時間，如果太陽走過適當路線，一天會有一小時的陽光直接從天窗射入診間，與一年其他時候的壓抑陰鬱形成鮮明對比，因此，那束明亮的陽光反常地會使我感到悲苦。

盧克三十多歲，我看到他在窗外推著他的單車，車架上好像有雪似地，他推到半路，然後跳上了車，有點像青少年躍上滑板一樣，朝著我診間所在的走廊滑來。我還不知道他是我的個案，但當我看著他從我的窗前經過時，漫不經心地心想，他是我的對照。我看了看自己——灰西裝，白襯衫，深藍色領帶，黑色雕花皮鞋，頭髮沒有剃光，不過理得很整齊，禿髮但時尚。我將自己歸為本質善良的一類，但可能太把自己當一回事了，內心隱藏著犀利的幽默感，在角色和責任的層層包圍下感到窒息。

相比之下，盧克充滿**親和力**。他穿著牛仔褲、涼鞋和無領麻質襯衫，袖子捲到肘部，露出幾乎無毛的手臂和數條繩鏈。他有一頭濃密棕髮，長及肩頭，沒有梳理，還有一雙誠實的灰藍色眼睛。當他走進診間時，我回頭看了一眼轉診單，上頭說他就診原因是想做利他腎臟捐贈。我們閒聊了幾句（他騎了三英里的單車來晤談，單車是他最喜歡的交通工具），然後才談到他為什麼來找我。他想捐出自己的腎，「因為當我死的時候，我希望能夠知道我做過一件好事。」

他告訴我，他在英格蘭的富裕社區長大，讀的是昂貴的私立學校，離家有四十分鐘車程。他的父親白手起家，天天通勤到倫敦市中心，經營一家大型房地產公司。公司是他父親婚前隻手創立的，而他也從不厭其煩地告訴家人他是如何白手興家，唯一的祕訣是奉獻和努力。

盧克說，他在學校很容易受到影響，不尊重權威，所以經常陷入麻煩。一開始是因為頂撞老師，擾亂課堂秩序，不久之後為了和朋友打成一片而開始曠課逃學，不過終究還是被逮到了。他雖然行為不檢，但是個聰明的年輕人，只是學校顯然受夠了他，他終究還是被退學了。他十六歲時參加 GCSE 會考（幾乎所有英國人在這個年齡都會參加的全國性考試），不過他那時已經放棄升學，大部分科目都不及格。

他父親怒不可遏。他說，他花了那麼多錢讓他受教育，竟然得到這樣的回報。他決定讓盧克去工作，嘗一嘗現實世界的滋味，領會努力工作的價值，還有金錢的價值。父親讓他在房地產業做低薪的初階工作，要他從基層幹起了解這一行。但盧克認為這是懲罰，也是羞辱。他的朋友嘲笑他。他原本也想一笑置之，但內心非常憤慨，覺得自己不該受到這樣的對待，於是開始賣大麻菸給朋友賺外快。

久而久之，毒品生意越做越大，他對房地產的興趣也漸漸淡了。他經手的毒品數量變多，對這一行起了興趣。他告訴我，這是他所做的第一件擅長的事。他的父親獲悉後，或者至少起了疑心，就把他轟出家門。

他繼續做他的生意，也遇到一個對象，交往了幾年，生下一個孩子，與伴侶和女兒一起生活——直到他的過去讓他嘗到苦果。一天凌晨，他在自己的公寓被捕，受審後被判處了六年徒刑。在這段期間，他的伴侶離開了他（說到這裡，他的聲音啞了，下巴顫抖著，強忍住淚水，過了好一會兒才繼續）。此後幾年，他沒有見過女兒一面，最初連女兒在哪裡都不知道，他的伴侶認為他會造成不良影響，說不想再和他有任何瓜葛，在他出獄前就另嫁他人了。

「在那之後，我整個人就垮了。」他告訴我。他的眼睛紅了，我從桌上的面紙盒抽了一張面紙給他，他接過去擦了擦眼睛。如今他快三十歲了，沒有任何文憑證照，有案底，沒有伴侶，家人與他完全斷絕關係。他想過自殺，有一回吞下大量的藥片，不過他並非確實認真想要執行到底，經過反省，他說那是一種絕望加上自憐的行為，不是真心求死。

生活從未真正回到正軌。他持續在酒吧和工地打工兼差，也當過DJ和送貨員，但他沒有自己的事業，也沒有穩定的社交生活。他談過幾次短暫的戀愛，都維持不了幾個月，所以他的日子就這樣隨波逐流。他告訴我，他「這輩子從來沒有做過一件好事」，所以當他聽說可以捐贈器官時，認為這可能就是他可以做的好事。不管他的人生有什麼缺失，如果他捐了一顆腎，死時可以確定自己在世上做過一樁無可爭議的善舉。

精神醫學教了我很多東西，不過這與精神疾病無關，而是判斷一個人的生活和他的動機，以及「利他心態」是否確實存在。天下沒有白吃的午餐，這句俗諺我也聽過，每一個利他的行為中總有自私的一面。或許有，但我們永遠無法知道，我也看不出即使真有那麼一面，會改變什麼。也許所有的捐贈者或多或少都像盧克，期盼滿足一己內心深處的某種需求。以盧克的例子來說，我不知道讓一個人藉由捐贈行為來贖罪是否合理？還有，是否確實能夠贖罪——是否最終能使他的內心感到平靜，彌補那些虛度的歲月呢？我很懷疑。我們相信能讓人生圓滿的東西，往往只能帶來稍縱即逝的滿足。樂透得主的研究已經證明，「金錢萬能」、「財富帶來幸福」這類普遍的想法是個謬論。[7]然而，從金錢中獲得的幸福承諾，與從利他行為中獲得更深層次的滿足所帶來的幸福，兩者截然不同。話說回來，我是誰，憑什麼決定哪些事情能給別人的生活帶來意義或幸福呢？最後，對盧克的捐腎我沒有提出反對意見，盼望他能找到他尋尋覓覓的內心平靜。

1 NHS Blood and Transplant. (2020). Organ donation and transplantation activity report 2019/20. Retrieved from https://nhsbtdbe.blob.core. windows.net/umbraco-assets-corp/19220/activity-report-2019-2020.pdf (accessed 26 Nov. 2020).

2 Matas, A. J., Smith, J. M., Skeans, M. A., Thompson, B., Gustafson, S. K., Schnitzler, M. A., Stewart, D. E., Cherikh, W. S., Wainright, J. L., Snyder, J. J., & Israni, A. K. (2014). OPTN/SRTR 2012 annual data report: Kidney. *American Journal of Transplantation*, *14*(suppl 1 (January)), 11–44.

3 Scheper-Hughes, N. (2007). The tyranny of the gift: Sacrificial violence in living donor transplants. *American Journal of Transplantation*, *7*(3), 507–11.

4 Kahneman, D. (2011). *Thinking, Fast and Slow*. Macmillan.

5 Denes-Raj, V., & Epstein, S. (1994). Conflict between intuitive and rational processing: When people behave against their better judgment. *Journal of Personality and Social Psychology*, *66*(5), 819.

6 Maple, N. H., Hadjianastassiou, V., Jones, R., & Mamode, N. (2010). Understanding risk in living donor nephrectomy. *Journal of Medical Ethics*, *36*(3), 142–7.

7 Brickman, P., Coates, D., & Janoff-Bulman, R. (1978). Lottery winners and accident victims: Is happiness relative? *Journal of Personality and Social Psychology*, *36*(8), 917.

6 慢性疲勞

第一次見到凱洛時，她在候診室的紫色小沙發上睡覺。前不久，在本地ＭＥ互助支持小組的建議下，我們在那裡放了沙發。ＭＥ是肌痛性腦脊髓炎（myalgic encephalomyelitis）的縮寫，這是一種備受爭議的疾病，通常稱為慢性疲勞綜合症（chronic fatigue syndrome，簡稱ＣＦＳ），這二十年來，我一直在研究這種病。ＭＥ小組認為沙發對患者會是一項有用的設施，對凱洛而言當然也是如此。看她的樣子不像只是在打瞌睡，她躺著頭往後仰，嘴巴張開，彷彿被麻醉似的。我走進候診室喊了她的名字，她一動也不動。我俯身靠向她的耳邊，再一次叫出她的名字，這一回她昏昏沉沉睜開了眼，露出一種介於驚愕和茫然之間的表情。她悠悠轉身，雙腳放到地板上，似乎想讓自己站起來，最後花了一會兒工夫才終於起身，跟著我走過長廊，經過窗臺上枯萎的小仙人掌，穿過兩道防火門，最後來到我的診間。

社區醫師所寫的轉診單上，包括了她這幾年多次就醫的臨床紀錄，大部分開頭都寫著「ＴＡＴＴ」。現在醫師越來越少使用這類縮寫，那是舊時代的遺跡，因為有一些縮寫對於個案有相當貶低的暗示，不過ＴＡＴＴ的意思較為和善，是「時常疲倦」

（tired all the time）的縮寫。凱洛三十八歲，她告訴我她大半生都有症狀，第一次出現在十九歲讀大學時淋巴腺熱發作之後。起初，她臥床休息了幾週，躺在床上相信自己很快就能振作起來。然而，她急於恢復，而且在完全痊癒之前，發現自己學業開始落後了，便努力想趕上她沒上到的課程。她回憶說，這種壓力讓她變得更糟，病情直轉急下。到了第二學期結束時，她每天都要在床上躺十二個小時，但早晨醒來時仍然無法恢復精神。她肌肉痠痛，頭痛，喉嚨痛，整天都疲憊不已，即使只是出一丁點的力氣，比如追公車，也會讓她之後必須臥床數日。身體症狀妨礙了她，但她最大的問題是認知症狀，包括精神無法集中和短期記憶惡化，因此學習變得困難許多，考試成績受到影響，她始終未能實現進入職場發展自我的期望。

凱洛告訴我，她單身，依舊與父母同住。她只能做一些兼職工作，由於她難以信賴的就業紀錄，很難在職場有所發展，甚至連保住工作都難。她的父母不得不替她張羅三餐，而她對家庭的貢獻非常微小。她來找我時，內心已經絕望。她告訴我，要說服別人——包括她的社區醫師在內——相信她有病，是一場艱苦的奮鬥。她知道她的家人朋友，甚至是醫療專業人員，對她的診斷結果都抱持懷疑態度，而且往往因為沒有說出口而顯得更加疑心。她相信別人認為她懶散，有缺點，甚至很可憐。她說出了我的疲勞門診中許多病人都會說的話——她有時真恨不得自己得了重病，這樣起碼大家會相信她的痛苦。

她覺得自己被醫療專業人士拒於門外，所以自己進行研究，也請教了一些非醫學界的治療師，很多治療師對她的病提出過於簡單的理論，從醫學角度來看顯得荒誕，接著他們就會向她推銷治療方法。她把袋子的東西倒出來，藥丸補品散落一桌。我數了一數，共十四種，包括漿果、酵素、營養補充品、礦物質、維生素、益生菌、氧化劑和抗氧化劑，我不忍心告訴她，最後兩種東西會互相抵銷作用。為了這些，她每個月必須向父母借一筆不小的錢。她告訴我，她從醫療人員那裡得不到幫助，這麼做是逼不得已的。

在我的經驗中，這是典型的問題。醫學無法處理不符合診斷標準的臨床表徵，由於這個問題始終未能解決，所以我可以理解民眾到他處尋求解決方法。醫師主要負責診斷，所以永遠在症狀或檢查結果中尋找常見的模式，以證實診斷。幾乎所有的治療方法都是針對診斷，而非針對症狀；例如，我們有心絞痛的治療方法，但沒有「胸痛」的治療方法，有類風濕關節炎的治療方法，但沒有「關節痛」的治療方法。對於持續出現疲勞症狀的人，要不是醫師找不到符合疲勞的診斷，或是疲勞是一個單獨的症狀，那麼很少有合適的治療方法。針對症狀開立處方，醫師會覺得不安，擔心自己未找出正確的診斷，或是提供了無證據基礎的治療。凱洛相信醫師認為她的症狀是想像出來的，阻礙他們治療真正疾病的工作，而她不肯好轉則被解讀為故意和任性。凱洛的懷疑似乎可信。對於 CFS/ME 的負面態度仍然相當普遍，而一些醫師在處理凱洛這樣的臨床表現——持續多年且難以歸類的不適——也經常感到挫折。

我還是內科住院醫師時，就開始對慢性疲勞綜合症感到興趣。我不斷讀到的這個症狀究竟是什麼病？它真實存在嗎？我和大多數大眾一樣，對這個診斷抱持相同的懷疑，也許還有相同的偏見。我們究竟該怎麼稱呼它呢？有人用「肌痛性腦脊髓炎」一詞，說這是腦部和脊髓的炎症，但並沒有被醫界所接受。醫師稱之「慢性疲勞綜合症」，但許多患者認為這個名稱不能完全反映他們的痛苦。偶爾有人使用「病毒後疲勞綜合症」，但還有許許多多其他名稱，而缺乏名稱，大致反映出一般對於診斷結果的不確定、偏見或武斷見解。在某些國家，醫師仍然將它稱為「神經衰弱」，這個用語源自十九世紀的美國，當時的美國神經學家比爾德（George Beard）提出這種病的概念，把病因歸結於現代生活的緊張節奏，雙輪輕便馬車的流行、電報的發明，都加快了生活的腳步。

一九九六年，我到莫茲利醫院（The Maudsley Hospital）精神醫學部門受訓。莫茲利醫院是英國知名的老牌醫院，以十九世紀英國精神科醫師莫茲利（Henry Maudsley）的名字命名，他也是醫院創辦人。莫茲利醫院與幾英里外的貝特萊姆皇家醫院（Bethlem Royal Hospital）合併後，改名為貝特萊姆與莫茲利醫院。貝特萊姆醫院的歷史更加悠久，可追溯到十三世紀（醫院名稱是「一片混亂／bedlam」一字的起源）。獲得該院的精神醫學訓練計畫的錄取，是個令人感到驕傲的時刻，我迄今仍舊清楚記得離開內科的欣喜。那個春暖花開的傍晚，我在第一天上班後走回停車場，瞥了一眼隔著一條馬路的國王學院醫院「內科」的那一側——心中一陣喜悅，我再也不用在內科輪那些苛刻的值班，一連幾天都回不了家。永無止境的門診，不停嗶嗶作響的傳呼機，堆積如山的出院病歷摘要，川流不息令人窒息的病患，無休無止的專橫指導方針……這一切都留在人生的另一個時期了。至少，當時似乎是那樣的。不過愛是盲目的，我已經愛上了新工作，第一天好歹符合了這些期望。

一九九六年那個漫長的酷夏，我沉浸在更有趣的精神科新生活。上班途中，隨著九六年歐洲盃足球賽非官方主題曲——The Lightning Seeds樂團的〈足球回家〉（Football's Coming Home）——我的腳步一蹦一跳，英國順利打入準決賽，呼應了我樂觀的心境。我到溫布利球場，觀賞了英國隊在八強賽中打敗西班牙隊的那場比賽，幾天後又回到球場，看著英國隊在準決賽中不可避免地輸給了德國隊（我想起著名英國足球運動員萊尼克爾〔Gary Lineker〕的一句話：「足球是一項簡單的遊戲，二十二個人追逐一顆球九十分鐘，最後贏的總是德國人。」）。然而，即使坐在球場另一頭的德國球迷全體歡騰，在比賽結束時斗膽唱起了〈足球回家〉，也沒有澆熄我的興致。我正從事在精神醫學領域的第一份工作，在一個上鎖的加護病房，認識了包括偏執型思覺失調症和躁鬱症等精神重症，在這個新天地，我如魚得水，優遊自在，我與個案討論他們的幻聽、妄想和偏執，人類的經驗規模如此宏大多元，我深深為之著迷。

但我對於慢性疲勞的好奇心仍舊存在，也很快就接觸到了醫院的慢性疲勞治療暨研究單位，多年後，它成了我工作的一部分重心。在那裡，我遇到對我職業生涯影響最大的人——威斯利醫師（Simon Wessely，後來榮升教授，不久又獲冊封為爵士）。西蒙是了不起的人物，我對他的第一印象是，他長得像歌手葛芬柯（Art Garfunkel）和網球選手馬克安諾（John McEnroe）的合體。他的襯衫前側塞進去，後側卻拉出來，他常穿深藍色斜紋棉褲，不打領帶，也不穿西裝外套。他的模樣就像一般人心中的教授形象，沒多久你會發現他是個符合外表形象的天才。第一個跡象是，我沒見過比他更快找到問題關鍵、斷定要點的人。他的寫作風格和他的說話方式完全一致——隨意而不拘謹，如同日常對話，但對問題的分析卻十分犀利，轉診單、學術論文、會議演講皆是如此，令人驚奇的是連政策性文章也走這個風格。被冗長離題、沉悶單調又雜亂無章的政策報告悶得發僵，這我頗有經驗，因此我可以說只有他有這個能力把這類文章寫得有趣又切題。

威斯利教授成立慢性疲勞專科時，還沒有類似的醫療服務，所以初次看診一般要等上兩年。這形成了有趣的情況：在一九八〇年代和九〇年代初期，慢性疲勞常常蔑稱為「雅痞流感」。「雅痞」（yuppie）在當時是個貶義詞，指的是「年輕上進的專業人士」（Young Upwardly mobile Professionals），這群中產階級以銀行家和股票經紀人的身分穩步往上爬，享有特權但可恥卑劣，是肆無忌憚謀取暴利的產物。的確，他們是疲勞門診最常見的病人，也許（旁人冷嘲熱諷地認為）是因為他們精神上缺乏毅力，承受不住從中獲利的工作壓力。威斯利教授的研究則發現，中產階級患者在慢性疲勞專科裡比例之所以過高，其實是因為他們是有財力、有毅力或有能力被轉介到專科門診就診的那群人，因為這一科當時幾乎不存在。但他們不是最痛苦的人，（通常）最苦的其實是工人階級，受困於社經地位低下的人，這一發現無疑讓這類門診越來越多，得以服務更多的大眾。

威斯利教授是研究慢性疲勞的先驅，他的研究範圍極廣，包括內分泌因素（研究體內的激素〔荷爾蒙〕系統）、免疫學因素（免疫系統或抗體是否會影響疲勞）、自律神經功能（控制和調節身體功能的神經），以及病痛的行為和心理層面。他的門診個案喜歡他詼諧輕鬆的友善風格，有個個案每次就診都會替他烤一個蛋糕，所以如果你週二上午早早進辦公室，通常可以分到一塊蛋糕配茶吃。

相較於上述種種，某些ＭＥ運動團體的極端反應顯得令人費解，他們大力撻伐他和該領域其他研究人員，久而久之，氣氛越來越對立。我可以想到許多在這個領域的研究人員，他們厭倦了許多事：無休止的嘲罵；對他們或他們的工作刻意過分扭曲；假資訊自由之名為武器去攻擊研究計畫；對不喜歡的人和研究便加以詆毀；把國會議員當成「有用的傻瓜」，在不了解問題的情況下去函請求高層人士支持他們的目標。

我在ＮＩＣＥ委員會也有過這樣的經驗。一九九九年，英國政府成立國家健康與照顧卓越研究院（The National Institute for Health and Care. Excellence，NICE），旨在改善和規範全英的醫療診治。當時必須制定幾十種不同的臨床指引，從外科到所有的醫學分支，以檢驗治療的效用，分析治療的成本。鑒於我在治療慢性疲勞患者方面的經驗，我獲邀擔任二〇〇七年慢性疲勞臨床指引的專家。我擔任小組委員十八個月之久，閱讀冗長的文件、研究論文和臨床指引草案，每兩個月開一次會。另一方面，除了努力管理我在蓋氏醫院的團隊——包括三個住院醫師、一個心理學家和一個助理心理學家，我還在莫茲利醫院看門診。編寫臨床指引是很痛苦的工作，通常進度緩慢，一個下午可能就只討論了一個逗號的位置，或者改寫一個沒人看得懂的句子。討論往往非常熱烈，逐漸變得如電影《萬世魔星》（Monty Python's Life of Brian）中「猶太人民陣線」與「猶太人陣線」間激烈爭論。

最後，熱烈的討論變成一種委員會式的語言，沒有任何個性，然後印刷出刊。儘管如此，我們仍舊制定出一套我認為非常實用的臨床指引，大多數觀察人士也欣然同意這一點。這套指引務實且深思熟慮，在主流醫學見解與一些病友團體常有的定見衝突之間引導出一條謹慎之路。

冬天來臨，初霜一降，大地變得堅硬，我已將臨床指引拋諸腦後，開始忙得團團轉：看病、督導住院醫師、分配轉診、與社區醫師溝通、帶領醫學生、審核，還有現代醫師必須填寫的無盡的電子表格。這時，我的收件匣收到一封郵件，和往常一樣，我找不到任何方法來抵抗查看的衝動，所以沒有先完成手頭工作就快速看了一眼。不妙，是一家律師事務所寄來的，這類郵件永遠讓人脈搏加速。我苦惱多日的問題，或者艱困的臨床或管理狀況，最後其實都不會給我造成太大的傷害——大概是因為我考慮並預料了所有可能的最後結果，起碼採取一些行動來防範問題。根據我的經驗，大多數噩耗是直接從外太空掉下來，意想不到，令人震驚。

這封郵件我第一遍沒看懂，只好再讀一次。ME團體中的活動人士將NICE告上法庭，要求對臨床指引進行司法審核。NICE的律師向我解釋清楚，原來一個人或組織無法因為不同意或只是不喜歡，就反對NICE這類公共機構所編寫的臨床指引，如果他們想推翻臨床指引，唯一的方法是主張臨床指引制定小組本身有偏見，而有理智的人不會得出同樣的結論。為此，他們必須找到證據，證明臨床指引制定小組的成員有偏見，而我就是被指控者之一。

他們的目的是抹黑我，進而抹黑這套臨床指引。他們特別挑出了我、委員會的心理學家、一位傳染病專家和一位社區醫師，我相信其中一個原因是，我是臨床指引小組中唯一的精神科醫師。提倡替慢性疲勞綜合症下診斷的人認為，精神醫學的介入是一種挑釁，我認為這種看法來自於一個觀念：因為心理治療有助於慢性疲勞綜合症的治療，暗示此病的本身完全是心理層面。當然，絕對沒有這類的暗示。心理治療對治療各種疾病都有幫助，包括糖尿病和心臟問題，但沒有人會說糖尿病或心臟病發作是心理健康問題。

慢性疲勞綜合症的起因，究竟是生理因素還是心理因素？這一爭論是笛卡兒身心二元論的延伸。依照我們的文化，病不是生理的，就得是心理的。但為什麼呢？為什麼不能既是生理的**又是**心理的？為什麼我們不能接受身體不適而且是所有的身體不適，都有程度不一的生理因素和心理因素？

我經常詢問個案是否發生過緊張型頭痛，幾乎人人都有過。然後我會問他們，他們認為緊張型頭痛是生理還是心理造成的。一方面，我們知道緊張性頭痛是由壓力和緊張所引起（因而得名），而非如腦瘤等生理問題所引發。這麼說來，肯定是心理因素造成的，對吧？但另一方面，緊張型頭痛以一種非常生理的方式——疼痛——來表現，對乙醯胺酚一類的生理治療反應良好。那麼，什麼是緊張性頭痛？是生理上的還是心理上的？

我想不出還有比這更不會有結果的辯論。任何從事醫學工作的人，任何了解人性的人，都明白一點：在你所關心的任何病痛中，都有生理和心理兩方面的因素。凡是犯過緊張性頭痛的人，也就是每個人，都知道頭痛起來真是要人命。這種痛不是假的，不是想像的，也不是捏造的，這種痛是真實的，非常難受，不設法解決不行。如果乙醯胺酚可以治療，那就好辦，一下就能見效。如果治療方法是管理壓力，以阻止頭痛復發，那也很好，不用去擔心是生理抑或心理的問題。然而，我們陷入一種思考身體不適的模式（「是生理上的嗎？是心理上的嗎？」），於是根據原則拒絕接受可能有幫助的治療方法——我實在完全無法理解這種立場。從我身為臨床醫師的角度來看，治療患者就應當務實，就是要找對方法。我不會根據治療背後的優雅理論來提供治療，也不管治療是否符合意識形態的認知。我的治療依據是：證據顯示什麼，試驗數據怎麼說，還有，是否可能奏效。

我支持 CFS/ME 的生理認知研究，希望研究能提供一條新的治療途徑——好比，一種可以立即緩解極度不適症狀的藥。然而，即使證明了 CFS/ME 有一部分、主要、甚至完全是一種心理疾病，那又有什麼關係呢？為什麼這會讓它變得不值得治療和研究呢？這種態度的言外之意是，精神健康問題只是微恙，比如思覺失調症或憂鬱症患者，這些個案並非真正在痛苦。好像只要提議心理治療，都會讓這種病變得不值一提。

另一方面，法律程序也同時在進行。下一階段，我必須與 NICE 指派的律師討論，然後寫正式文書為自己辯護，反駁我有偏見的指控。提出訴訟的人一定是高估了我的能力，以為我說服得了小組的其他專家，包括一名神經科醫師、三名社區醫師、免疫學家和職業健康專家等。我漫不經心地想著，討論醫療診治的最佳方法，竟然是經由法庭，而非透過醫學期刊，還有沒有其他醫學分支也是如此呢？

最終，這個案子上了法庭，NICE 大勝，但這不能完全反映法官對於此案竟然被提起訴訟的不滿。西蒙大法官的判決書是篇佳作，以司法機關冷靜精確的語言書寫，他顯然「深諳」這場爭論所有的微妙之處和緊張關係，總結時寫道：「首先，這些指控雖然毫無根據，但是對被指控者造成傷害，可能令健康專業人員在涉及此一醫學領域之前猶豫不決。這是不允許發表相反意見的醫學領域，相關科學探究應受到限制——這樣的觀念是對科學的破壞，對病人的傷害。」而不幸的是，我所認識的一些優秀研究人員，只是為了他們患者的利益進行研究，便受到持續的謾罵，從而理想破滅，甚至心灰意冷。

整起事件令我感覺非常受傷。我相信，許多支持 CFS/ME 的人都希望這個病獲得重視。有人以為，要得到重視的唯一辦法是把它與任何心理因素切割開來，但這對許多有心理健康問題的人卻是侮辱。然而，生理和心理的分離不過反映醫學的討論及診治方式，所以身為專業人士的我們並非完全無辜，或許不應對事情的結果感到太過驚訝。

精神科醫師經常受指責滿口「心理囈語」。我認為在這種病上恰好相反。在試圖證明生理因素時，對這個病不甚了解的醫師說了許多實在不該說的「生理囈語」。「生理囈語」指的是聽起來很科學的解釋，使用大量科學術語，實質卻沒有什麼科學意義。提出這些論調會讓醫學生尷尬，更別說其他醫師了。就像不知自己在做什麼的人一樣，他們往往咬定自己是對的。這個領域確實存在著不確定性，我會與個案討論處理不確定的問題，但有時外行人的篤定比專家的含糊更讓個案放心。這讓我想起十六世紀詩人丹尼爾（Samuel Daniel）的名句：「膽怯知識尚且思索／大膽無知完成任務。」現在，在網路大肆擴張之際，漫天遍野都是大膽的無知，糟糕的是，在太多的診間也是如此。

那麼，我為什麼要繼續從事這類工作？嗯，答案是，多年來我看過無數的個案，他們帶著尊嚴，承受著令自己和家人困惑的病痛，而這種病對他們的生活造成莫大的影響。我從來沒有懷疑過他們的症狀，也沒有懷疑過他們千真萬確的痛苦。他們來找我看診，為的是讓自己好轉，而非宣傳他們所患之症的意識形態。我們有可用的治療方法，雖然仍舊遠遠不夠完美，但可以提供某種程度的緩解，在某些情況下可以完全治癒病人。

治療凱洛的第一步是弄清她的症狀，一起理解這些症狀的起因，據此決定解決的方向。在這個階段，嘴上說得容易，實際執行卻很困難。她和我的許多個案一樣，每一項檢查都想做，其中幾項我確信沒有必要，也毫無益處，不過可以理解她的願望。在這領域工作的這些年裡，我觀察到觀點的改變。有段時間流行一種看法，認為汞合金補牙是疲勞的原因，我在臨床上經常看到個案把所有補牙都換成瓷牙，這通常是一筆不小的開銷。個案初次找我時，可能正在吃酵素補充劑、輔酶、草藥和魚油（只列出部分），執行越來越嚴格的飲食計畫，或是亂吃各種藥物，但沒有證據證明服用這些藥品合乎道理。這些療法中，許多充其量不過是昂貴的安慰劑；但在最糟的情況下，有的卻會傷身害體。

經過一番討論，我才與凱洛達成共識。不管是什麼原因導致她的症狀，我們都不知道，而且很可能永遠不會知道。在沒有治療她的靈丹妙藥情況下，我們專心做我們能做的事。她的病由一連串生理和心理因素造成，包括睡眠不佳、身體機能下降、情緒低落、時時刻刻關注症狀——她自己也察覺壓力會讓情況惡化，而幾乎所有的健康問題都是如此。我們擬定的治療計畫，一部分是生理治療，一部分是心理治療。我們規畫了運動，逐步提高她的活動量，不讓身體機能失調和時斷時續的活動加劇問題。我們也探討緊張、焦慮以及長期情緒低落對於問題的影響。最後，我們學習分散注意力的技巧，減少她對症狀和健康的過分關注，因為這種心態似乎就是她的問題的癥結。我把她介紹給我所在部門一位出色的治療師，他接手繼續這些計畫，在其後的一年帶她做了十幾次的治療。

漸漸地，事情開始發生變化。改變是循序漸進的，所以幾個月之後才看得到情況好轉。凱洛開始拉長日常的散步時間，在日常工作中設定休息時間，以免一時精神來了反而活動過度，致使之後變得疲憊不堪。最重要的是，她恢復了社交生活，重新投入生活。她也到一家博物館兼職。大約一年後，她結束治療，並非所有症狀都解決了，她仍然不喜歡把自己逼得太緊，因為害怕復發。但成年以來，這是她第一次能夠自主管理，而且對未來抱持樂觀態度。我最後一次見到她時，她沒有看到我，因為她和朋友坐在坎伯韋爾的咖啡館。我走過去時，她是全桌的焦點；聽見她的笑聲，我才想到我以前從未聽過她笑。

7 企圖輕生

在行醫生涯中，我評估過數千名個案，估計約有四分之一至半數的人考慮過尋死。想到自己竟有自殺衝動，大部分人會感到恐懼，有人告訴我，當火車駛過月臺時，他們甚至會往後多退一步，以免自己一個衝動縱身而下。我也見過對生死的態度仍舊曖昧的個案。有些個案告訴我，他們過馬路時會故意不注意來車，由命運決定自己會不會被車撞倒。還有一個個案，夜裡開車在住家附近漆黑的鄉間道路上，關掉車燈，不是想撞車，但也不是不想撞車。我發現這種對生命的矛盾心理很普遍。有時，個案在同一次晤談中告訴我他計畫下個月到外地探望親戚，同時也告訴我他即將進行的自殺計畫。這兩件事顯然都不可能是真的，臨床晤談的意義注定難以理解，因為訊息混雜，個案本身也經常不確定自己想要什麼。

矛盾心理通常是自殺衝動的關鍵，往往反映在這類相互牴觸的行為中，顯示出一個人想死也想活，他們猶如微風吹拂的蘆葦，某個偶發事件就能把他們從自殺的邊緣拉回來，或者讓他們的決心變得更加堅定。我的經驗是，大多數人想活不想死，但活要活得不一樣，擺脫生活中正在承受的情感痛苦。自殺企圖是希望造成某些改變，讓他們只要縱身一躍就能夠擺脫情緒的負擔。有時這會被視為一種「呼救」，這個觀點雖然的確理解了個案的內在心理過程，卻輕忽了讓其走到這一步的深刻精神痛苦。不得不說，我所照顧的個案中也有人自殺未遂，不是在最後一刻遭到阻止，或者在家中被不速之客發現，不然就是在醫院搶救過來。在這些情況下，自殺的動力頑強又堅定，只有運氣擋在他們的面前。慶幸的是，我從未有個案完成自殺之舉，不過我的精神科團隊中確實發生過這樣的事，對此我終究是有責任的。

有很多因素會提高自殺的可能。獨自一人，沒有家人、朋友或支持網絡，都會增加自殺的機率。年紀越大，風險越高，因此，不管告訴我自殺念頭的人年歲多大，我都會當作一回事，如果是老人家，我還會格外謹慎。失業或慢性疾病（無論是精神或身體的）都會提高自殺風險，我猜想這些因素會擴大與社會的疏離感，對健康絕對有害無益。在我們的文化中，孤獨是一種日益嚴重的流行病。在美國，據估計有高達百分之四十七的成年人覺得孤單，這個數字被認為與一日抽十五根菸的風險相當。[1]一項研究報告說，英國有九百多萬成年人經常或永遠感到孤獨，幾乎占人口的五分之一。[2]慈善機構 Age UK 估計，電視或寵物是幾乎半數（百分之四十九）六十五歲以上成年人的主要陪伴形式，這個統計數字令人心驚，甚至難以忘懷。[3]我很擔心孤獨對人口心理健康的影響，因為我們基本上是社會動物，和社會建立聯繫，能夠防止身體和精神方面的健康問題。也就是說，參加教會或板球俱樂部，甚至只是經常到附近酒吧或和別人一塊射飛鏢，都能夠加強我們與社會的聯繫，對健康有益。

我們傾向於認為，只要健康在掌控之中，就是與飲食、酒精和運動有關，很少考慮到社會聯繫的重要。然而，為他人做事，投身一個超越自我的目標，不只是提高自尊和心理健康的好方法，也能改善我們的身體健康。我經常好奇這是怎麼一回事，良好的心理健康竟然能夠提高我們對於疾病的抵抗力？有人認為它是經由免疫系統起作用，這個觀點似乎合理，引起若干研究興趣，也符合我們的常識經驗。比如說，我們都有過壓力很大的經驗，壓力一來，我們對感染的抵抗力也下降。一篇被高度引用的論文推測，在更極端的情況下，慢性壓力透過對於免疫系統的影響，可能促進某些類型癌症的生成和發展。[4]

就社會凝聚力而言，有充分證據表明，社會上的種族主義不只影響心理健康，也影響身體健康。《英國醫學期刊》（*British Medical Journal*）一篇社論指出，種族主義受害者更有可能罹患限制日常活動的慢性疾病、高血壓和呼吸系統疾病。[5]美國一項研究也有證據指出種族主義會造成死亡率上升，說來或許令人驚訝，這情況不只發生在黑人社區，在白人族群中也是如此。[6]即使你不是受害者，種族主義也會造成陰影，不只使我們的社會變得貧瘠，瀰漫著毒瘴，從生物學上來說對人體也是有害的。為什麼社會凝聚力具有保護作用，或者為什麼種族主義會導致疾病，目前還沒有明確的解釋。以我們對於人體生物學的認識，由於缺乏社會凝聚力或社會逆境而生病，在直覺上是說不通的，但二十年來親眼見到這類相互關係，我已經不會再感到詫異了。

在自殺風險方面，社會還發揮著其他的影響。一九六一年之前，自殺在英國其實是犯罪行為。聽來好像很荒謬，可能還有人提出一個很合理的問題：人都死了，刑事制裁還有什麼威懾力呢？但我認為這確實傳達了一條強而有力的訊息：自殺是一種社會禁忌。不只一項研究用充分證據說明，在電視播送自殺事件後，模仿自殺的人數會激增，[7]特別是當角色被刻畫成走投無路，只好做出極其艱難的選擇。觀眾立刻感同身受，將自殺視為解決一己絕望生活境況的另一種方法。我認為在此情況下將自殺視為禁忌，確實有保護的作用。

相反的論點是，將自殺定為犯罪非常無情。更糟糕的是，這可能是在積極鼓勵自殺，因為它阻止人們談論促使他們採取這種絕望之舉的想法。在我治療過有自殺傾向的人之中，最常聽到的自訴是，他們感到孤立，因為害怕他人會怎麼想或怎麼說，所以不敢與別人討論他們的想法。在自殺的討論上，這類禁忌可能是致命的。如果討論自殺的污名去除後，最終能夠降低自殺率，那麼我們需要能夠在沒有情緒、戲劇化反應或刑事起訴的威脅下談論這些事情。

有趣的是，減少自殺最有效的方法之一，是消除自殺的方法。多年前英國有一種常見的自殺方法，就是吸入家用烤箱使用的有毒氣體——把頭塞入烤箱，然後吸入氣體。[8]但隨著煤氣換成了毒性較低的北海油田天然氣，這個方法不再要人命了。說來也很有趣，因為民眾試圖自殺未果，自殺人數短暫減少了。然而，之後自殺人數卻也沒有增加。你可能認為，一個人如果自殺失敗，應該會再度嘗試吧，但事實並非如此簡單。顯然如果能夠消除對潛在致命行為採取行動的手段，那麼這個人可能再活幾年。這就是為什麼高速公路和其他「自殺橋」周圍都設有保護欄，以避免有人一時激動縱身跳下，為自殺衝動爭取一些平復的時間。出於同樣的原因，醫院病房會拆除可以結繩的物件。也有證據顯示，與瓶裝藥相比，獨立錫箔包裝的單顆藥可以降低自殺率，從藥瓶取藥時可以一次將所有藥倒到手中，而獨立錫箔包裝則需要花時間將每一顆藥推出來，因此在衝動時一下子拿不到幾顆藥，等到有了足夠造成藥物過量的危險劑量時，時間可能已經足以讓當事人改變心意。同樣的道理，限制槍枝供應的槍枝法也會降低自殺率。在一些國家，槍枝操作簡易，容易致命，也容易取得，給衝動自殺帶來巨大的風險。美國研究顯示，各州整體槍枝擁有量與槍枝自殺有很大的關係。[9] 所以，身為精神科醫師，至少某種程度上在照顧有自殺傾向的個案時，我的任務是陪著他們走過危機，希望藍天再度出現，一個生命獲得拯救。

人對於自己生活的態度是個謎團，建立在變化無常的流沙之上。我還記得治療安東的經過。安東出生在工人階級家庭，聰慧過人，學業成績優異，後來進入劍橋大學攻讀經濟學——是他母校有史以來第一個進入劍橋大學的學生，母校自然以他為榮。他以卓越成績從大學畢業，然後到倫敦金融城的銀行工作，走上專業之路。然而，他始終覺得自己和其他人不同，他說自己無法融入他們的社交圈，反而覺得自己出身工人階層，不屬於他們。在不順遂的某星期，他做出一連串讓銀行虧錢的交易，於是開始懷疑起自己。這件事對他顯然難以啟齒，說到這裡，他忍不住哭了，必須暫停下來。在之後的晤談，他還是會流眼淚，不停地道歉。

我在工作中發現了少數幾件不變的事，其一是人在哭泣時會覺得有道歉的必要。我告訴安東，有情緒是人性，情緒有時是悲傷和眼淚，有時是快樂和歡笑，沒必要為了流淚而道歉，就像聽了笑話而哈哈大笑一樣，沒有什麼好歉疚的。不過安東坐在那裡，臉龐濕潤，鼻涕橫流，顯得非常無助。

他繼續訴說他的故事。他說，在那糟糕的一週後，他變得更加放不開，越來越難以下決定，也與同事慢慢疏離了。他用更多時間工作，但對於他做決定並沒有任何幫助，即便有幫助，他也只是做出更糟的決定。他開始覺得自己在工作上一無是處，情緒也進一步惡化。他失去食欲，無法正常入睡，覺得疲憊不堪，意志消沉。在又一個不成眠的夜後，他犯了一個基本但代價很高的錯誤：在一次交易中，將小數點放錯了位置。他的上司於是說，他需要休息一下，安東從這句話中讀出他將被解雇的暗示，感受到一種可怕的羞愧：他這一生讓所有人失望了，讓學校和家裡支持他的人都失望了。

我在門診見到他時，他落落寡歡，又焦慮又猶豫，已經出現許多憂鬱症的特徵。

鞏固這一切的是他原本就不高的自尊心，如今他整個人萎靡不振，認為自己很失敗，與社會格格不入，他得以爬到如此高位的唯一原因，是讓別人能從他垮了之後得到樂趣。他承認，死亡不斷侵入他的思想，他經常有想死的念頭，並開始懷疑自殺是否是一種選擇。他上網研究過自殺方法，還說以前阻止他的力量——家人和朋友——不再有以往的約束力。他認為，對他們來說，這可能好過身邊有人是負擔和羞恥的來源。

我多次陪著個案一同走過這條路，知道要一下子就扭轉情況非常困難。在大多數情況下，有三個步驟。首先，避免在進行第二步和第三步的治療過程中自殺。第一步永遠是棘手的一步，因為它不是單單一個行動而已，你需要認真傾聽，能夠向病人歸納他們的問題，好向他們證明你的確明白他們的困境。重要的是，無論你個人對自殺抱持何種看法，千萬不要透過言語或姿態傳達出批評之意。同時，你必須有處理的能力，無論情況再怎麼悲慘或痛苦，或是個案的行徑在你眼中毫無意義可言，都不能開始流淚、慌亂、憤怒，或者表現出任何可能掠過腦海的情緒。個案需要極大的勇氣才能對你吐露一些沒有跟別人說的事，他們不能看到自己的精神科醫師承受不住所聽到的內容（當然，這也正是他們沒有告訴家人的原因）。

有些問題並無快速簡單的解決辦法，所以千萬不要魯莽。我注意到菜鳥醫師常犯一個錯誤，為了表示同情與支持，過早拍胸脯保證。很可惜，無論意圖多麼良善，對個案來說，這種承諾很少會令人感到放心。「一切都會好起來」，這句話對誰都沒有說服力，除非有充分論證的可信理由來支持它。你必須向個案灌輸一些對未來的希望，而這必須基於你所做的晤談，如此一來，這個希望才有現實的基礎。最後，最難向個案明確傳遞的是：你很關心將來會發生的事，而且個案必須要在晤談過程中留下這樣的印象，靠自己得出這一結論。以我的經驗，這是一種教不來的技巧，因為個案永遠可以透過所有語言和非語言的溝通，判斷究竟誰對他們感興趣，誰對他們不感興趣。即使這樣，我還是會擬好備案，給個案一個陷入危機時可以撥打的電話號碼。

第二步是治療憂鬱症，在這一步需要對個案坦誠一些。當然，抗憂鬱藥的選擇會以臨床試驗數據為基礎，但一種特定的抗憂鬱藥並非對每個病人都有效，其中原因沒有人完全清楚。患者對某些抗憂鬱藥有耐受性，有些則沒有，這是難以預測的事，也讓情況變得更加複雜。找到合適的治療方法需要一些耐心，可能必須嘗試兩、三次才能找到合適的藥物或藥物組合。以安東的例子來說，我先試一種抗憂鬱藥，但由於副作用而不得不停止，第二種不是特別有效，第三種他說幾週後開始見效（「我就像溺水的人浮上來呼吸了」）。一旦他能更清晰地思考，不被憂鬱症壓垮，這時就可以嘗試除去他終身抱持著的不合理自卑（第三步）。

這一過程如同大律師在法庭向證人提問，我們要做的是讓個案換個位置，讓他們可以發現自己的自卑並不合邏輯，是沒有理由也沒有事實支持的情緒（「所以，你以一流成績取得劍橋大學的經濟學學位，卻認為人人都比你聰明？」）。這會挑戰若干觀念，比如犯下錯誤就是失敗，而這正是安東跨不過去的關卡（我引用了《辛普森家庭》一句記憶模糊的臺詞。「但不是人人都會犯錯嗎？這不就是鉛筆頭上要有橡皮擦的原因嗎？」）。我會和個案分析個別事件，重新探討他們對於這些事件的反應，想想實際情況是否證實他們的情緒是合理的。

每個人的思考都會有偏見，我經常用以下方法引導醫學生思考：想像一下，如果我告訴你們，你們是優秀的醫學生，但是你們的藥理學知識還需要加強。你們之中有些人會很得意（「他說我是優秀的醫學生，我在這裡穩定進步。」）。有些人則會從中讀到失敗的暗示（「他試圖用「優秀的醫學生」這句話來奉承我，但那只是為了緩和他真正想說出的打擊，也就是我不夠好。我知道我藥理學不強，考試會考，我會不及格。我應該相信那些說我讀不來醫學院的人。」）。我指出，一句客觀的話語，由於人的性情和作風不同，解讀的方式也大相徑庭；一種引發了不安和憂鬱，另一種帶來安寧和自我滿足。引發憂鬱和自我懷疑的，並非客觀的現實，而是對現實的主觀解釋。

大家都知道人類的思考存在這類偏見。自尊心低落的人可能有一種反射性傾向，對於他們的正面評價不予理會（「他們只是好心罷了。」），對於負面的評價則是放在心上（「看到沒？大家可能都是這麼看我的。」）。問題是，這些自動自發不受質疑的思想偏差會成為情緒的基礎，如果能夠教導病患用更具理性和邏輯的方式思考自己的處境，他們就能開始按照處境的邏輯調準情緒，而不是一味地根據偏頗的思想，匆匆作出無憑無據的結論。

當一個人嚴重憂鬱時，這是一項不可能的任務，因為低落的情緒扭曲他們的思想，他們的腦子無法真正參與有邏輯的討論。不過，漸漸地，安東能夠開始釐清對情緒有極大負面影響的思想偏見。這個過程需要時間，我們花了數週時間，不過計畫最後成功了，他逐漸走出困境，原來他的思考過程會令他失望到瀕於自殺的程度，這令他感到非常震驚。在後期一次門診中，他反省說，不知道自己是否能依賴自己的思想，以及自己的思考可能欺騙自己到什麼地步，那是最糟糕的精神折磨。我認為這對他來說特別令人氣惱，因為他的大腦正是讓他人生成就非凡的功臣，結果反過來又成了削弱他信心的元凶，突然變得不可靠，拖著他墜入絕望的深淵。光是那天早上的門診，連同安東在內，我就見到三個有自殺念頭的人，每個人都經歷了一生的事件和決定，導致他們走到這一步。輕生是五十歲以下男性最常見的死因，每天我在工作中都努力抑制如潮水般湧來的悲傷和絕望。

有時，浪潮貌似要將我吞沒了。也有片刻或有幾回個案的故事動人心弦，叫人難以釋懷。我感到心力交瘁，盡量不去多想，就怕遏制不住自己的情緒。我有一個憂鬱症患者，病情嚴重到出現幻聽的地步，那個聲音告訴他，他一無是處，還在他耳畔低語，說他最起碼可以自殺。當他來見我時，頭上纏著繃帶，因為他想割掉耳朵。他認為自己無法再面對生活。誰會責怪他呢？我一面顫抖，一面努力將這幅畫面從腦海趕走，但我接著看到了那個來自獅子山共和國的女人，她因內戰而內心受創，她眼睜睜目睹家人慘遭殺害——她閃著淚光，帶著尊嚴，冷靜講述強姦的過程——我想要她停下來，但她必須說下去，而我必須傾聽，不知道她該如何繼續生活下去。

他們現在是我的責任。如果他們企圖自殺，他們的死將是我的疏忽，但不是我能掌控的疏忽。個案一閃而過的往事，他們的絕望，他們深夜以酒精麻痺痛苦，把他們推向邊緣的一切——這我如何能夠控制？我控制不了。我只能控制自己的焦慮，控制自己的情緒。我必須做好安排，深呼吸，請下一個病人進來。

---

1 Murphy, J. (2019). New epidemic affects nearly half of American adults. Retrieved from https://www.mdlinx.com/internal-medicine/article/3272 (accessed 10 Dec. 2020).

2 British Red Cross. (n. d.). Action on loneliness. Retrieved from https://www.redcross.org.uk/about-us/what-we-do/action-on-loneliness (accessed 12 Dec. 2020).

3 Davidson, S., & Rossall, P. (2015). Age UK Evidence review: Loneliness in later life. Retrieved from https://www.ageuk.org.uk/globalassets/age-uk/documents/reports-and-publications/reports-and-briefings/health--wellbeing/rb_june15_lonelines_in_later_life_evidence_review.pdf (accessed 26 Nov. 2020).

4 Reiche, E. M. V., Nunes, S. O. V., & Morimoto, H. K. (2004). Stress, depression, the immune system, and cancer. *The Lancet Oncology*, *5*(10), 617–25.

5 McKenzie, K. (2003). Racism and health. *BMJ (Clinical Research Ed.)*, *326*(7380), 65–6.

6 Kennedy, B. P., Kawachi, I., Lochner, K., Jones, C., & Prothrow-Stith, D. (1997). (Dis)respect and black mortality. *Ethnicity & Disease*, *7*(3), 207–14.

7 Gould, M. S., & Shaffer, D. (1986). The impact of suicide in television movies. Evidence of imitation. *New England Journal of Medicine*, *315*(11), 690–4. Erratum in: *New England Journal of Medicine*, *319*(24), 1616.

8 Kreitman, N. (1976). The coal gas story. United Kingdom suicide rates, 1960–71. *British Journal of Preventive & Social Medicine*, *30*(2), 86–93.

9 Miller, M., Azrael, D., & Barber, C. (2012). Suicide mortality in the United States: The importance of attending to method in understanding population-level disparities in the burden of suicide. *Annual Review of Public Health*, *33*, 393–408.

8 惱人的體重問題

直到回想時才發現，我朝著精神醫學的生涯之路發展，這個選擇在童年時就有跡可循。我記得我姊會訂閱青少年雜誌，最早是《傑奇》（*Jackie*），後來還訂過《我的他》（*My Guy*）。偶爾，報社沒有任何解釋，就寄來《藍色牛仔褲》（*Blue Jeans*）代替，這也是那個時代風行的青少年雜誌。雜誌社大概有某種理由，認為這些雜誌是可以互換的。我不想給人撞見我會看這類雜誌，怕引起他人的取笑打趣，所以還沒有人從門墊撿起郵件之前，就會先把雜誌攔截下來，從頭到尾翻一遍。我通常從愛情圖片故事開始讀起，也勤勉不懈地關心星座，希望它會預言十二歲的我將有戀情發生。然後，我翻閱頭髮精心梳理的少年偶像葛瑞（Leif Garrett）的全版照片，或者其他少女的夢中情人。最後，來到了我最喜歡的「來信必答」專欄，解惑凱茜和克萊兒阿姨會回答讀者的問題。我一邊讀著問題，一邊遮住凱茜和克萊兒的建議，想一想之後，寫下自己的解答，再和她們的回答比較。看到男友變心劈腿閨密的故事，我會點點頭表示同情，但也準備指出一些殘酷的事實。對於其他問題，我會溫和地解釋，他並不愛妳，而是利用妳來接近妳最好的朋友，如果妳再讀一遍自己的問題就會發現。專橫的父母、粉刺、奇怪體味、初吻（在那個階段，我只有理論上的知識）、遭到欺侮、受人排擠、應付刻薄的老師、好色的老師、冒昧的父母朋友、零用錢不足——這些問題都值得我深思熟慮後作答，我把回答記在一個小本子上，建立了一個青少年生活疑難雜症資料庫。

在信件、帳單和青少年雜誌之中，還有我母親訂的瘦身雜誌。我覺得很驚奇，報刊亭的架上哪來的位置展示那麼多的雜誌呢？減重對我來說是非常簡單的問題，所以我不懂每一期雜誌還有什麼新鮮話題好說。是，我能夠理解那些人情趣味報導（「醫師說我只剩下三個月可活了！」），這類故事總會刊登一張照片，照片上的人微笑穿著舊牛仔褲，伸長手臂緊抓著現在離身體有三十公分遠的牛仔布，證明體重急劇下降。但當時我認為減重不過是簡單的數學公式：攝入的卡路里與消耗的卡路里之間的差。體重增加的複雜因素，以及所有相關的心理包袱與痛苦，那是另一個世界。至少在我看來，好像沒有人會談論體重增加背後的心理問題。瘦身雜誌無休無止列出不同的飲食方法和食譜，每種飲食法都風行過一時，披著偽科學的外衣，頻頻提起「氨基酸」、「營養循環」、「新陳代謝」等詞彙，一股腦地使用它們來掩飾其背後缺乏科學根據。這些飲食法都包含基本的悖論（飲食方法的聖杯），也就是想吃多少就吃多少，你絕對不會餓到，但體重照樣減得下來。年幼時，我覺得這類瘦身雜誌讓人困惑，毫無意義，還有一些可笑。

我讀醫學院時，肥胖危機尚未完全降臨在英國，不過在美國開始扎根了。當我授課提及肥胖問題時，通常會先引用美國疾病控制與預防中心（CDC）的數據，數據顯示，從一九八五到二〇一〇年這段時間，美國的肥胖率增長驚人。[1]肥胖率分五十個州統計，一九九〇年，美國沒有一個州的肥胖率超過百分之十五，二十年後的二〇一〇年，沒有一個州的肥胖率低於百分之二十。有三十六個州肥胖率超過百分之二十五。各州在地圖上以顏色區分，肥胖率增加的州塗成較深的紅色，這幅地圖創造出一個驚人的視覺形象，說明危機逐年惡化。

在醫學院，幾乎沒有教過肥胖是迫在眉睫的公共健康威脅。即使確實提起了肥胖問題，也只是一本正經不帶感情地分析肥胖造成某些疾病的風險增加，至於飲食和肥胖的心理層面，幾乎無人提出。我只記得在學醫時聽說過一項討論這個問題的研究，後來一直在尋找這項研究，卻始終沒有找到。這非比尋常，也可能正因如此，那篇研究在我腦海留下深刻的印象。根據該項研究設計，受試者待在一個小房間，他們被告知房間裡的感應器會接收他們的心跳，然後經由房間一角的喇叭播放給他們聽。然而，其實並沒有感應器接收到受試者的心率，喇叭播放的是心律的錄音，有時是正常的，有時猛然變得快速且不規則，聽起來很危險，令受試者心頭一慌。在受試者聆聽他們以為是自己心跳的房間，擺著一小碗又一小碗的腰果。研究人員發現，當超重的人受到快速而不規則的心跳驚擾時，以為自己的身體有什麼危險，便開始吃起碗裡的腰果，想藉此平復焦慮。體重正常的受試者則不會這麼做。這是我第一次對於吃的情緒方面有了深刻的認識。我個人的經驗卻是，當醫學院要考試或有其他焦慮的事時，我一點也不想吃東西。在一連串考試之前，吃，成了一項我有責任的苦活，帶給我的樂趣如同咀嚼棉絮。

我在蓋氏醫院工作幾年後，醫院成立減重諮詢門診，提供減重手術。這種新治療選擇反映出肥胖症在英國流行的趨勢，評估靠各種飲食法和支持都無法減肥者是否適合動手術，成了我的工作之一。在過去接受精神醫學的訓練時，我沒有遇過這類情況，所以我去函給美國多家中心，詢問他們的建議，收到他們用於評估的實用原則，然後按照英國的情況加以調整。

轉診單原本稀稀落落，很快就開始大量湧入，但我還記得第一個個案——泰瑞。他走進我的診間一坐下來，我就注意到房裡他唯一能坐的椅子太窄了，兩邊都有木頭扶手。他沒有說這件事，我也沒提，但是我留意到他的肉從椅子兩側溢出。當我們討論著讓他來找我的事情時，我心裡想著他的不安。泰瑞來自英格蘭北部的海濱小鎮，他向我講述了他的童年。他在貧困但充滿關愛的家庭長大，童年過得很快樂，放學後就在住家附近的街上踢足球，有一小群朋友，生活過得很正常。直到有一天，他的哥哥突然被指控犯了強姦，沒人相信他會做出這種事，但不可避免產生流言和猜疑。司法巨輪轉動緩慢，指控最後在審判之前撤銷，不過他們一家人也被壓力壓垮了。他的父親開始酗酒，性情變得古怪，在家中越來越容易發脾氣，後來工作也受到影響，碼頭遊樂場收銀員的工作丟了。泰瑞學校的每個人好像都知道發生了什麼，包括哥哥遭到指控，還有父親開始酗酒。他遭到嘲笑欺負（他記得學校裡有個男生對他說，他家有「一個土包子和一個變態狂」）。他變得孤僻，越來越不與人來往。沒過多久，他發現吃能給他帶來短暫的快樂與滿足，暫時紓解每日的不快。洋芋片一袋袋的洋芋片、數不清的巧克力、冰淇淋、甜甜圈、糖果、棉花糖、軟糖等，只要吃得到的東西他都吃。他的體重開始暴增，他受到的欺凌也越來越嚴重（在學校，他被稱為「十噸泰瑞」），孤獨感越來越強，體重也越來越重，成了他走不出來的惡性循環。

他說話時，我印象深刻的不是他說的內容，而是他想要吐露的急切之情。我本來以為掛此診的病人覺得看精神科醫師很討厭，是他們減肥手術路上的障礙。然而，第一位病人給我的經驗恰好相反，被邊緣化的一生讓他孤獨，他少有機會遇到對他要說的話感興趣的人，他的自尊心幾乎不存在。他一個人住，朋友不多，從未交過女友，也沒有過性關係，和我討論了這件事後，他似乎鬆了一口氣，對他來說如沉重負擔的一件事變得正常。

我見到泰瑞時，他剛滿三十一歲，似乎沒有任何前途可言。他沒做過長期的工作，但只要有機會，偶爾還是會接一些工作。當他難得有工作時，他的出勤紀錄並不穩定，通常以被解雇收場。然而，泰瑞把丟工作的原因歸結為能力不足，而非出勤率不高，反而只是讓自尊心更加低落。他也因此開始節食，只是從未堅持到底，幾天或幾週後就放棄了。他的生活主要靠他自己，雖然和家人保持聯絡，但他在倫敦，他們在海邊。他告訴我，食物是他生命中唯一真正享受的東西，他用吃來處理所有情緒。我想到「腰果」研究，問他吃是否能夠緩解焦慮，他告訴我確實如此，他發現自己很難分辨焦慮和饑餓的感覺，只知道食物可以減少他的焦慮。然而，焦慮不是讓他吃的唯一情緒，他說，感到憤怒、沮喪、悲傷、無聊、快樂或其他情緒，他都會吃。

大家應該都清楚，減肥手術不能解決促使泰瑞走到這步人生境地的問題，手術可能馬上幫助他減重，但如果沒解決造成這種飲食模式的根本問題，他的體重不可能穩定下降。晤談結束後，我們兩個都站起來，他在我旁邊彷彿龐然大物，灰色慢跑褲又鬆又薄，已不成形，也早該洗了。他的連帽衫沾了食物污漬，而且他一離開診間就把帽子拉上，但天氣不是特別冷。他拱圓肩膀，人似乎縮了起來，像要躲避周遭世界。晤談至少超時二十分鐘，我很少如此，但他很想繼續說話，而我感覺他平日並不愛說話。我走到候診室，候診室的氣氛很浮躁，由於我不喜歡落後預定進度，便趕緊繼續看下面的病人，直到當天午診結束開始口述泰瑞的晤談紀錄，才又想起了他。

幾週後，我在門診見到莉娜。莉娜重達一百三十六公斤，身高一米六八，身體質量指數（ＢＭＩ）為四十八，健康的ＢＭＩ指數落於十八至二十五之間，超過三十則為肥胖。我看到莉娜的第一個念頭是，她看起來相當沮喪，頭低垂著，與人幾乎沒有眼神交流，步伐艱困地朝我的診間走去。我們沿著走廊移動時，她完全不理會我慣常的閒聊（「從你家來這裡很遠嗎？」）。這時，因為和泰瑞晤談的經驗，我請部門訂了幾張較為舒適的椅子，沒想到很快就送來了。因此，在我一系列不成套的診間家具中，又多了一把大椅子，顏色是暗褐色的，帶有一種淡淡的公共機構氣息。我記得它還在診間一隅，沒有擺放在辦公桌的對面，所以當我們沿著走廊走下去，我搶先一步，在莉娜走到門口之前，順利重新擺放了椅子。她沉沉坐了下來，然後半抬起頭來，瞧了瞧四周環境。由於她的體型，我誤以為她比她實際的年齡大，結果她原來只有三十八歲。

莉娜出生於波蘭，在那裡生活到二十多歲。她來自波蘭北部一個小鎮，是七個孩子中的老大。她的父母信仰虔誠，在同個小鎮出生長大，沒有離開的野心。母親是護理師，父親是電工，他們把閒暇時間都貢獻給當地的教會團體，對生活很滿意。在她的印象中，那是一個祥和的小鎮。她說，他們從來沒有度過假，因為錢不夠。偶爾也有海邊一日遊的機會，但身為家中老大，她的心事沒有人可以傾訴——她覺得弟弟年幼不成熟，父母又太老了——所以在大部分外出活動中都悶悶不樂，不想和家人在一起，但也不想待在家。當我問她印象最鮮明的童年記憶是什麼時，她說是無聊。她說，在學校裡，她的成績普普通通；她喜歡藝術，但體育和學科不是特別優秀。不過她很受歡迎，大家都覺得她長得很漂亮。她記得男生都想和她跳舞，約她出去，她很享受這種感覺，這也給她提供了某種刺激，讓她逃離她認為飽受約束且平淡無奇的小鎮生活。

她一有機會就離開學校。她沒興趣繼續升學，父母感到失望，但莉娜想自己掙錢，過更精采刺激的生活。她第一份工作是在小餐館當服務生，她很喜歡那裡的工作，享受與顧客聊天，打情罵俏幾句，晚上外出也有一些收入可以花用。她記得有一晚，一個週五晚上，她上晚班，為一桌六個二十出頭的男人服務，也許年紀更大一點。他們對她有點輕薄，但她覺得自己懂得照顧自己，其中一個男人約她下班後見面，由於她喜歡他，也就不反對來一場小冒險。

我想像她年輕時的模樣，她一雙眼睛很有魅力，以前可能顯得俏皮，現在卻帶著一抹悲傷。她顫抖著嘴唇，伸手去拿桌角的面紙盒，她流下眼淚，擤了擤鼻涕。我一面等著她把故事說完，一面想像她走出一家光線過於昏暗的波蘭小館，清楚她接下來要說什麼。

下班後，她和那人約在停車場見面。不知道為什麼，但我想像停車場周圍長著松樹，我知道這是不可能的，腦海卻不由自主浮現一個畫面：她踩著乾枯的針葉，隨他一塊走向他的小貨車，涼爽的夜風吹散了夏夜的氣息。他攻擊她，強暴了她，她的人生於是出現關鍵點，分成「之前」和「之後」。一起改變人生的事件，把她的人生一分為二。

她無法把發生的事告訴誰，尤其是她的父母。她羞愧得無地自容，自幼的宗教教育讓她心懷罪惡感。她責怪自己，雖然她遭受暴力攻擊，卻無由想像成是自己勾引別人。在這個悲痛的經歷後，她決定不讓生活再有浪漫和戀情，也不要男人再看她一眼。她封閉自己，大多時間足不出戶，也不願再照鏡子。她的體重持續攀升，她卻認為這是好事，可以阻擋她不想要的注目眼光。生活就這樣繼續，她做過許許多多的臨時工作，日子一天天過去。

她來到英國，英語變得流利後，在一間呼叫中心找到工作。久坐的工作對減重沒有什麼幫助，她的體重甚至持續攀升，因此出現關節疼痛和睡眠呼吸暫停的問題，白天提不起精神。糖尿病前期症狀開始出現時，她被轉介參加一項體重管理計畫。到目前為止，她幾次減重都失敗了，有人建議她選擇手術，因為這是她可能減去足以改善健康的體重的唯一辦法。

她自認人生很失敗，不是個好女兒，也不是虔誠的天主教徒，永遠不會結婚生子。由於內心痛苦，加上健康不佳，她覺得生活像在受罪。她被診斷患有憂鬱症，但這個診斷無法反映她來找我的複雜情緒和自我厭惡。

寫病歷紀錄時，我短暫地陷入沉思。還是內科菜鳥時，如果早上起來準備值六十小時的班，我會幻想，如果就在那一刻，一個中年男子的胸口第一次緊縮疼痛，那麼我們的道路將在當天稍晚他送到急診室時交會。一種逃避不開的宿命觀點吸引著我，自宇宙誕生以來，在一瞬間，我們的人生短暫糾纏在一起，然後再度分道揚鑣，走向越來越疏遠的個人命運。現在我對莉娜也有同樣的想法。我回想她所描述的每一個時間點我在做什麼，代表我們人生的兩條線最後在這一刻交會了。我不知道我有沒有能力，不知道能不能讓她好起來。

「我會被強制入院安置嗎？」

我從沉思中驚醒。我放下筆，抬頭看著她。強制入院——非自願住進精神病院——一個很荒唐的想法，我沒想到她竟擔心著這個問題。依據《精神衛生法》條款強制治療，那是專門留給最緊迫最令人擔憂的病例，而非正在努力減肥的人。我一定是聽錯了。

「對不起，會什麼？」

「我會被強制入院安置嗎？」她低聲說著，又哭了起來。

我對她油然升起一股同情。我意識到，對她來說，把她所做的事情告訴我，以為最後自己可能被迫住進精神病院，是需要勇氣的行為。我安慰她，「我們連續幾週都沒有空床，就算有一張可以收你，我也絕對不可能讓你擠進那張床。」

想到這裡，我忍不住笑了，我這一笑似乎也解開她心裡的某樣東西，她開始又哭又笑。幾分鐘後，她大聲擤完鼻涕後，我們才繼續討論下去。

很顯然，無論是莉娜還是泰瑞，手術是解決不了他們的問題，起碼單靠手術不能。一個人尚未做好心理準備之前，便嘗試接受減肥手術，這是愚蠢的行為，很可能以失敗告終，有時甚至淪為一場災難。好一點的情況或許只是手術未能達到預期效果，患者沒有減去體重，或者減去了一些，很快又復胖了。有時，結果較為嚴重，比如有胃痛和胃脹情形，感覺後悔和抑鬱。有的患者即便覺得飽了還想再吃，尤其是會融化的高熱量食物，像是冰淇淋或巧克力。液態卡路里尤其容易攝取。研究發現，減肥手術後的十年內，自殺率會提高。[2]

所以，了解心理問題是關鍵，有時候干預也可以很簡單。我記得有個人減不了重，我問起他都吃些什麼，為什麼會發胖，他說是吃多了蛋糕，餅乾和洋芋片也沒少吃。

「但你不是一個人住？這些吃的都是誰買的？」我問。

「欸，我侄子有時會來，他喜歡吃零食。」

「但是他何必非要在你那裡吃呢？」

「欸，我也有朋友會來家裡玩，總要招待他們吃吧？不準備一些，他們怎麼想？」

「不過他們是你的朋友，難道不想支持你的飲食計畫嗎？我相信，他們想要支持你，而不是到你家去吃一塊蛋糕。」

他聽懂了我的意思，因為下次見到他時，他說他體重已經開始下降，不肯定是否還想要動手術。他發現，一旦食物放入購物籃，那就是什麼時候吃的問題，而不是會不會吃的問題。他覺得自己突然領悟了，但其實這就是之前見面時我一直向他解釋的事。

不過，泰瑞和莉娜的情況又不同了。對他們而言，暴食和肥胖只是人生愁苦的症狀，那是減肥手術永遠無法治好的。對泰瑞來說，幾次晤談幫助他了解自己的情緒，以及如何識別這些情緒，如此一來，他對自己的感受能夠做出經過思考的反應，而不是直接求助於食物。我協助他學會區分真正的饑餓和情緒的饑餓，也得幫助他找到處理情緒的更好方法，因為你不能只把吃當成面對的方法，必須找出代替的手段。吃，是內心苦惱的外在表現，這種行為最終會自我延續。期許人靠著意志力，終止一個由來已久的習慣或行為，這是不合理的，因為這些行為是經年累積，往往是對於無力感、不快樂或其他類似情緒的反應，由於通例、習慣、無奈和絕望而持續下去。必須找到一種方法，讓個案與食物的關係變得正常，同時確保改掉舊有的飲食模式後，不會養成另一種同樣無益的應對情緒方法，比如吸菸或吸毒。

幫助泰瑞分辨自己的情緒是第一階段，重建生活是第二階段。第一階段結束後，他已經做好了動手術的準備，手術成果不錯。然而，要化解一生的不安全感，擺脫自己一無是處的感覺，難若登天。對於沒有穩定工作、沒有朋友、沒有什麼興趣愛好的人來說，想建立生活也是相當不易。他開始減去體重，自我觀感變好，但還是覺得孤立和孤獨，我很擔心他可能回到起初使他來找我的舊行為模式。他在社交生活中很膽怯，不願求職，害怕談戀愛，他一直提到他「自卑」，意思其實是非常擔心被拒絕，這是他一生不變的故事情節，讓他什麼都不敢做。我陪著他一步步慢慢來，幫助他設定實際可行的目標，朝著他所確定的工作和社會生活的目標前進。

雖然我擬了最理想的計畫，他最顯著的進步卻是以與我毫無關係的方式出現。一次門診時，他對我說，他正在考慮買一隻狗，我心不在焉地說，聽起來很棒。然而，連我也沒有料到這個決定能給他帶來多大的改變。他覺得自己對他的狗（小得出奇）負有責任，熱情地拿出手機，要我看牠做出狗會做的那些不起眼的事。他每天遛狗，最後還開始和其他狗主人交談。我讓他不用再回診時，他的戀情已經初見端倪，體重也維持著較低的水平，而且在他的記憶中，他第一次對未來充滿樂觀的期待。

莉娜如果要做手術也需要做準備，不過她是更具挑戰性的個案。她頗討人喜歡，卻把食物當成與世界保持距離的手段，這一點對旁觀者再清楚不過，她則是花了點時間才明白。她最大的問題是，她從來沒有真正與人交往過，我很擔心，手術之後，不再有體重保護時，她會怎麼樣？她要如何開始建立更親密的正常關係呢？她如何理解並應對童年和成年早期揮之不去的自責、羞恥和失敗的感覺？對她而言，手術只是故事的開始，而非美好的結局。

我讓她接受認知分析療法，一種介於認知行為療法和精神分析之間的折衷療法，包括探索她的人際關係和家庭動態，尋找她為什麼會有這種情緒的解釋，不過這種治療也會讓她日後行為有更實際的解決方法。術後過了幾個月，我最後一次見到她，她的確瘦了下來，但她的生活和人際關係是還未完成的工作。困擾她的不只是那次襲擊，還有與之相關的信念：她不好，她的遭遇是自己造成的，可能是她咎由自取。旁人很難理解這種想法，尤其是它完全不合理，沒有人活該受到攻擊，責任必須在於肇事者。然而，我們都有關於自己和周圍世界的信念，許多不合邏輯，但在我們一生中不會受到質疑。對於自己的生活，我們不是理性的觀察者，反而充滿了往往非理性的矛盾信念。有時，這些信念會幫助我們，比方說，雖然我們有缺點，但仍然能夠堅持，最後取得成功；有時，這些信念會限制和定義我們，如同它們對莉娜所做的。

在精神醫學的職業生涯，我發現要了解人性、理解個案，沒有比時間更好的老師。拳擊手泰森（Mike Tyson）有句名言：「事前再怎麼計畫，也很難預測到嘴巴會挨上一拳。」誰都可以就體重大放道德厥詞，任意提出建議或者批評。唯有生活給你一記猛拳，打得你腳步踉蹌，你才會意識到自己也很脆弱，缺乏安全感。聽到肥胖症，一般人通常會想到缺乏自制力，想到道德薄弱或不足，他們以為只要靠意志力努力，只要加強自我控制，就能減肥。許多肥胖個案告訴我，他們知道別人會這麼想，自己甚至也接受了這些想法，開始用別人的眼光審視自己，認為自己懶惰、意志薄弱，這反而讓他們自我感覺更糟糕。然而，進食和肥胖的驅動力非常複雜。毫無疑問，肥胖還有遺傳因素——複雜的臨床表徵幾乎都有。但是，如同身高可以被營養不良或疾病等因素改變，肥胖症也遠遠不只有遺傳因素的作用，食物價格和供應同樣很重要，要吃得健康，是可能比吃漢堡和甜甜圈等高熱量食物花上更多金錢的。但心理因素的影響至關重要，是導致肥胖的首要原因，並造成挫敗感和絕望感伴隨肥胖而來。若不能了解心理，又怎麼期望能夠了解心理所呈現出的生理問題呢？更重要的是，又怎麼能期盼可以治療它們呢？我回想起童年，客廳書架堆放著瘦身雜誌，我也想起珀爾姑婆，以及困擾著她、最終困住了她的體重問題。我覺得人生令我傷心，但也讓我多了智慧，放緩了判斷他人的速度。沒有智慧的醫學，不值一文。

---

1 Centers for Disease Control and Prevention. (n. d.). Obesity trends among US adults between 1985 and 2010. Retrieved from https://www.cdc.gov/obesity/downloads/obesity_trends_2010.pdf (accessed 26 Nov. 2020).

2 Tindle, H. A., Omalu, B., Courcoulas, A., Marcus, M., Hammers, J.,& Kuller, L. H. (2010). Risk of suicide after long-term follow-up from bariatric surgery. *The American Journal of Medicine*, *123*(11), 1036–42.

9 另類健康信念

小時候，如果爸媽不在家，奶奶會來我們家坐鎮；爺爺則早已去世了。據奶奶所知，她的家人來自羅馬尼亞和俄羅斯，一九〇〇年左右來到英國，在北部的雪菲爾市定居下來。在家譜的一個分支中，有一連串的拉比，她經常告訴我，她小時候在安息日去探望她的祖父母時，必須遵守嚴格規矩——不可以調整燈光，不可以寫字，不可以燒菜（「在安息日，就算烤箱裡有燉菜噗噗響，我奶奶也不會吃，她整天只喝檸檬水，啃猶太麵包。」）。奶奶在英國長大，不過也會說意第緒語，那是一種豐富且富有表現力的語言，經常出現在她的話語中。她不時使用意第緒語，表達她無法以英語表達的某種感覺，因此我從小到大零星學到了一些意第緒語和措辭，直到上了大學才意識到那原來不是英語。

奶奶常煮肉湯，裡面加了玉米粉、猶太炸糕、肉汁和猶太馬鈴薯餅，所以又濃又稠。我們幾個孩子吃東西時，她就在一旁徘徊，當我們還在咀嚼最後一口，她就把盤子拿走，再替我們添上一些。至於甜點，她會送上一盤甜馬鈴薯餅（加了葡萄乾），我們蘸著碗裡的肉桂砂糖吃。我們謝謝她時，她帶著得意洋洋的神情說：「所有麵糊只用了一顆雞蛋。」她不缺錢，但她骨子裡流著猶太血液，把錢花在自己身上對她來說很難。她如果要到我們家來照顧我們一週，從車上搬出來第一件東西會是一個大紙箱，上頭貼著「綜合口味甜餅乾福利品」。箱內的餅乾口味多種，碎裂程度不一，在一九七〇年代，這些餅乾由於某種原因沒有通過品管，淪為次級品，分裝成盒，在地方超市廉價出售，奶奶買了一盒又一盒。

在混亂的家居生活中，奶奶經常坐在我們家的餐桌前，平靜地將餅乾浸到茶裡，雖然餅乾有些不新鮮了，沾到其他餅乾的碎屑和糖粉，而且還有紙箱的味道。夜裡我穿著睡衣打赤腳下樓來吃餅乾（盒裡的餅乾似乎永遠不會空），是少數能讓她激動的事之一。「瞧瞧你，連襪子都沒穿就下來了，你會重感冒的。」雖然才十歲，我也知道感冒是從別人那裡傳來的，不會因為沒穿襪子就從腳底感染，但她很固執，相信從腳感染感冒是不爭的事實，讓皮膚碰到冰冷的廚房瓷磚地板很魯莽。她對於看電視坐得太近（過早近視）、吃麵包皮（會造成鬈髮）和雞湯藥效也有類似的看法。

奶奶活到一百零二歲，從不覺得自己老了，甚至一次度假時，還批評旅館濕滑的樓梯，因為「老人家走上去可能會摔倒」，渾然不覺自己就是老人家。她那一代人不談論自己的感受，也不喜歡表露感情，她一生對於自己的實際年齡遮遮掩掩，以致沒有人知道她有多大年紀。她編了一個出生日期給醫師，編了另一個日期給社會保險局，還編了第三個給醫院。她很高興別人似乎信以為真，或稱讚她看起來比實際年齡年輕，即便她已經少報了十歲。她百歲壽誕時，女王按照傳統發來了電報，她置之不理，含糊地說一定是哪裡搞錯了，所以我和父親直到去登記她的死亡時，才知道她真正的出生年月日。

奶奶對健康有一些奇怪的信念，但她對醫師卻深信不疑。她會拿出最好的行頭，盛裝打扮去看醫師。聽到醫師的笑話妙語，她露出畢恭畢敬的笑容，醫師怎麼囑咐，她絕對就怎麼做，就算與她個人意見不同，因為醫師的話是沒有商量餘地的。簡而言之，她對自己的健康，對不穿襪子的腳的特殊信念，都嵌在一個理性的框架中：相信醫師最了解。她對健康的見解無傷大雅又可愛，但她絕不會在診所說出這些想法。

十八年來，我在精神科看診，觀察到今日醫師的意見很少不會受到質疑。除了人人都會對自己的診斷有正常的擔憂之外，民眾天差地別的健康信念也變得更加強硬武斷，影響了商量以及提供患者醫療的方式。越來越多的門診病人告訴我，他們希望我在看診結束時給出什麼樣的診斷結論，這樣的自我診斷已經開始影響他們的生活、他們與社會的互動。他們可能早就加入一個病友團體，為這個診斷進行宣傳。越來越多人來我的門診，認為自己有泛自閉症障礙、躁鬱症、成人過動症（注意力缺乏過動障礙，ADHA）——以往會被烙上汙名和避諱的疾病。閱讀障礙可能被自我診斷為教育程度低的原因。在我的慢性疲勞門診，越來越多人要求進行萊姆病檢查，認為這是他們生病的原因（即使他們一生從未去過這種疾病的流行地區。每次我都覺得驚訝，怎麼會有這麼多人記得被蜱蟲叮咬處有個標靶形狀的皮疹就是萊姆病典型的具體特徵，不過這些人的檢驗結果完全正常）。

以前如果有人筋骨柔軟手腳靈活，不過是瑜伽或體操特別拿手，而現在他們會去看醫師，擔心得了埃勒斯－丹洛斯症候群（Ehlers-Danlos syndrome，一種罕見疾病，會影響人體結締組織，讓關節過度靈活）。在以九月一日為學年分界的學校，與九月出生的孩子（班級中年齡最大的）相比，八月出生的孩子（班級中年齡最小的）被診斷為兒童過動症的比例大幅增加。[1]換句話說，孩子比該學年其他孩子不成熟，但這種情況和精神疾病診斷混為一談，殊不知和年紀較大的同儕相比，他們本來就較不成熟。

是什麼促使當前的文化發生這種變化，導致診斷快速擴展呢？好，首先，醫學界必須好好認真反省，捫心自問，診斷數字不斷增加，是否符合社會最佳利益，特別是在這些診斷的定義非常寬泛的情況下。一九五〇年代，美國《診斷與統計手冊》（DSM-1）出版第一版，企圖納入所有已知的精神疾病，列出了一百二十八個類別，長達一百三十二頁。[2]在現行的二〇一三年出版的第五次全面修訂版（DSM-5），共有五百四十一個診斷類別，篇幅高達九百四十七頁。似乎這六十年來，我們又發現了人類可能罹患的四百一十三種精神疾病——常識告訴我們，這是不可能的。

於是，正常的人類經驗，如喪親之痛，悄悄進入了診斷詞典（DSM-5 首度納入「喪親憂鬱症」）。泛自閉症障礙也是如此，似乎將越來越多的人帶入其領域。能被診斷為疾病的情況的數量穩定增加，而能被診斷為疾病的正常情緒或症狀的數量，同樣也繼續增加。當每個症狀或感覺都可以成為一種診斷結論時，我們自立能力降低，將個人之於健康或行為的責任歸於外在因素。身為社會一份子，我們自願參與了這件事。人們似乎期盼或需要一個診斷，來解釋或合理化自己的行為，即使他們的行為大致屬於「正常」的範圍內。在這種情況下，診斷可能造成真正的傷害，讓人與醫療專業有不必要的接觸，被動地接受不必要的醫療干預。當病人一方面可能覺得自己表現出任何症狀，責任都不在自己身上，但另一方面又認為自己衰弱無能時，這便是非常不健康的心態。我們難以得知，是醫學界促使個人需要通過診斷來驗證每一種感覺和情緒，或者醫學不過反映出公眾情緒，但無論如何，這是走上錯誤方向的關鍵一步。

人越來越傾向於自我診斷，除了可能出錯的醫療問題越來越多以外，還有另一個原因：誤以為診斷疾病很簡單。我們活在一個越來越不信任專家的時代，這種不信任滲入英國的公眾意識——這種情況在西方更為普遍，而且受到政治人物的助長和鼓勵。當然，對政治人物來說，不信任專家的理由很清楚，目的是懷疑任何質疑其智慧的專家，從而減少對其政策不利的事實。英國資深政治家戈夫（Michael Gove）說過一句名言：「我認為這個國家的人民已經受夠了那些專家……總說他們知道什麼是最好的，卻老是搞錯。」[3]這句話傳達了大眾的情緒。然而，這種情緒的合理後果就是所有人都自由放任，亦即有意見者都認為自己的意見和下一個人的一樣有效，無論他們是否有任何特定的專業知識。而說到醫學，網路上的醫學資訊並無法提供鑿鑿有據的意見，容易謬以千里。做出準確的診斷其實需要大量的時間、技巧與經驗。康納曼在他的《快思慢想》書中談到專家與業餘人士相比的準確度，說「專家的準確直覺是長期實踐的結果，而非直觀的推理。」這個觀點應該是對的。[4]而所有資深醫師都有長期看診的經驗，這也是為何找資深臨床醫師看診勝過業餘的自我診斷。我想起一句老話：如果你認為去看專業醫師很貴，你應該去找業餘的看看。

說到自我診斷，不可不提起「鄧寧－克魯格效應」（Dunning-Kruger effect）。鄧寧－克魯格效應的意思是，當我們對某件事情了解得越少，就越會高估自己的能力。鄧寧和克魯格在他們的研究中發現，於幽默、邏輯或語法測試項目中表現不佳的人，被問及他們認為自己的表現時，會明顯高估自己的表現。[5]看來人經常有一種認知偏見，在一知半解的事上高估一己能力。當我們一無所知時，會認為做一件不熟悉的事相當容易，只要稍加練習或上網研究，就可以達到飛行員或精神科醫師的水準，這是因為我們不知道自己有多少東西不知道。但是一旦有了更多的經驗和知識，更加意識到最初對自己能力的印象誇大了許多，就會明白還需要多少知識經驗才有能力做某事。克魯格和鄧寧的研究確實也得出這樣的結果，研究參與者提高技能後，便開始領悟到自己的不足。

幾年前，英國政府建議一般社區醫師開設「皮下腫塊」門診，如此一來，診所可以在局部麻醉的情況下自行處理，不用將病人轉到當地醫院動這種小手術。這從表面上看很有道理，病人不用去排難排的門診，外科醫師有時間動重大手術。大眾也認為這是個好主意。隨後，《每日電訊報》（*Daily Telegraph*）刊登一篇文章，討論社區醫師做這項新工作的利弊。接著，一位經驗豐富的外科醫師寫了一封信給報社，整件事就告吹了。他指出，從技術角度來看，切除粉瘤腫塊的小手術不難，不需要花什麼時間就能學會，但難的是判斷哪些粉瘤腫塊不用多加理會，他可是累積了一輩子的經驗才學會。

這符合一般的經驗，即一知半解很危險。在沒有充分明白哪裡會有陷阱的情況下進行手術是愚蠢的，我個人的臨床經驗確實也是如此，一個人對某件事知道得越少，就越確信自己是對的。再加上一種普遍的信念，即每個人的意見都和其他人的意見一樣有效，多年來診療晤談的動態已經有了變化，我現在要花很多時間討論病人提出的其他診斷。有的論點合理，許多卻非常牽強。有時，即使我非常肯定該採取的做法，但也看得出我的論點沒有說服病人。縱然醫療團隊徹底檢查了病人，讓他出院，但病人可能放不下他自己帶來的診斷，難以信服擁有數十年經驗的醫師的專業知識。這可能使他們當病人的日子得延長幾個月，因為他們要接受進一步的轉診和檢查，最後往往又回到我的門診。

以個人角度來說，自我診斷會把健康的正常人，變成對自己的健康斤斤計較、對醫師不信任的人。此外，當某人宣布自己生病時，會影響到他們的家庭和工作生活，這種影響遠非良性。但更令人擔憂的是，對專家的不信任如果結合了過度膨脹的個人判讀證據能力，將會影響更多公眾，如麻疹疫苗正是由於這個原因致使接種數量驟減，引發二〇〇〇年美國宣布麻疹絕跡當時所無法想像的公共衛生危機。二〇一九年，美國疾病與預防控制中心報告，三十一個州有一千二百八十例麻疹病例，這是自二〇〇〇年以來報告的最高數字。[6]在歐洲，情況甚至更加嚴峻，世界衛生組織指出，在一年多的時間裡，歐洲病例超過十萬例，達到「告急程度」。[7]有一點應該記住，麻疹絕對不是良性疾病，在一九六〇年代麻疹疫苗問世以前，大多數兒童都會感染麻疹。在美國，每年約有三百到四百萬兒童感染，四萬八千人住院，一千人發展成腦炎（腦腫脹），四百至五百人早夭。[8]

另一個相關問題是另類療法。另類健康信仰是一種走兩個極端的心態，一頭是對標準醫療保健良性無害的補充，另一頭則逐漸變為蓄意的陰謀論和偏執。一般而言，醫師將另類療法的世界視為狂野的西部，是個基本上不受監管也不合邏輯的醫療服務系統，可能危機四伏，尤其是錯誤解讀重要的臨床症狀時。即使是完全無害的另類健康概念，對許多人體運作的觀念也與公認的科學牴觸，不依照證據，而是按照特定的另類醫學理論簡化病痛，缺乏所謂的生物學合理性，也就是他們對於疾病的解釋，聽在了解人體運作者的耳中並沒道理。然而，由於另類健康理論對疾病的解釋流於簡單，非常容易理解，因此有一種表面的吸引力。有時，它們訴諸常識，就像沿著沙灘往遠處看的話，常識會認為地球是平的。我們希望生活簡單易懂，直截了當，並遵循一套我們可以預測的已知規則，而這正是另類療法所提供的。可能是因為你的能量失調，或者你需要稀釋一下當初讓你生病的東西。推銷療法的網站充斥著貌似科學的健康資訊，事實上它們試圖用科學來蒙蔽人們的眼睛，而且外行人可能不容易區分垃圾科學和真實事物。有時，另類療法的主要賣點是它們很「天然」，但蓖麻毒素、結核病和炭疽病當然也是天然的。

當我問病人是否在服用任何非處方藥、補充藥物或膳食補充劑時，他們通常一臉尷尬，不大願意說。他們擔心醫師會認為這等於拒絕醫師的治療，指責醫師的專業精神，而確實有些醫生會這麼認為。然而，醫生應該要對病患選擇另類療法的原因感興趣，也要有心理準備會聽到一些不舒服的答案，不過少有人對此進行詳細研究。一項研究顯示，教育程度較高而尋求另類療法的人數有所增加，他們發現另類療法更符合自己對於健康的世界觀或哲學態度。[8] 雖然在這項研究中，採用另類療法並未點名是對傳統醫療的批評或不滿，但我仍舊不禁懷疑就是批評和不滿。根據我的經驗，民眾更傾向採取另類療法去治療他們認為藥物不能妥善解決的問題，包括頭暈、慢性疼痛、疲勞和焦慮。這些都是非特異性的症狀，藥物很難治療，也是病人離開時會覺得醫師有點不耐煩，不太相信他們，也不大認真對待他們的那種問診，因為這些症狀很少能被打包成一個簡潔的診斷和治療計畫。在決定什麼是「真正的病痛」的參數時，醫學傾向於忽略令人為難的東西，也就是似乎缺乏潛在生物學基礎的病痛。像頭暈這類症狀是很難確定，用科學的方法進行診斷可能讓人感到不舒服，醫師就算沒有完全怠慢病人，可能也只是不以為然地聳聳肩。

醫師通常不樂於承認自己不知如何解釋病人的臨床表現。我們的訓練以解決問題為重心，能否理解並解決問題，牽動著我們的自尊。症狀沒有解釋，患者無法好轉，提不出治療計畫，感覺都像是失職。我們對失職的反應各不相同，但往往以責難病人告終，而不是坦白承認我們對人體理解有限。也許他們的症狀並非真實，也許他們只是有點「不對勁」，不管怎樣，病人一般不難察覺語氣的轉變，於是認為他們的問題在一般醫療環境之外或許能得到更好的處理。

相比之下，當個案向我講述他們諮詢另類治療師的過程時，最在乎的不是他們得到的治療。他們共通的主題是治療師似乎傾聽他們，陪伴他們一段時間，而且同情他們——當醫師遇到模棱兩可和難以治療的病訴時，一般不會做這些事。而且，另類治療師最後提供的治療大多是不相干的。民眾去找另類治療師是為了體驗，為了一整套他所需的東西，而不只有治療。然而，美國國家衛生統計中心報告顯示，美國人每年在另類保健上消費三百億美元，在天然補充劑上花費一百二十八億美元，相當於處方藥支出的四分之一。[10] 這毫無疑問說明了一個問題：醫學沒有提供民眾所需要的東西，或者沒有說服他們相信，它提供的治療方法優於其他類型的另類療法。

我經常驚訝一件事，普通大眾——不是醫師——不會對於另類醫療行業冷嘲熱諷。製藥業通常被認為很邪惡，只求一己利潤，不值得信任。然而，另類保健產業似乎更加無恥地牟取暴利，可幾乎沒有人提及該行業的這一方面。當然，民眾會懷疑他們的治療方法是否有效，但不知何故整個產業被認為是天真誤導，而非貪婪無厭。

人大多是理性的行動者，在證據的指引下做出關乎健康的決定，或者在醫師等專業人士的指導下做決定，相信他們會評估研究證據。我們發現，有些人，比如我奶奶，可能抱持一些稍微特殊但無傷大雅的健康信念，但在關鍵時刻支持他們的醫師，接受正確的治療。然而，在一個以消費者為主導的醫療時代，健康信念多了分裂，少了尊敬。醫學沒有滿足民眾的需要，這對我們這一行的未來和公眾的健康代表著什麼呢？我很擔心。

---

1 Layton, T. J., Barnett, M. L., Hicks, T. R., & Jena, A. B. (2018). Attention deficit-hyperactivity disorder and month of school enrollment. *The New England Journal of Medicine, 379*(22), 2122–30.

2 Blashfield, R. K., Keeley, J. W., Flanagan, E. H. & Miles, S. R. (2014) The cycle of classification: DSM-I through DSM-5. *Annual review of clinical psychology*, 10, 25–51.

3 rpmackey. (21 Jun. 2016). Gove: Britons 'have had enough of experts'[video]. YouTube. Retrieved from https://www.youtube.com/watch?v=GGgiGtJk7MA (accessed 6 Dec. 2020).

4 Kahneman, D. (2011). *Thinking, Fast and Slow*. Macmillan.

5 Kruger, J., & Dunning, D. (1999). Unskilled and unaware of it: How difficulties in recognizing one's own incompetence lead to inflated selfassessments. *Journal of Personality and Social Psychology*, *77*(6), 1121–34.

6 Centers for Disease Control and Prevention. (2020). Measles cases and outbreaks. Retrieved from https://www.cdc.gov/measles/cases-outbreaks. html (accessed 26 Nov. 2020).

7 World Health Organization. (2019). Over 100,000 people sick with measles in 14 months: With measles cases at an alarming level in the European Region, WHO scales up response. Retrieved from https://www.euro.who.int/en/media-centre/sections/press-releases/2019/over-100-000-peoplesick-with-measles-in-14-months-with-measles-cases-at-an-alarming-levelin-the-european-region,-who-scales-up-response (accessed 26 Nov. 2020).

8 Centers for Disease Control and Prevention (2020). Measles history. Retrieved from https://www.cdc.gov/measles/about/history.html (accessed 26 Nov. 2020).

9 Astin, J. A. (1998). Why patients use alternative medicine: Results of a national study. *JAMA*, *279*(19), 1548–53.

10 Nahin, R. L., Barnes, P. M., & Stussman, B. J. (2016). Expenditures on complementary health approaches: United States, 2012. *National Health Statistics Reports*, *95*(June), 1–11.

10 醫學之謎

一天早晨上班途中，公車行經倫敦橋時，我接到醫院同袍的來電。雖然我們這幾年友誼越來越深厚，那次還是我們頭一回說話，那通電話只談了公事。他提到內科病房病患蓋瑞的情況，想徵詢我的意見。蓋瑞是個二十四歲男子，前一年他因腹痛看了社區醫師，就診時又說會頭暈昏厥。他的醫師做了幾項血液檢查，結果都正常，醫師轉介他到大醫院看診，但蓋瑞沒有去。

在接下來的幾個月，社區醫師幾乎沒有再見到他的身影，但是這段時間他起碼去了六家急診室。他到急診室時，滿頭大汗，頭暈目眩，而且渾身無力。最後兩次就醫時，他癲癇發作，接著住進了醫院，但在檢查結束前就自行出院了，說他需要回去工作。

這次住院也是經由急診室送來的。蓋瑞說自己頭暈目眩，身體不適，持續腹痛，而且注意力無法集中。到了醫院後，情況又告急，他癲癇發作，陷入了昏迷。急診室發現他血糖濃度過低，給他注射葡萄糖，他隨即恢復知覺，接著住院做進一步檢查。醫師懷疑蓋瑞長了一種稱為胰島素瘤的罕見腫瘤，腫瘤會分泌使血糖濃度下降的激素，也就是胰島素。胰島素不足會導致糖尿病，但腫瘤分泌過量的胰島素讓血糖降得太低，引發蓋瑞所表現出的一系列問題。

檢查結果令人沮喪，常規血液檢查無法證實他長了胰島素瘤。但次日晚上蓋瑞又發作了，如同前幾日一樣陷入昏迷，接著再度注射葡萄糖搶救。醫療小組開始擔心，也起了疑心，但質問蓋瑞時，蓋瑞否認做過可能導致自己陷入危急的事。

幾天後，蓋瑞又開始汗流浹背，神志不清。這時，已經有護理師被派來盯住他，她迅速拉了警報，然後注意到病床上糾纏成團的床單中有一包藥。她一眼就認出那是開給糖尿病患者的藥物，用以刺激胰島素分泌。蓋瑞如何拿到藥，仍舊是個謎，不過其餘的事都開始說得通了。蓋瑞持續吃藥，故意降低自己的血糖濃度，而這種行徑讓他有生命之憂。

現在有了對他不利的壓倒性證據，蓋瑞再次被問及是否做了什麼導致他的健康出了問題。起初他仍堅持自己沒有吃任何藥，直到那天稍晚才向護理師承認他做的一切。有一天他到祖父的公寓探望他，在祖父的浴室櫃中發現了藥，而想到這個主意。他把藥塞進口袋，就這麼展開了導致他走到這一步的一連串事件。醫療小組解決了一個問題，但又冒出另個問題——他們不知道要如何能夠讓他安全出院回家。

我去看蓋瑞時，他穿著醫院睡衣坐在床邊的椅子上，絲毫沒有因為前幾天的事件而感到愧疚，就算有也看不出來。我問起他的生活情況，他說他在倫敦南部住宅區長大，成長經驗非常不愉快。那個地方我碰巧知道，幾次開車經過，倫敦市區有許多亂搭亂建的住宅區，那是其中一個。我甚至在蓋瑞住的那條街附近發生過交通事故（我還記得我坐在公寓旁邊的矮牆，六神無主揉著後頸，這時一個男人從四樓的窗戶探出頭來，用濃重的牙買加口音喊道：「嘿！」我轉過身抬頭一望，脖子的疼痛讓我縮了一下。「嘿，你。」他喊道：「你頸子扭傷了啊。」）

蓋瑞的家庭背景很複雜，他的父親與蓋瑞的母親交往時，腳踏兩條船，分開之後，也還有其他對象。現在，蓋瑞的父親已經回牙買加去了，蓋瑞多年沒見過他。他知道他有兩個同父異母的兄弟，只是與他們不親，也不記得上次和他們說話是什麼時候。

父親離開後，母親有了新對象，蓋瑞非常害怕那個男人。他告訴我，小時候聽到繼父夜裡回來，十之八九喝得爛醉，他會蜷縮在房間，害怕將要發生什麼事。稍有不如意，繼父就會酒後亂發脾氣。他記得有一次煎培根的味道傳到了房間，接著一陣敲打櫥櫃的砰砰聲，原來他的繼父想找麵包，可是那天晚上蓋瑞已經把麵包吃完了。他躲在羽絨被裡，等著躲不掉的那一頓打。母親從來不會護著他，她覺得和新伴侶站一邊，比跟兒子同一國安全，蓋瑞理解她的立場，只是覺得反感。

上學對蓋瑞很不容易，他交不到幾個朋友。他告訴我，他不參與學校生活，不參加運動，不玩音樂，也不加入社團，只想一個人。在家裡，他渴望得到照顧，但既然永遠也得不到，不如就當隱形人吧。他從不覺得自己的人生會有多大成就，也沒有什麼抱負或想法。

離開學校後，他試著找工作，後來在建築工地打零工，但因為健康不佳無法穩定工作。他開始腹痛，看了多次病，不過社區醫師好像不擔心。蓋瑞告訴我，他就是在那時發現了糖尿病藥，冒出了這個想法。他知道吃了藥可能讓他出現千真萬確的症狀，醫師就會更加認真處理他的問題。一旦開始吃藥，他就發現停不下來了。

他想從醫療互動中得到什麼？他自己也說不清楚。我問他是否想要得到醫護人員的關心照顧。既然他童年時備受冷落，這種心情是可以理解的。他聳了聳肩，似乎也不知道自己這麼做的理由。我又問，他明不明白亂吃藥有多危險，這時感覺到蓋瑞對於接受治療的態度開始動搖了。

接下來的幾個月，他又來看我的門診三次，但我覺得很難理解原因。他故意不回答我的問題，晤談不順，變成一連串斷斷續續的問題和簡扼回答。除了他不愉快的成長經歷之外，他對理解自己的行為並沒有表現出興趣。更讓人憂心的是，他開始輕忽自己的所作所為，直說低血糖很普遍，他不認為這有什麼大不了。他入院後短暫開啟的機會之窗現在要開始關上了，我無法再利用。不久，蓋瑞不再來找我，我很擔憂他的未來。結果很可能是，他繼續吃藥，在其他不認識他的醫院演出同樣的戲碼，承擔所有衍生的風險。我再也沒有見過他。

蓋瑞的誇張症狀引人注意，不過有證據顯示，還有許多像蓋瑞這樣的個案，臨床表現的症狀較為普通，反覆去看醫生，卻沒有得到診斷。這是醫療專業建立與運作方式所造成的結果。醫師喜歡把自己當成偵探，透過技術、直覺和洞察力，配合勇敢的臨床決策，找出病理原因，成為解開無人能解之謎的那個人。然後，也許靠著吃一點這個藥物、用一點那個治療，達到他人無法想像的治療效果，最後懶洋洋舉起一隻手，向感激的病人和敬畏的同事回禮。許多醫師夢想擁有一雙有別於「實證醫學」的回春聖手，然而，這種故事，如《急診室的春天》（ER）、《怪醫豪斯》（House）以及其他醫療劇的虛構情節，已經越來越少了。

實證醫學（Evidence-based medicine，EBM）是現代醫療的標準，在治療某一特定疾病時會根據現有的最佳證據，遵循那些反映出最新研究的療程和臨床指引。在研究不足之處，由意見領袖——特定領域中的巨擘菁英——補充臨床指引；在沒有明確證據的情況下，靠智慧提出最理想的做法。實證醫學的推廣和普及，目的不是阻止醫師在必要時表現英雄行動，而是防止醫師自行其事。在醫學界，特立獨行的人並不少見，他們的出發點往往是善意的，只是通常固執武斷，受到誤導。他們在沒有證據支持的情況下提出疾病和治療的理論，背離了合乎情理的主流觀點，最嚴重者自以為是高瞻遠矚的改革家，但其實難以稱為良醫。即使遵循正常良好的診治原則，多年來，我也見過許多醫師為病人開出沒有證據的治療方法，因為他們有自己的理論，或者他們的老上司曾經這麼做過，或者因為他們說他們已經「看到成效」。對這種態度和做法，應當加以勸阻才是。醫學史上有許多應該有效的治療方法，我們希望它們確實有效，但事實上卻毫無希望。

最近的例子是治療背痛。當我還是醫學生時，治療背痛的標準方法是休息，每個人都認為解決背痛的辦法就是躺在床上，不要四處走動，直到背痛自己好了為止。這被認為是明顯的事實，所以完全沒有受到質疑，可能幾十年來根本沒有人多加思考。最後經過研究證實，這個建議有害無益。研究顯示，就大多數背部疼痛來說，相反的做法才適合，如果你想解決機械性背痛，就要盡快動起來。和往常一樣，這項研究引來了懷疑，接著是反對，而今則被認為是無庸置疑的。

隨著實證醫學的發展，醫學走上同質化之路，許多西方國家的診療趨向標準化，必須遵循大量的臨床指引、共識聲明和療程。一方面，這是好事一樁，無論病人上哪間醫院或住在何地，他們接受的治療品質應該會是相同的。治療標準化，而且基於良好的證據，治療結果理當可靠。一旦做出診斷，提供以證據為基礎的治療，遠勝於個別醫師的偏見、癖好和古怪行徑。醫師對病人造成傷害的例子，我從一些來找我的轉診病人身上看到了。

然而，實證醫學也有弊端。其中一個缺點是，衍生的從眾效應會扼殺發展進步。創新，往往誕生在能有局部辦法解決局部問題的地方，因為對某國某地、某醫院或某一特定群體有效的方法，在另一個地方可能就沒那麼有效了。研究顯示的是在大群體間進行的結果，未必能夠清楚凸顯亞群病人或某特定個體的差異。遵循療程的結果應該更為可靠，但療程所依據的研究往往是較為理想的情境，排除了診斷上的疑問或問題更複雜的病人，所以未必能普遍適用於臨床所有病人。此外，治療病人的自由是創新發展的泉源。你會希望你的醫師知道所有的臨床指引，但不見得要盲目遵循。

不過實證醫學的頭號缺點，則是依賴臨床指引會讓人失去批判性思考。一旦你遵循一套臨床指引，就很容易捲入演算法中，從第一步開始執行，如果沒有見效，就按照流程圖進入下一步，劑量不斷提高，藥物不斷改變，最後成了越來越難以理解的藥物組合。問題是，很多時候我們開了藥，患者非但沒有服用，還不願意告訴醫師。一份世界衛生組織（World Health Organization，WHO）的報告顯示，在發達國家中，慢性疾病患者配合用藥（無論是否按照醫囑服藥）的比例平均為百分之五十。[1] 在憂鬱症患者中，大約百分之四十到七十的人會按處方服用抗憂鬱劑治療。在澳洲，只有百分之四十三的哮喘患者按照處方服藥，並且只有百分之二十八的患者按照處方服用預防性藥物。

這件事醫師知道，病人自己也很清楚，但問診時，我想我從來沒有聽過病人主動告訴我他們沒吃藥。除非醫師主動問，但醫師通常不會想到要問，問了臨床指引就沒有什麼用了。當病人回診時情況沒有好轉，最常見的反應是提高藥物劑量，因為醫師認為藥物沒起作用，卻不知病人根本沒有服藥。

還是醫學生時，我曾在胸腔科醫師手下工作，醫師告訴我他做過一個研究。病人照理每天應使用「控制型」吸入器兩次，預防哮喘發作。他告訴哮喘病人，他在吸入器中放了微晶片，以了解他們使用吸入器是否規律、是否正確，因為控制型吸入器的目的是為了避免必須使用「緩解型」吸入器，緩解型只有在哮喘已經惡化的情況下才使用。他發現，病人幾乎都會告訴他，他們定期使用控制型吸入器，每天兩次。他們知道微晶片會記錄；而他們不知道微晶片不只記錄吸入器定量閥啟動的次數，也記錄了**使用時間**。醫師從微晶片下載數據後，發現許多人看診前在候診室裡反覆按壓到正確的次數，製造出按醫囑每天使用兩次的假象。

然而，臨床指引遭致的最大批評是「垃圾進，垃圾出」的原則。你不可能把漢堡放進攪拌機，然後拿出牛排來。臨床指引亦是如此，它可以提供世上最好的治療演算法，但如果診斷是錯誤的，那麼起點也就是錯的，按照臨床指引走下去，只會離正確的目標越來越遠。

做出正確的診斷，可能比一般認知的更要困難。教科書上（顯而易見）一定舉出某特定症狀或疾病的好例子，通常卻不符合病症的真實臨床表現，症狀可能在發展早期就已經非常明顯，或是病人可能著重他們擔心的某一症狀而忽略其他症狀，又或者醫師更關切另一種疾病，也許是最近在其他患者身上沒有察覺的疾病。這些都可能讓病人步上錯誤的治療途徑。還有一些診斷，好比蓋瑞所得到的診斷，可能罕見，難以理解，因此大多數醫師在職業生涯中不會做出這種診斷，即使它比我們一般意識到的要普遍。

蓋瑞的情況稱為「人為障礙症」（factitious disorder），一般認為占了住院病人總數的百分之一，不過依據我的經驗，這種情況診斷出來的機率其實更低。[2]在人為障礙症中，病人是故意製造症狀，要引發疼痛一類的症狀不算難，而其他症狀，比如血尿，病人則得動動腦了。例如，當他們拿到尿液試管時，需要先排出尿液，然後找一個沒人會注意他們的安靜地方，刺破手指，往試管的樣本加一滴血。這種行徑稱為人為障礙症，但如果行為走上極端，持續不斷，通常稱為「孟喬森症候群」（Munchausen's syndrome）。

「孟喬森症候群」一詞源自小說人物孟喬森男爵，人物原型是個叫馮．孟喬森的十八世紀德國貴族，因為愛講自己戰時的豐功偉績而出名。[3]在小說中，孟喬森男爵則是誇口自己在戰場和運動場上的不可能壯舉，比如騎在炮彈上，或像拔靴帶一樣把自己從沼澤中拉出來，叫人難以置信。男爵大吹大擂，不管那些故事聽在中立旁聽者的耳中多麼不可思議，男爵自己似乎深信不疑。不過在孟喬森症候群中，患者的故事可能全然可信的，至少一開始是這樣，而一不小心，醫療災難可能就發生了。

為什麼醫師很少診斷病人患有人為障礙症呢？是這樣的，首先，醫師通常看診時間緊迫，一般會相信病人對其問題的描述，因為這是我們所接受的訓練（偉大的醫師、「現代醫學之父」奧斯勒〔William Osler〕說過：「傾聽病人，他正在告訴你診斷結果。」）。我們傾向於不考慮病人可能刻意誤導我們。另一個理由無疑是醫師不喜歡質疑病人的說法而造成社交尷尬（遑論這麼一來會花上更多時間）。做出這種判斷需要技巧和耐心，就算我們知道有的病人確實故意模擬症狀，也就是傷害自己，使自己像是病了，或者乾脆完全捏造症狀，我們也很少認為眼前的病人就是這種病人。

為什麼有人會這麼做？答案不明。我詢問病人時，即使醫學證據已確鑿證明他們的說辭在醫學上站不住腳，還是約有半數的人會矢口否認。能夠承認自己所作所為的患者中，也只有一部分人能夠積極接受有意義的治療。這裡我想補充一點，雖然孟喬森症候群這個名稱聽起來隱約有點滑稽，甚至還滿歡樂——德國貴族騎炮彈——但現實情況卻非如此。在職業生涯上，我所遇見這類疾病的患者中，有好幾個是我碰過最棘手的病人，雖不是全部，但許多人的個性有一股非常陰鬱的封閉暗流。

當醫學生時，我第一次接觸這種診斷。我們必須跟隨正牌醫師在醫院待命，我那時輪到外科，離開教學醫院的安全環境，被丟進人力不足但態度友好許多的地區醫院的真實世界。我開始發現，外科手術遠不及一般認為的那樣迷人。身為醫學生，我的角色可以大致歸為「雜工」，主要通過觀察來學習，而這個機會的代價是拿東西、搬東西、隨時聽候住院醫師使喚，而住院醫師又或多或少受到資深主治醫師和顧問醫師的虐待。至少在那個年代，外科的思考方式趨於僵化和不加思考。

進手術室幫忙是給予醫學生的一項特權，不過興奮感很快就消退了。首先，刷手護士當眾大聲叱責你，百般挑剔你刷手、穿手術服或戴手套時的無菌技術。一旦穿上了手術服，就不能撓鼻子或碰任何東西了，可是穿上手術服，一方面覺得身體熱得發燙，一方面又尷尬得直發抖，我感覺自己呼出的熱氣在手術面罩內循環，現在也不能擦掉令人發癢的汗水，因為擦了可能會弄髒手。

在手術室，最初的興奮消失後，最大的問題就是無聊。手術緩緩進行，這個時候外科醫師不是情緒高漲（如果手術進展順利），就是態度冷淡，怒氣快要噴發（情況不順利），氣氛永遠都是不舒服的。雖然醫師大發雷霆時會讓人覺得很緊張，但暴君的高亢情緒也使人無法放鬆，所以總的而言氣氛很不穩定。最後一個問題是抽筋。我通常分配到拿牽開器的工作，把肝臟、一圈圈的腸子或其他臟器擋在手術區域之外，讓外科醫師視野更清晰。一直維持這種姿勢，最後人會變得很不舒服，於是我會換手，像換一隻手去拎沉甸甸的行李箱那樣，只是在過程中盡量別讓腸子跑掉。有時，我的思想會游離，做起了白日夢，幻想世界盃決賽最後一刻進球，或者發現中了樂透，至少有一次手術器械猛然敲了一下我的手指關節，使我從白日夢中驚醒。我低頭一看，發現腸子已經滑到牽開器下面，正慢慢要滑回腹腔裡。

在這次實習期間，有個男子住進外科病房，主訴是腹痛。我雖然只是學生，也覺得他的說詞不太對勁，不過外科醫師比較忙，而且似乎只對確鑿的事實感興趣，不在乎說法的小細節，看樣子樂於相信他的故事。他動過多次手術，而且都是在國外進行的（我覺得還真巧），所以不可能查核事實。他說，他平日在船上工作，那艘船現在還在海上，所以附近沒有人可以證實他對自己健康問題的描述。當然，也沒有家人或朋友可以詢問。他的腹部布滿縱橫交錯的疤痕，他對這些疤痕的解釋各不相同。最後，他被送進手術室接受開腹手術，外科醫師將腹部打開仔細觀察，想找出他腹部劇痛的原因。

幾個小時後他回到病房，外科醫師為了得出診斷動了刀，卻依舊毫無頭緒。即使術後臥床恢復時，患者還是繼續對病史、個人資訊或任何可能有用的診斷資訊閃爍其詞，回答前後矛盾。他甚至突然「想起」去過倫敦「某車站」附近醫院，那裡可能有他以前的醫療紀錄，害得團隊白忙了一陣。當然，那不是什麼線索，倫敦大多數醫院都位於車站邊，而說出所有靠近車站的醫院的名稱，他都沒有印象。一天晚上，他溜出病房，再也沒有回來。根據人為障礙症的特點，幾週後他很有可能在另一家醫院重演同樣的場景。

人為障礙症處於醫學的灰色地帶。病人清楚自己在故意模擬症狀，只是這和裝病又不同，裝病的人確切知道自己裝病的理由。人會裝病，為的是明顯的利益，比如申請生病津貼，或是詐騙保險公司，他們非常清楚這麼做的原因。人為障礙症患者也是故意假裝出現症狀，但與裝病者不同，他們這樣做的原因不太清楚，不只對醫師來說是這樣，對病人自己來說也是如此。為什麼人會輕易讓自己承受不必要、痛苦，甚至危險的檢查和手術？已經有各種理論來解釋這種奇怪的行為，一般相信是一種融入「病人角色」的渴望。

「病人角色」這概念，是美國社會學家帕森斯（Talcott Parsons）一九五一年所提出的，一般認為是一種社會契約。[4]在這種社會契約中，一個感到不適的人讓自己接受醫師的檢查，醫師透過做出診斷，讓他的痛苦變得正當，同時免除他的正常社會責任，比如上班。反過來，個人必須有心通過遵循醫囑讓身體好轉，這樣才可以回到他們在社會中的正常角色。從醫師做出診斷到個人被宣布病情好轉的這段時間，病人融入病人角色中。一般認為，患有人為障礙症者希望永遠扮演這個角色，繼續接受醫學專業照顧。雖然人格障礙通常被認為是原因之一，但人格障礙本身就是一種太不具體的診斷，對治療患者也沒有特別的幫助。

一個二月的晚上，我第二度遇上人為障礙症。那時，我已經當上醫師十二個月，也申請轉到急診室工作，想累積一點實戰經驗，試著讓自己感覺像個「正式」的醫師。當醫師的第一年，我受到嚴格的督導，之後則是時而有人督導，時而無人理會，在急診室工作時，沒人管的比例高上許多。我是夜間唯一的醫師，所以從晚間九點工作到次日上午九點。我裝得很行，冒著汗珠，努力不把事情搞得太糟。現在回頭看，這種情況似乎很荒謬，一個從醫學院剛畢業的菜鳥醫師，竟是整間急診室中資歷最深的，不過當時情況就是如此。在急診室平靜的時候，我經常和護理師坐在一塊玩「猜診斷」的遊戲。

遊戲規則是，根據病人在櫃臺掛號的樣子，猜猜他們怎麼了。從房間角落的閉路電視螢幕可以看到掛急診的人，即使只是根據模糊不清的電視畫面，也很容易可以猜出「尿滯留」，病人或多或少會蜷縮著身子，滿頭大汗。我記得有一個大個子蘇格蘭人，喝了近三升的啤酒，回家後發現自己無法排尿，膀胱越來越脹。他仍舊醉醺醺的，只想著自己完蛋了，膀胱要爆炸了。拖到早上六點，他知道自己是不可能睡得著了，終於來了。我給他插導尿管，排出大量的尿，他如釋重負，懷著平靜的心情抬頭看著我，露出疲倦的笑容，以迷人的蘇格蘭口音說：「醫師，我覺得自己得到上帝的保佑。」說完，他幾乎立刻陷入心滿意足的酣睡。我給泌尿科團隊寫了一份門診轉診單，繼續值班。

從閉路電視，你會在掛號櫃臺見識到各種遠側橈骨骨折、牙痛（我們在醫學院從未學過）、撕裂傷、醉酒、精神崩潰、嗑藥後身體不適、哮喘、心臟病發作、胸腔感染、搖搖晃晃的老年病人、中風、想要取暖的附近流浪漢、吸入煙霧，還有我個人最喜歡的——週日上午的貝果門診。急診室位於倫敦北部，附近住著許多猶太人，貝果是他們週日早午餐的主食。每逢週日，我們都會開設「貝果門診」，治療一手拿貝果、一手拿刀，想將貝果橫切成二，結果傷到手掌的病人。

一天晚上我在急診室又玩起「猜診斷」遊戲。那時，我在閉路電視螢幕上看到一個男人扶著胳膊進入急診室，這一次不好做出明確的診斷，骨折？被狗咬了？脫臼？原來是最後一個猜測，肩膀脫臼了。首先，你要拍一張X光片確認肩部脫臼，然後（這部分我的記憶模糊了）施打大劑量的強效止痛藥和肌肉鬆弛劑，讓病人的胳膊垂在椅背上，接著用力一拉讓肩膀復位（也就是回到原位）。「喀！」令人滿意的一聲，肩膀回到原來的位置。在這樣的時刻，你會難得覺得自己像是名副其實的醫師——立刻治好了病人。

但這個病人不想先拍X光片，這很不尋常。身為有點吹毛求疵的醫師，我不以為然，但不知怎的——直到今日我還不太清楚——病人居然說服了我，現在回想起來，感覺像是中了某種巫術。他說他以前也有過幾次脫臼，所以清楚這些症狀。他說我一定是打橄欖球的，他看我的樣子就知道，所以我幫他做肩膀復位應該沒問題。那一刻，我一時間忘了我身高還不到一米七，也從來沒有人誇讚過我的體格（事實上，此後的二十五年仍舊沒有）。

注射藥物後，病人看起來有點迷迷糊糊，我讓他的胳膊垂在椅背上，開始用穩定的力氣拉著。沒有動靜。我繼續保持穩定的牽引力，額頭開始冒汗。仍舊沒用。我就是辦不到，我感覺到護理師直盯著我，懷疑是現在菜鳥醫師都越來越差勁，還是只有我這樣。

我停下來，起身評估一下情況，然後想起一個故事。美國有個名叫特沃斯基（Twersky）的猶太拉比（很巧，也是精神科醫師），講過一個關於知名逃脫大師胡迪尼（Houdini）的故事。故事是這樣的，有人向胡迪尼提出挑戰，要他從上鎖的房間逃出來。門砰一聲關上後，胡迪尼開始設法逃脫，在房間的半小時裡，他嘗試過撬鎖、把鑰匙插回鎖頭等等各種方法，但嘗試的每一種技巧都無用！胡迪尼輸了。他最後精疲力竭倒在地上。當他頹然倒地時，無意間敲到了門把，門居然就打開了。故事的寓意是：即使是偉大的胡迪尼，也打不開本來就沒有鎖的門。

想到這裡，一切開始說得通了。肩膀無法復位，是因為本來就沒有脫臼！難怪病人不希望我給肩膀拍 X 光片。我回到病人身邊，這一次帶著 X 光表格和問題清單，病人卻站了起來。鎮靜劑的藥效仍然強烈，他如同新生的小馬，站在原地搖晃了一會兒，接著踉踉蹌蹌走進倫敦的寒夜。

我一頭霧水站了幾分鐘。到底發生了什麼事？一個非常健康的男人，卻假裝病了，想靠著鎮靜藥物（藥物本身也有風險的），讓自己在半夜接受一位菜鳥醫師進行的痛苦手術，這對身體沒有半點好處。

我再次回想起醫病「契約」、病人角色以及醫學院的教學模式——這是一套管理醫病行為的具體規則，但我漸漸認識的現實世界要比這規則混亂許多，而且充滿了不確定。適才離開急診室的病人無疑是病了，但他的病不是第一眼能看到的；他表現出的病徵是身體上的不適，但他唯一需要的治療是精神。

多年來，我見過許多病人靠著無法解釋的身體症狀，欺騙醫師數週之久，有時甚至達到數月或數年。無盡的檢驗和檢查都解釋不了問題，病人依然生病，而ＮＨＳ為了不必要的檢查付出龐大的開銷。醫師通常害怕診斷不出病因，所以想欺騙醫師的病人——往往是基於複雜的動機，而動機又與個性和通常不快樂的背景有關——得以將醫師耍得團團轉。最終，如果病人說服醫師進行手術，自己終究也會碰上真實不假的問題，也就是術後的結果，而這只會讓情況變得複雜。我見過切掉正常腎臟的病人，見過故意偽造血液檢驗結果的病人，也有人故意誘發奇怪的皮疹，或是在關節注射藥物引起感染——他們真正需要的治療，是去看精神科醫師，只是他們很少這麼做。在這個醫學領域，具有興趣和專業知識的精神科醫師非常少，這一點反映出醫療保健系統的經費分配情況。在醫療機構中，有這類問題的病人通常難以辨識，這也讓經費問題又更加複雜。醫師很少找出病人，而病人對自己所接受的侵入性檢查和治療也不抗拒，甚至還加以鼓勵。

一切都是因為我們多半相信教科書和醫學院所教的東西，我們相信醫學是一門科學，病人來尋求我們的幫助，是希望我們清楚解釋病理，找出身體出狀況的部分以及問題的根本原因，好治療它。這是一種冷靜、理性且科學的治病方法，我們也說服自己，這就是醫學。我們忘了一件事，病人出於種種原因來看醫師，許多原因與身體健康無關。許多人以病人的身分出現，但不希望病情好轉，也就是說，他們不想放棄自己的症狀——症狀能讓他們有機會走入醫院，更確切地說，他們想留在護理專業的懷抱中，這才是他們的目標。病情要好轉，必須確認他們是這樣的患者，治癒他們長久以來的精神痛苦，而非反覆檢查他們的症狀。這種病出現在醫師的眼前時，醫師大多不會發現，這說明了醫師被訓練的思考方式。這麼說很遺憾，但在治療這樣的病人上，醫學遠遠落後了。

---

1 World Health Organization. (2003). Adherence to long-term therapies:Evidence for action. Retrieved from https://www.who.int/chp/knowledge/publications/adherence_full_report.pdf (accessed 26 Nov. 2020).

2 Sutherland, A. J., & Rodin, G. M. (1990). Factitious disorders in a general hospital setting: Clinical features and a review of the literature. *Psychosomatics, 31*, 392–9.

3 Olry, R., & Haines, D. E. (2013). Historical and literary roots of Münchhausen syndromes: As intriguing as the syndromes themselves. In S. Finger, F. Boller, & A. Stiles (Eds.), *Literature, Neurology, and Neuroscience: Neurological and Psychiatric Disorders* (Vol. 206) (pp. 123–41). Elsevier.

4 Parsons T. *The Social System*. London: Routledge; 1951.

11 活出意義來

「從我的心靈到你的心靈，從你的思想到我的思想。」《星艦迷航記》（Star Trek）中的人物史巴克（Spock）施展「心靈融合」術，觸及與他有心靈感應者的思想。看這一集時，我突然想到史巴克會是效率很高的精神科醫師。精神醫學是在精神層面進行，而精神科醫師晤談的目的，正是得知訪談對象的心理歷程。

晤談是透過仔細的觀察和徹底的詢問來進行。詢問精神病史不是自由聯想隨心所欲的聊天，而是一種半結構化的訪談，必須涵蓋某些方面。我總是從目前的主訴開始，也就是個案轉診到我這裡的原因。原因可能已經醞釀許久，所以有時可能需要二、三十分鐘的時間來傾聽、探究和釐清。然後，我需要了解個案的醫療史和精神病史，因為這些可能會影響診斷。晤談時間也會花在家庭史和個人史上，有時故事混亂而冗長，還包括酗酒和嗑藥。

晤談需要真正的技巧，而技巧仰賴時間、經驗和專業知識，也得理解對方在說什麼，以及聽出對方沒有說出口的話。一切都需要對精神疾病和人性有所認識。

傾聽個案說話時，我從頭到尾都在做假設，最後只有一些假設會是正確的。我可能暗忖，一個家庭背景穩定、父母是中產階級的人，一份工作為什麼無法做超過幾個月——這如何說明他們的個性和他們與人相處的能力？他們在學校為什麼從來沒有交到朋友？是什麼讓他們的家庭生活如此糟糕？他們是在暗示虐待關係嗎？或者，為什麼到了三十五歲，沒有一段戀情能夠維持幾週以上？誰都可能運氣不好，但這可能說明了患者的自尊和自信，或者是一種更嚴重的能力不足，無法將膚淺的表面連結發展成更深的關係，而這反映了他們潛在的人格結構。

我也會注意非語言的提示。不記得是誰說過一句話，「所有的行為都是一種溝通」，的確，我們透過所做的每一件事來溝通，包括髮型、姿勢和穿著打扮。我們沒有意識到，但是像眼神交流、坐立難安、語氣、多話寡言以及對問題的反應，全都帶有暗示。紋身是另一種表達某人是誰的形式，用大寫哥德體在手臂上紋著「堅強」的人，只是覺得自己孱弱或脆弱，想給自己鼓勵。

就我來說，注意到這些事並不是刻意的過程；我對人的印象是瞬間的，社會階層、職業、婚姻狀況、性格和可能的診斷結果——似乎都是在一眨眼的工夫湧上腦海。這些年來，我發展出一種相當可靠的直覺，這是來自於觀察人們，與他們詳談，建立行為和互動的模式。這不是魔術，也非百無一失，所有印象都需要在一次周密的晤談中得到證實。

這種對性格的判斷能力不是精神科醫師獨有，以觀察人類行為當工作的人都有這種能力。機場安檢人員就是個好例子。有報導指出，在美國九一一事件發生之前，恐怖份子自紐華克機場登機，他們的行徑令航空公司職員很不放心，所以保存了他們的登機證，不像平常那樣直接丟了。[1] 航空公司職員一眼就發現這些乘客與其他乘客不同，那是因為他們看多了準備登機的旅客，經驗豐富，覺得有什麼不一樣，那些人就是有不對勁的地方，只是在那個階段還不能完全確定是什麼，也絕對無法料到即將發生的災難。

如果我說了這些，讓「去看精神科」一事聽起來相當緊張和不愉快，我也要指出一點，我和個案談過之後，他們最常對我說的話是，他們很享受這個經驗。我想原因有二：一是人們喜歡向認真聆聽的對象談論自己；二是欣慰自己毫髮無傷走過一段他們原本害怕的經歷。以前的人常常擔心，要是說錯了話，最後會被「強制住院治療」，也就是非自願住院，但現在我很少聽到這種情況。事實上，他們還得說一些非常絕望的話，我才會有這種想法。

經常有人問我能否看出別人在對我撒謊。人說謊的理由千百種，有人出於經濟原因，例如為了在臨床過失索賠中獲得賠償。有人對醫師扯謊，好得到照顧和檢查，或者促使親戚繼續照顧自己。有人說謊是出於尷尬，害怕必須承認他們捲入的爭執、說過的惡言或正在承受的虐待。簡而言之，人們說謊的原因五花八門，有些是為了自衛，有些則是為了欺騙和操縱。我記得有個男人提出一個荒唐的說法，說他的手術出了問題，器械留在他的體內；我知道從解剖學來說他的斷言是不可能，但他要告醫院。而媒體不可避免也插了一腳，寫出「名醫砸鍋」一類憤慨的標題。

一位同事有次負責撰寫法醫報告，她告訴我，索賠人幾年前因為交通事故而殘障。我這位同事做了冗長的臨床晤談，也詳盡查閱病歷，寫出一份非常令人同情的報告。就在她替報告做最後的潤色時，收到保險公司寄來的DVD，原來保險公司雇人暗中跟蹤偷拍攝索賠人。影片顯示，索賠人前來晤談的路上，輕快跳上火車站的臺階，走到檢票口，然後打開助行器，費力走完到醫院的一百公尺路。晤談後也是如此；他吃力緩慢走到車站，將助行器摺起收入袋中，接著如常人般小跑步到樓下的月臺。

我也記得對病人的初步印象完全錯誤的經驗，這種經驗令我不安。每個優秀臨床醫師都得隨時頂著自信的光環，但遇上這種事，光環瞬間幻滅。我想起一個個案，我為他治療憂鬱症，卻遲遲未發現濫用古柯鹼才是他所有病症的原因，事後再思索，才找出我給予他的治療沒有任何進展的癥結。飲食失調是另一種神祕而又經常忽略的解釋，可以說明一些不合理的事情，我好幾次也是治療個案幾個月後才想到這一點。危險的是，一旦你對眼前的病人做出判斷，就很容易不再留心自己的偏見，低估或忽略了與第一印象相悖的證據，唯有患者的病情明顯毫無起色，你才會越來越不安，只好重新思考。我牢記著幾個這樣的個案，他們的名字和診斷結果鏤刻在我大腦邊上，提醒我不要忘了狂妄自大的後果。在職業生涯中，我嘗過幾次教訓，想起這些教訓，我會覺得畏縮，但得到人生教訓只能有一種反應——最好徹底吸取這次教訓。升上顧問醫師，累積了豐富經驗，我變得更加謹慎，更加清楚人類判斷並不可靠，思考應該更加靈活。

我可以提供一條恆古不變的忠告：判斷別人是否在對你撒謊真的很難，而當你對自己撒謊時，則幾乎不可能發現。在晤談時想從真相中剔除謊言，與其說是一門科學，不如說是一種感覺。佛洛伊德說過，「顫抖的手指頭」會讓說謊的人露餡，大眾似乎信以為真，但那其實是一堆廢話。馬勒森（Andrew Malleson）在他的巨作《頸椎病和其他有用的疾病》（*Whiplash and Other Useful Illnesses*）中寫道，佛洛伊德是優秀的心理治療師，但會是蹩腳的海關官員，因為謊言其實難「辨」。[2] 唯一能幫助我判斷別人是否對我撒謊的是經驗，例如答錯了明明就很簡單的問題，我問他們幾歲，他們卻支吾其詞，我就會提高警覺。想說彌天大謊時，為了不暴露自己，人會動用大量腦力，記下所有細節。謊言在腦海中排練過，但意想不到的小問題會讓他們無法按照劇本來，於是開始結結巴巴。

就算病人沒有試圖欺騙你，你也未必能直接理解到底是什麼在驅動他們的情緒。讀醫學院時我在精神科實習過，我記得精神科的顧問醫師叫我去看一位二十歲的威爾斯女子，她情緒低落而且治療無效，所以轉診到那裡。我和病人談了一小時，她對我講了一個又長又複雜的故事。她在叔叔去世後得了憂鬱症，她告訴我，她的男友殺害了她的叔叔，正在坐牢。但是她的憂鬱症不大合乎情理——症狀不明確，而且有點前後矛盾。我查了她的其他病史，但沒有找出太多的異常：輕微酗酒，幾次不嚴重的吸毒，一連串的臨時工作，還有一些不嚴重的欺詐活動，以支付生活中她買不起的東西。聽起來不像是真的，但話說回來，她和叔叔感情很好，而叔叔死得很慘，我想這大概就足以促成憂鬱症吧。

我向顧問醫師報告我的調查結果，病人當時也在場。顧問醫師是團隊中的資深醫師，全面負責照顧新進醫師診治的每個病人，而醫學生所照護的病例都需要再次察看。向顧問醫師報告病人的病史是很好的機會，可以學習經驗豐富的醫師如何管理病例，這也是實習的一部分。顧問醫師聽了我的話，沒有說什麼，然後問了病人幾個關於她叔叔遇害的補充問題。她告訴他，她的男友如何刺殺叔叔，然後被判處終身監禁。

「但你還愛著你男友。」他溫和地說。這不是問句，而是一句陳述。我屏住呼吸，這似乎是很無禮的斷言，我不知道她會有什麼反應，但絕對忘不了接下來發生的事。我一直以為「眼淚奪眶而出」是個老掉牙的形容，因為那一刻前我從未見過有人眼淚真的奪眶而出。那是一種突如其來的情緒，猶如雷霆萬鈞，無比震撼，充滿戲劇色彩。我在一小時的談話中未能從病人口中得到的一切，在幾分鐘內被帶出來了。愛著叔叔，也愛著殺害他的那個男人，那種可怕的內疚、痛苦和悲哀壓在她身上，但現在全都爆發出來了。

這個個案讓我明白，我的思考方式受到局限。我斷定病人就是憂鬱症，所以提出符合這個診斷的說法。然而，精神醫學不能只嘗試做出一個精神病診斷，其內涵在於了解診斷的局限。有時，一個診斷結論根本無法抓出問題，於是成了一個籠統的描述，扼殺進一步的思索；診斷成了限制，而非啟發。憂鬱症的診斷就是很好的例子，說明我們很容易撇開人類廣泛的經驗不談，反倒去支持一種本能反應——認為所有的不快樂都必須歸咎於憂鬱症。

我第一次見到蘿絲，是在我樓上的診間，那間房的窗戶正對著一堵磚牆。礙於消防條例的規定，病人必須穿過一連串奇奇怪怪的門才能進入診間，當你從主樓梯推開第一道門後，沒有足夠空間能夠打開診間的第二道門，必須留在黑漆漆的窄廊，等著第一道門靠著緩衝鉸鏈緩緩關上，然後才能打開第二道門。在期盼第一道門快快關上好打開第二扇門時，我會試著和病人閒聊幾句，有時最後與病人的距離近到令人不舒服。

我們在診間坐定後，我開始詢問蘿絲的病史。她看似爽朗，不過顯得有些氣餒。她打扮休閒，身上是天鵝絨慢跑褲和運動衫，完全不需要熨的那種衣服。我猜她四十多歲了，不過她告訴我她三十六歲。她的臉色蒼白憔悴，臉頰好像還黏著食物，我懷疑她不再打理自己的儀容了。蘿絲在倫敦南部長大，十六歲離開學校，十七歲懷孕，和家人的關係並不融洽。她在學校表現還算亮眼，但從來沒有人鼓勵她用功讀書，畢業時只拿到幾張不上不下的成績單，沒有職業抱負。她並不積極參與學校生活，從她的描述來看，她讀的也不是鼓勵學生發展的那種學校。孩子出世後，她的伴侶坦承出軌，這事她早知道，只是懷孕期間假裝沒有注意，這段關係就這麼結束了。她的父母幫忙帶孩子，但幾年後她又懷孕了，這一個孩子的爸爸會虐待她。她說，那男人得知她懷孕後勃然大怒，有一回竟把她扔下樓梯。

如今她單身，五年沒有交過男友。第一個孩子已長大成人離開家，小女兒十五歲，不讓蘿絲參與她的生活。蘿絲沒有工作，也沒有什麼錢，無事可做。她告訴我，她一直都很悲傷孤僻，感覺沒有希望，也缺乏動力。多年來，她吃過多次療程的抗憂鬱藥（「我都試過了」），但都沒有特別的效果。我不知道她認為這一次可能有什麼不同，不過我仔細詢問她的經歷，開始理解她的絕望感。診間外，有人開始鑽馬路，我望著窗外，一輛汽車緩緩駛過，打了方向燈，然後左轉。我意識到我們都停了三十秒沒有說話。

從報告上看，蘿絲的情況像是憂鬱症，她表現出憂鬱症的所有特徵：悲傷、絕望、無助、悲觀和無法享受生活。不過，當和她說話時，我感覺不像是憂鬱症。我想起了精神分析學家弗蘭克（Viktor Frankl）在二戰集中營所寫的《活出意義來》（*Man's Search for Meaning*）。[3]在這部了不起的作品中，弗蘭克動人地描述在那種環境中的生活感受，他解釋說，當所有意義從生活中消失，生活會變得難以忍受。他說，人從根本渴望生活有目標感，如果我們明白「為何」，就能承受「如何」。當我們有了生活目標，就可以不顧痛苦繼續前行，但當我們缺乏目標感，我們的痛苦變得毫無意義，不堪承受。

我見過許多以抗憂鬱藥治療多次都無效的憂鬱症患者，來找我時被貼上「難治」或「抗拒治療憂鬱症」的標籤，而幾乎所有的個案根本就沒有憂鬱症，只是生活缺乏任何更高的目標。[4]他們百無聊賴，虛度光陰——在這種情況下，誰不感到傷心絕望、悲觀痛苦呢？弗蘭克說，我們的虛無主義不是相信「無」，而是相信「只不過」。如果我們「只不過」是聰明的猿類，我們「只不過」是機器，生活就會變得庸庸碌碌。我們需要相信我們的所作所為很重要，超越自己眼前的需求。聖雄甘地本能地理解生命意義的實現之道，他說：「找到自我最好的方法，就是在服務他人中放下自我。」

我在《紐約時報》讀過一篇關於日本勞動法的文章。[5]在日本，解雇員工很困難，面對拒絕接受資遣的員工，公司的回應是不給該員工任何工作。員工日復一日還是必須打卡上班，但坐著無所事事，不受他人歡迎，也沒有個人收穫。每天從出門通勤到返家的途中都覺得自己一事無成。電話響起，永遠不是找他們的，也沒人傾聽他們的想法，他們出現在辦公室完全是一種無意義的儀式，這讓人徹底失去士氣，無異於行屍走肉。這種日常的蒙羞、恥辱和徒勞是薪資彌補不了的。我知道，如果是我的話，我會立刻走人。

我猜蘿絲有過類似的經驗，覺得生活缺乏意義。我想大多數人時不時會問自己，他們生活中的作為是否達成任何有用的目標；他們或許也會自問，生活中是否還有比時尚、享樂、飲酒、汽車、遊艇和假期更重要的東西。當然，這些都能夠提供短暫的快樂，但不能帶來深刻持久的幸福感受。如果缺乏一個有意義的角色，人會覺得生活似乎只是為自己服務，這樣通常不會有成就感或快樂。

我問蘿絲上一次發自內心感到快樂是什麼時候，她想了一會兒，告訴我是送侄女去希斯洛機場的那一次。許多人不會覺得做這件事有什麼成就感，但對蘿絲來說，這證實了她在生活中仍舊是有用的人，她獲得了滿足感。

基於尋找目標的構想，我為蘿絲定了一個不依賴抗憂鬱藥的治療計畫。我們討論她的專長和喜好，試著找出她可以從事志願工作的方法，也許還能藉此培養技能，獲得工作機會。原來，她一直很喜歡騎自行車，她有一輛老舊的單車，但並不常騎。後來，她開始多騎車，享受離開城市的時光。當她獲得住家附近的自行車店兼職工作面試機會時，我覺得我和她同樣緊張。我不宜要她告訴我面試的情況，所以等著她下一次的回診。

幾個月後，蘿絲回來了。她得到單車店的工作，已經多年來沒有感覺這麼好過了。她仍然領取低收入補助，但自我感覺提升許多，抗憂鬱藥的問題也沒那麼緊迫了。她害羞地提到她開始和同事約會，顯然她很喜歡這種正常的感覺。在接下來的幾個月，她的生活逐漸有了條理，當我認為她不用再回診時，她已經成為全職員工，而且訂婚了。

我記得蘿絲，因為這樣的個案很少。病人感到困頓無助的原因通常很多，任何建議都會遭到一連串反駁。常見的對話可能是這樣的：

「有沒有什麼你喜歡的白天活動？」

「我要去學校接小孩。」

「也許你女兒可以參加一些課後社團？」

「她不喜歡那些活動。」

「那麼，你有沒有親戚朋友，也許一週有幾天可以幫忙去接她？」

「她不會喜歡的。」

「也許你可以早上送她去學校後找個什麼兼職的事做做？」

「哪來這種工作。」

「你是說根本不值得去找？」

這些答案聽起來有理，但往往代表病人陷在無奈無助的循環中，而缺乏警覺的臨床醫師一不小心就會捲入其中。長久覺得自己是環境受害者後，人一般會以受害者人格來應對，往往變得無助，把問題怪在他人、機構、憂鬱症、運氣不好或時機不對上，忽略自己是有能力改變情況的。要讓病人接受你的觀點，需要時間、耐心和技巧，而另一種選擇是繼續開一些你深知不會見效的抗憂鬱藥，治療你不相信的憂鬱症診斷。要協助一個人把他們的問題歸結為缺乏生活意義，而非大腦缺乏血清素，這無疑是比較困難的，但如果有經驗，又有信心做到這一點，世界會因此變得大不相同。

---

1 Frank, M. G., Maccario, C. J., & Govindaraju, V. (2009). Behavior and security. In P. Seidenstat & F. Splane (Eds.), *Protecting Airline Passengers in the Age of Terrorism* (pp. 86–107). Greenwood Publishing Group.

2 Malleson, A. (2005). *Whiplash and Other Useful Illnesses*. McGill-Queen's University Press.

3 Frankl, V. E. (1985). *Man's Search for Meaning*. Simon and Schuster.

4 Santhouse, A. M. (2008). The person in the patient. *BMJ, 337*.

5 Tabuchi, H. (2013, August). Layoffs taboo, Japan workers are sent to the boredom room. *The New York Times*.

12 接納病人，接受自己

第一次見到坐在病床旁椅子上的瑪麗安時，我不得不壓抑自己的震驚。在我們每週巡房前的小組會議上，住院醫師介紹了她的病況，所以我早知道她的事。她四十二歲，幾年前因為腸道重症住院三個月，這次入院是因為體重持續明顯下降。起初認為是發炎性腸道疾病復發的結果，舊疾復發是可以理解的，檢查卻沒有任何發現。最後，她體重下降到危險的地步，於是住進醫院，醫護人員一面探究原因，一面給她餵食，讓她的體重別再下降。她因為噁心無法進食，所以醫師將餵食管從她的鼻孔插入食道，再順著食道進入胃部，營養品通過與管子相連的瓶子輸送。遺憾的是，管子不停掉出來，大多是她晚上睡覺時管子被什麼勾住，因此她的體重還是持續下降。

在綜合醫院轉診到精神科之前，病人多已看過許多科別，瑪麗安也不例外，她連腸胃科也看過了，以檢查腸胃功能，確認體重下降是否是因為食物沒有被吸收。其他的團隊則尋找可能的癌症，以解釋體重下降的原因，視鏡、探針、X光和掃描通通都做了一輪，但醫療小組仍舊不明白究竟是怎麼一回事。她住院近兩週後，整合醫療小組猜想，精神醫學部或許能幫助解決這個令人困惑的病例。

小組會議結束後，我們從小組辦公室前往正在消瘦的瑪麗安所在的病房，我思忖著精神科對她的治療能否有所幫助。在見到病人之前把可能的診斷結果想一遍，永遠有幫助，所以我邊走邊猜測我們可能會有什麼發現。外科醫師可能漏了什麼會因而自責的線索——這個想法掠過腦海，但我知道這些臨床醫師辦事細緻入微，所以似乎不太可能。但該如何解釋非生理原因呢？我見過憂鬱症患者停止進食，體重因此減少，但很少減到這種程度。醫院的護理師、醫師、物理治療師和其他工作人員經常去護理病人，應該會察覺到病人情緒低落吃不下飯。根據我處理這類病例的經驗，情緒這樣低落的病人很少說話，語氣緩慢單調，誰都能從他們垂首的姿勢和沮喪的神情看出來，所以憂鬱症似乎不可能是體重減輕的原因。

我懷疑使用非法藥品會不會是罪魁禍首，這往往可以解釋一些原本無法解釋的事情，嚴重吸毒會對身體健康造成各種難以預測的後果。吸毒的住院病人為了將藥物夾帶入院，還會發揮形形色色的創意，醫院工作人員很少會懷疑病人吸毒——在正常醫病關係的「規則」內，雙方都是善意的。如果你經常懷疑病人想蒙騙你，那麼很難治療病人；如果你懷疑醫師可能在背地裡開某種藥，那麼你就很難當他的病人。

我不會隨便懷疑他人的真誠，但與大多數從業多年的醫師一樣，也曾因為過於相信他人而犯錯，學到了要質疑別人告訴我的東西。幾年前，護理師們懷疑病人酗酒，我的暗示傷害了他，他義憤填膺地否認，害得我不敢再問任何問題，就怕他覺得被冒犯。這個中年人能言善辯，我記得他抱怨說喝酒已經是過去的事了，卻還是沒有人肯相信他。他說，總之，他根本沒有離開過病房，要從哪裡弄到酒呢？這個問題在幾天後得到了答案，我發現他有一只裝滿伏特加的水瓶，但誰也沒有想到去檢查。我猜瑪麗安可能使用毒品，不過還是認為不可能沒人發現。

我來到病房找到瑪麗安的床位，自我介紹了一下。她指了指她床邊的椅子，我尷尬地坐下去，其他小組成員站在我身後。瑪麗安在床上撐起身子，她骨瘦如柴，只穿著一件睡衣，凌亂的被單推到床腳。我首先看到她的膝蓋，和她的大腿相比，她的膝蓋顯得很大。她的頭像瘦削肩膀上的月亮。我環視了一下床邊，這是我的本能反應，因為你能從一個人放在身邊的東西了解這個人的情況。沒有大多數人住院幾週後積累起來的用品，沒有慰問卡、家人照片、益智遊戲書、報紙、小說，也沒有「葡萄適」能量飲品、餅乾或水果。

瑪麗安講述自己健康問題的語氣相當呆板，她似乎不解自己體重為何持續下降，也說她恐懼體重下降的可能原因。她這一番話似乎經過排練，沒有一絲情感，所以我改變策略，問了一些她的背景。

她出生在成功人士之家，雙親都是投資銀行家，姊姊讀牛津大學，畢業後進了倫敦金融城的大律師事務所，成就斐然。相比之下，瑪麗安始終認為自己差強人意，活在姊姊的陰影下，自己做什麼都不夠好。她說自己在冷漠的氣氛中長大，要什麼有什麼，但就是沒有得到最渴望的關愛與讚美。她的父母講求實際和效率，不慈藹也不關懷她，瑪麗安覺得缺少稱讚或關注。當她說話時，淚水順著臉頰滾落下來。這些遭到嫌棄的委屈記憶猶新，她似乎迷失在自己的世界裡。「就是不夠好。」她輕聲地說，但沒有回答任何問題。

瑪麗安離開學校後找了一份記帳工作，談過幾段短暫的戀愛，但從未走入婚姻。她的自尊心低，覺得自己長得醜，不討人喜愛。為了重新獲得掌控感和提高自尊，她開始限制自己的飲食，認為如果瘦了就會得到別人的欽佩和尊重。

回想起那次談話，我記得最清楚的是眼淚。在晤談開頭的閒聊後，我們開始深入討論，她的淚珠就像水龍頭一樣打開了。這是她第一次向人承認自己刻意挨餓，想讓自己看起來更漂亮，感覺受到注意和關愛，讓人佩服她的自我控制力。她承認，餵食管不是卡住自己掉出來，而是她在夜裡拔掉的。她始終覺得，如果再輕個幾公斤，就會很滿足，很有自信，但她現在發現她已經控制不了情況了。我問她是否覺得自己現在太瘦了，她頓了一下，說不能肯定，不過明白醫療小組的擔憂。出於好奇，我請她畫出她認為自己的模樣——我讀過一份研究，女性飲食失調症患者對自己的身體抱持扭曲的看法，這種看法會反映在她們的自畫像上。[1] 瑪麗安畫了一個胖女人，跟實際上瘦得要命的她一點也不像。

她體重急降之謎終於解開，醫療團隊一直想用越來越深奧的檢查來找出原因，但答案在他處。精神醫學對一個看似純粹生理狀況的理解，可以徹底改變一個個案的管理方式。有時使用了許多卓越的技術，也做了掃描、視鏡、血液測試等無數檢查，反而可能忘了更重要的那個目標。這讓我想起外科醫師的感歎：「手術非常成功，但遺憾的是，病人過世了。」

在我經常遇上的疾病中，神經性厭食症最為費解。幾世紀來，不斷有人刻意讓自己挨餓，只是在早期的故事中這麼做是出於宗教信仰，而非今日我們與厭食症畫上關聯的原因。學術教科書和論文提出無數理論來解釋這種病，對肥胖的恐懼是其中一個中心主題，在超重是不利條件的職業中，例如模特兒和芭蕾舞者，厭食症無疑更容易發生。遺傳學研究調查過同卵雙胞胎和異卵雙胞胎的厭食症發生率；由於同卵雙胞胎有完全相同的基因與家庭環境，異卵雙胞胎有著相同的家庭環境，但不同的基因，因此，同卵和異卵雙胞胎的厭食症發生率如果有不同，可能是由遺傳學造成的。研究結果發現，厭食症似乎確實存在著遺傳因素，因為同卵雙胞胎比異卵雙胞胎更有可能發生厭食症。[2]我們還知道，個性固執、有強迫行為或完美主義者，更有可能患上這種疾病。也有研究認為，厭食症是一種控制家人的手段，要家人將注意力都放在他們的病上。

不過，在這一切背後的是厭食症女性的核心信念，這個信念反映出更多人抱持的社會觀點——瘦是良好的美德。這是西方特有的文化信仰，其他文化並不認同。雖然在遺傳學、性格類型、教養以及其他相關因素方面已有大量研究，如果沒有這種奇怪的信念——瘦代表著美麗、活力、性吸引力和成功——也就不會有神經性厭食症這種病。

在社會中，人對「理想的身材」或「完美的體態」有著由來已久的信念。在過去的時代，普通老百姓三餐不繼，超重與財富成功聯繫在一起；而今，隨著工業化的食品生產，廉價的高熱量速食出現，苗條和完美反而才是財富和成功的象徵。二十一世紀初，「穿零號模特兒」的出現引發一場危機，因為這種模特兒展現出年輕女性欣羨並亟欲效仿的生活方式，結果有人因而死於厭食症。由於事態嚴重，包括法國、義大利、以色列和西班牙等國家通過立法，禁止ＢＭＩ指數不健康的模特兒參加時裝秀。[3]除了時尚以外，連媒體對女性的描述也偏愛某種特定的體型，加上西方文化處於主導地位，我們似乎正在藉由電視、電影、雜誌和社交媒體，向其他國家和文化輸出厭食症。

我在《英國精神醫學期刊》讀到一篇相關主題的難得研究，該起研究在南太平洋斐濟島進行。[4]這樣的研究難以重複，因為斐濟當時情況特殊——電視機尚未普及。作者研究的主題是少女在一九九〇年代電視引進前後對自己體重和體型的態度。他們發現看電視導致了飲食失調情況增加，少女以電視人物為榜樣，開始減肥。在電視出現以前，女孩對生活很滿意，但突然之間對自己的身材不滿意了。這項研究的結果不出所料，但令人沮喪，它有助於解釋西方國家的飲食失調比率，何以隨著電視、網路和社交媒體問世而攀升。

厭食症的研究不只是出於醫學上的好奇，厭食症和藥物濫用一樣，高居精神疾病死亡率排行榜，這一點經常使人感到驚訝，[56] 厭食症患者的死亡率，至少是同齡同性別非厭食症患者的五到十倍。如果厭食症沒有導致死亡，挨餓也會影響每個身體器官系統，可能造成貧血、骨質疏鬆、腎臟受損、肌肉疼痛和虛弱、胃部問題、體溫調節困難、心臟問題、血液中缺乏礦物質、皮膚乾燥和體內積液等問題。

如同瑪麗安的情況，治療厭食症很不容易，這個病可能持續多年，有時還會復發。當我還是醫學生時，厭食症患者在普通精神科病房治療，同房病友得的是完全不同的精神疾病。當時常常採用獎勵制度來鼓勵體重增加：增加一公斤的獎品是一雙可以在病房裡穿的拖鞋，兩公斤的獎品是一份早報，增加三公斤就可以穿自己的衣服，諸如此類。現在已經不這麼做了，因為證據顯示厭食症患者並不熱中參與獎勵制度，而且住院期間增加的體重在出院後還是會掉回去。而且這種做法最大的問題是缺乏人性，讓患者覺得受到懲罰，因為病人被剝奪了醫院裡誰都可以合理期待的「特權」。

後來，厭食症專責病房取代了這類治療，採用教育和心理學方法，著重於讓飲食成為社交環境中一件正常的事，工作人員會和患者坐在一起用餐。就瑪麗安的情況，為了誰最適合負責照顧她，內科病房和精神科病房之間關係緊張，當內科問題和精神問題重疊時，經常發生這種情況，內科醫療小組認為他們缺乏管理「精神病」患者的技能，精神科則認為，患者需要更複雜醫療護理和餵食，他們沒有能力接收。最後，瑪麗安被送去了厭食症社區護理中心，接受個別心理治療，由一位專業護理師照護。用餐時，她與其他人一塊圍坐在餐桌旁，讓吃成為正常的事。這種方法幫助她穩定增加體重，後來我碰見她的飲食失調顧問醫師，詢問起她的情況，得知她已經能夠維持體重。

除非情況極端，或是導致健康狀況不佳，否則厭食症一般會遭到忽視。飲食失調者往往不會尋求幫助，因為他們並不以為這是問題，甚至有時是病人轉診才偶然發現得了厭食症。照顧瑪麗安和許多她這類個案的經驗，令我反思女性被賦予的特殊審美標準，這些標準造成許多不快樂和健康不良。如果有人因為容貌不符合理想而感到羞愧，往往會到各種不同的醫療診所，反而較少直接去看精神科醫師，因為他們通常認為自己的問題是身體的，而非心理的。當然，也有人透過注射、填充、染色和其他手術想要變美變漂亮，這些是否真能提升女性的容顏，那是審美觀的問題，但要女孩抵抗強大的社會規範，則需要勇氣。

久而久之，男性也陷入類似的行為模式。幾年前，一個忙碌的下午門診快要結束時，我見到一個叫西奧的年輕人，他二十多歲，是皮膚科醫師轉介的病人。從候診室到診間的路上，他顯得很不自在，心煩意亂。他不安地走進診間，好像這是他最不想來的地方。他頭戴棒球帽，身穿牛仔褲和長袖T恤，兩條褲管的膝蓋處都有破洞。他身材中等，舉止有些靦腆，如果你在街上看到他，我想你是猜不到他的痛苦。他的問題對我來說是個新問題：他對禿頭感到一種從四面八方排山倒海而來的恐懼，怕得幾乎無法動彈。

我瞥了眼把他轉診給我的皮膚科醫師的信，他安慰過西奧，說他是杞人憂天，也告訴他，他沒有任何雄性禿的跡象。然而，西奧持續感到焦慮，這種焦慮肯定會傳染，因為皮膚科醫師雖然表示不用治療，但還是開了一些生髮藥物。

與西奧的相遇把我帶入他生活的平行世界，他自認長得醜，注定過著孤獨和受人厭棄的日子，他無法接受這種命運。他不斷地想著自己的頭髮，每天上網搜尋好幾次脫髮的治療方法。這麼做只能給他帶來短暫的輕鬆，但他無法阻止自己。

此外，整個世界似乎密謀起來對付西奧，加深他的焦慮。他在倫敦地鐵看到一則雄性禿廣告，這種廣告要避開也難；一張由上俯瞰男人稀疏頭頂的照片，配上這個男人後來滿意的照片，以茲證明「增髮成功」。在那一週，我自己也從廣播聽到一些話，大意是「你在忍受雄性禿的煩惱嗎？」言下之意是，禿頭不是一件單純的事，禿頭會帶來「煩惱」，好像禿頭是一種新發現的病。

我的頭髮從二十多歲開始變少，到三十多歲結婚時已經很嚴重。我還記得第一次注意到自己開始禿頭的地點，是在肯頓鎮一家服裝店。收銀臺附近有一架閉路電視監視器，黑白影像每隔幾秒鐘會漸漸褪為白色，換成店裡另一個鏡頭的畫面。說也奇怪，我竟然看到入迷了，當畫面逐漸變得清晰時，我就分辨那是店裡什麼地方。在第三或第四次更換鏡頭後，我記得螢幕從一片白茫茫，變成另一個從高處俯瞰店內的畫面，畫面中有幾個人，其中一個文風不動。畫面越來越清楚，那個一動也不動的顧客的頭頂出現一塊淺斑，這時，我才發現那個人是我。然而，我從來沒有想過要去管禿頭——禿就禿了嘛。和西奧討論禿頭是否會毀掉他的生活時，我很好奇他是否領略到和一個禿頭醫師進行這種對話的諷刺。我想到喜劇演員大衛（Larry David）講的笑話：「頭髮濃密，誰不會自信滿滿，但一個禿子還有自信——這就是你的潛力所在。」

在這種情況下，只有美髮業是贏家，因為他們主張男人應有一頭濃密的頭髮，這才是自信、魅力和男子氣概的象徵，而男性也信了這一點，創造出一個利用他們的不安全感牟利的全球產業。不難想像，「禿頭恐懼症」將會加入精神醫學分類系統，讓這個編造出來的疾病變得合理，鼓勵運氣不佳的髮禿男子支付精神科醫療費用，同時也支付生髮治療費用。

我們似乎在創造一種類似神經性厭食症的症狀，這個症狀與完美髮型的專斷看法有關，男性居多。不過它或許沒有乍看之下那麼專斷，因為髮量和纖瘦有共同點——都是年輕的特徵。在我的成長過程，男士美容產品，甚至是男士時裝，根本沒有市場。男性的確會使用剃鬚產品，但那是因為退役重量級拳擊手庫柏（Henry Cooper）

的廣告說動他們，使用 Brut 刮鬍後潤膚水是不會損及男子氣概的。到二〇二四年，通常稱為「男士修容」的男性美容市場，預計全球價值將達到八百一十億左右。[7] 雖然注重外表並非什麼新鮮事，早有男性對陰莖尺寸或體格等問題斤斤計較，難以釋懷，然而這種新社會壓力，將男性關注的範圍擴大到過去被視為「女性化」的領域，擴展了男性會產生不安全感的範疇。擔心外表而找我看診的男性患者，其實零零星星，並未大批湧入，但這種變化似乎將影響整個社會，而除了利用這種不安全感賺錢的行業，沒有人會從中受益。

西奧對禿頂的焦慮，屬於一般所謂的「身體臆形症」。十九世紀晚期，義大利醫師莫塞利（Enrico Morselli）首次提出「身體畸形恐懼症」，有這種精神問題的患者持續關注身體某一部位，覺得自己不夠完美，堅信這讓他們有缺陷或缺乏吸引力。對於外表不受歡迎的憂心，很快消耗掉患者全部的精力，最終支配著他們的生活。以西奧為例，他隨身帶著鏡子，檢查髮際線在一天之中是否有任何變化或發展。我和西奧晤談時，他還走到辦公桌旁，朝我彎下頭，問我是否認為他快禿了——縱然他最近才得到皮膚科醫師的保證。

西奧的治療耗時，而且沒有百分之百成功，這種情況並不罕見，特別是病情嚴重或者病人拖了許久才尋求幫助。有時所能期盼的最好結果，是讓這股執念變得更易控制，即使壓力大時情況難免惡化。我給他開了一些藥物，緩解他的焦慮和強迫行為，但他對服用藥物抱持矛盾心態，旋即就停藥了。治療的另一部分是認知行為療法，這是一種談話療法，在他的例子中，包括糾正他腦中許多未受質疑的錯誤觀點，例如相信沒有女人會認為禿頭男人有魅力。雖然有大量的反證，甚至瀏覽幾眼名人八卦專欄就會發現，但他仍然堅持這個觀念，我們花了很多時間和耐心來說服他，最後他在知識層面接受了這一觀點，但在情感上似乎並不相信。

我們還採用反應抑制療法（response prevention），旨在預防他反覆檢查髮際線，要求身旁的人給予保證。我們希望這麼做可以減輕他的焦慮，因為這種焦慮往往會自然而然加劇，接著無須他人保證又會自然而然減弱。反應抑制療法可以讓他產生一種迄今所缺乏的東西：對情況的控制感。我也建議他試著與世界正常接觸，不要把自己藏起來。他很快會發現，除了他自己之外，沒有人介意他的禿頭。我希望他逐漸習慣一種新的常態：日常生活其實充滿無數讓人分心的事物，能使他的注意力從頭髮上轉移開來。在整個治療過程中，各式各樣的提醒令他挫折（有一週他給我看了一篇報紙報導，報導問我們是否有「治癒禿頂」的一天，這更堅定了他的觀點：禿頭是一種不受歡迎但可能治癒的疾病）。[8]

這讓我想到了健康焦慮以多種方式進入我的門診——最常見的管道是透過其他專家——也令我思考醫師有多少工作是在界定「正常」的終點和疾病的起點。這些界線比一般認知的還要不可靠和模糊許多，因此判斷力對醫師來說是一項寶貴技能，他們需要界定社會焦慮的終點和醫學的起點。最棘手的是，也是對醫療系統最大的挑戰，這是一個不停改變的邊界，受到社會變遷和社會期望的影響，症狀可能從一種觀察到的現象，快速變成一種具有有效療法的公認疾病。這種事最近發生在「性別不安症」（gender dysphoria）。過去，認為自己生來性別錯誤的人遭到忽視，被視為變態，如今越來越多人接受不同的性別體驗方式、荷爾蒙治療和變性手術。同樣地，在一九七三年以前，同性戀被定義為一種疾病，直到一九八七年才從美國疾病診斷手冊中消失。[9]在那之前，同性戀被認為是可以治療的精神狀況，為了打破同性戀者看到裸男和快感之間的聯繫，治療時會讓他們看著裸男照片，同時使他們的拇指受到輕微的電擊。醫學、精神醫學和社會變革不斷相互碰撞影響，我常常發現自己正處於這個中心。

醫師和治療師與病人之間的關係有很多種，不過在臨床診療中我經常反思羅傑斯（Carl Rogers）的工作，他是二十世紀心理學的重要人物，不過幾乎被遺忘了。[10]羅傑斯一九〇二年出生於芝加哥，早年研究宗教，後來才把注意力轉向治療師和病人之間的互動。他最重要的貢獻是他的一句話：「以當事人為中心的治療。」其核心思想是，我們傾向於根據他人是否值得我們尊重的判斷來評價他們，如果人們的成就不符合我們的社會規範和價值觀——例如，如果他們不工作或吸毒——對他們的評價就會下降，不再尊重或重視他們。他們不可避免會認為自己不值得尊重和關愛。

羅傑斯認為，個人之所以需要愛和尊重，乃因他們是人，而不是他們取得了什麼成就，或者我們判斷他們是否值得。他稱這個觀念為「無條件的正向關懷」，堅持醫師或治療師在任何互動都要真誠接納病人的真實身分。在我所喜歡的治療學派中，羅傑斯對我最有吸引力，我們都有被尊重、被重視的基本需求，感覺自己很重要——不是因為外表、工作或我們的打扮，而是因為我們是人。

這就是為何我覺得瑪麗安和西奧這樣的病人給我帶來很大的情感衝擊：我們創造了一個社會，在這個社會裡，外表、汽車、頭髮和金錢這類膚淺事物，成了評判自己和他人的標準。後果在我的診間顯而易見：一群焦慮而不快樂的人，他們覺得自己毫無價值，把焦慮投射到自己的外表上。他們經常到五花八門的診所，想要矯正他們的「缺點」。禿頭除了是男性的正常標誌外，沒有其他的內在意義——我們賦予它如此負面的含意，說明了我們對衰老的看法，或許也說明了老年人在社會中的地位。為了這些膚淺的擔憂，病人不管是去看整形外科、皮膚科還是精神科，他們會尋求醫療協助，就代表我們社會中某樣非常基本的東西是錯的。

---

1 Guez, J., Lev-Wiesel, R., Valetsky, M. A., Sztul, M. A., & Pener, P. D. (2010). Self-figure drawings in women with anorexia; bulimia; overweight; and normal weight: A possible tool for assessment. *The Arts in Psychotherapy, 37*, 400–6.

2 Klump, K. L., Miller, K. B., Keel, P. K., McGue, M., & Iacono, W. G. (2001). Genetic and environmental influences on anorexia nervosa syndromes in a population-based twin sample. *Psychological Medicine, 31*(4), 737–40.

3 Sykes, S. (2017). Six countries taking steps to tackle super-skinny models. Euronews. Retrieved from https://www.

euronews.com/2017/09/06/counties-fighting-underweight-modelling (accessed 6 Dec. 2020).

4 Becker, A. E., Burwell, R. A., Herzog, D. B., Hamburg, P., & Gilman, S. E. (2002). Eating behaviours and attitudes following prolonged exposure to television among ethnic Fijian adolescent girls. *The British Journal of Psychiatry*, *180*(6), 509–14.

5 Harris, C., & Barraclough, B. (1998). Excess mortality of mental disorder. *The British Journal of Psychiatry*, *173*(1), 11–53.

6 Arcelus, J., Mitchell, A. J., Wales, J., & Nielsen, S. (2011). Mortality rates in patients with anorexia nervosa and other eating disorders: A meta-analysis of 36 studies. *Archives of General Psychiatry*, *68*(7), 724–31.

7 Research and Markets. (2019). Male grooming products market: Global industry trends, share, size, growth, opportunity and forecast 2019–2024. Retrieved from https://www.researchandmarkets.com/reports/4775701/male-grooming-products-market-global-industry?utm_code=6f9v23&utm_medium=BW (accessed 26 Nov. 2020).

8 Godwin, R. (2018, September). How close is a cure for baldness? *Guardian*. Retrieved from https://www.theguardian.com/fashion/2018/sep/02/hair-today-gone-tomorrow (accessed 26 Nov. 2020).

9 Drescher, J. (2015) Out of DSM: Depathologizing Homosexuality. *Behavioral sciences (Basel, Switzerland)*, 5, 565–575.

10 Thorne, B., & Sanders, P. (2013). *Carl Rogers* (third edition). SAGE Publications Ltd.

13 疼痛的意義

在醫學院的時候，我就對人類感受人生的方式感到震驚。每一個念頭，每一次經歷，我們所有的理想抱負，每一種感覺——從玫瑰的氣味到看到大峽谷的心生敬畏，從初墜情網到航班取消的挫折，都是通過細胞膜的電脈衝體驗。數十億條劈啪作響的神經纖維，在神經之間的微小空間釋放出化學傳遞物質，促進或抑制下一個神經的發射，如此這般精妙複雜的交響樂團，恐怕是永遠超出了人類的理解。在我們所有的希望、恐懼、願望和抱負中，我們是否只是一個神經元組成的網絡？如果我們有足夠的電腦運算能力，是否可能複製出一模一樣的人腦？或者說，「大腦即電腦」只是二十一世紀的概念？我最好的朋友、神經學教授亞歷克斯告訴我，他認為大腦是一面鏡子，只是把我們認為它做的事情反射給我們，而我們的研究不過是傾向於證實我們最初尋找的東西。

長久以來，大腦功能一直是各種理論的主題。古希臘哲學家亞里斯多德認為，大腦的作用是替心臟所產生的熱能提供冷卻系統，大腦龐大的血管網絡就像一組散熱器。[1]古往今來，大腦被看成是靈魂的所在地，或是控制身體運作的複雜中心。隨著時間推移，人們逐漸達成共識，認為大腦被劃分為不同的功能區域。

第一個與此一理論關係密切的是十八世紀醫師加爾（Franz Gall）。大腦區位化有一些道理（至今依然正確），但加爾的理論在兩個重要方面有誤。第一個錯誤在於他將大腦各區域的作用說得太具體了，比如他認為大腦有專管善良、貪婪或謹慎的區域。第二個錯誤是，他認為顱骨的生長反映了下方的大腦區域，比如說，職業道德高的人，主責職業道德部位的頭骨會格外突出，有遠見者，該大腦部分的頭骨特別明顯等。這因而衍生出顱相學的偽科學，醫師聲稱可以通過頭骨的形狀來判斷人的性格。

顱相學曾經在歐洲和美國非常流行，它的吸引力不難理解，因為它提供了一個條理清楚又容易衡量的人格評估。為什麼精神科醫師有時稱為「shrink」（原意為「縮小」），至少我聽過一個理由，因為他們的治療會讓大腦中不受歡迎特徵的腫脹區域縮小，外面的那塊頭骨也會跟著縮下去。不過，如同歷史上發展出的大多數醫學理論在短暫流行後就遭到質疑拋棄，顱相學到了十九世紀便已過時，大腦之謎再次成為一個懸而未解的問題。

現代概念認為大腦是一架錯綜複雜的電腦，有龐大的綜合網絡系統，不過一些大腦功能也有大致的分區，如運動、感覺和語言等。然而，沒有電腦模型能解釋意識或抽象思考等更高層次的大腦功能，為了能夠更合理闡釋難解的問題，有人便以量子理論分析大腦功能。這是一個有趣的理論，很難證明（也很難反駁），不過我往往認為，兩件你不完全理解的事情，比如量子力學和大腦功能，通常會貌似相同。

人如何感受疼痛？在探索這個問題上，也有一個類似的發展故事。然而，大多數醫師對疼痛的思考和治療還停留在過去的時代。在劍橋那條古色古香的網球場路旁，一走進去就要眩暈的那間解剖學講堂，讓人想起的正是這樣一個過去的時代，那是我大學時每週上幾堂解剖學和生理學講座的地方。解剖學講堂有木鑲板牆，座位陡峭，霉味深深地扎根在建築結構中，彷彿藏著上幾代醫師的幽靈。就在那間講堂，我們上了一堂我猜測世世代代醫學生都聽過的課。

這堂課告訴我們，疼痛是組織損傷的症狀。十七世紀法國哲學家笛卡兒提出一個理論模型，把神經想像成中空的管子，承載「動物的靈魂」，而疼痛通過神經傳導至大腦。[2]三百年後，我所學到的基本上就是這樣，當身體某一部分受損或受傷時，神經末梢釋放出化學物質刺激了神經纖維，再向上傳遞信息到大腦。有趣的是，那次的講座是我首次聽說疼痛通過兩種不同神經纖維傳遞到大腦，第一種是「A」纖維，傳導訊息速度較快，會快速向大腦傳遞痛感。另一方面，痛也會沿著較慢的「C」纖維傳遞，但傳遞的是更深層更具體的疼痛訊息。這解釋了為什麼把手放在燙手的水龍頭底下，當你察覺水太熱把手收回時（「A」纖維）會發出「啊」的一聲，接著又是一聲更長更痛苦的「喔唷」，因為疼痛通過「C」纖維，晚了幾分之一秒到達大腦，引發了更深切的疼痛感。

一九六〇年代，在麻省理工學院研究疼痛的學者梅爾扎克（Ronald Melzack）和沃爾（Patrick David Wall）發表了一篇著名論文，提出脊髓具有某種閘門機制，可以允許疼痛信號抵達脊髓後，再向上傳到大腦（閘門打開時），或是關閉閘門，不讓疼痛信號進入。當身體某一部位疼痛時，比如手臂被打到了，信息會沿著神經傳導路徑傳到脊髓，脊髓上有一種決定疼痛信號是否向上傳遞到大腦的連接點。決定疼痛是否會沿著脊髓傳到大腦的因素之一是觸覺，疼痛部位（此例是手臂）會讓觸覺沿著神經傳導路徑發送，而輕輕一碰會在脊髓的「門」口阻斷疼痛纖維信號。我們直覺反應會覺得這個說法有道理，想想小腿如果撞上茶几，我們的第一反應會是摸摸小腿，藉由輕觸來抑制疼痛纖維進入脊髓。這也解釋了為什麼「親一下就不痛了」，這可能不只是老太太隨口亂說，當孩子受傷時，輕輕摸一摸痛的地方，的確可以阻止疼痛傳遞。

所以急性疼痛至少某些方面很容易理解，因為疼痛遵循著清楚的路徑，從受傷的器官出發，沿著神經纖維，最終到達脊髓。然後，脊髓就像主要高速公路，比如英國南北向的M1高速公路，在身體內傳輸信號。沿脊髓向下延伸的神經將來自大腦的信息傳遞出去，從脊髓一層層往外傳遞到身體各部位。同時反方向的信息也會開始傳遞，來自身體的信息和感覺，經由支配該部位的椎節，向上傳達至大腦。到了大腦，來自神經的電子訊號解碼，我們接收到的神經信號是一種感覺，在這個例子是疼痛。

腳趾被踩到，或者因為沒留神撞上玻璃門，身體突然一痛，都是所謂急性疼痛的例子，不屬於慢性疼痛。慢性疼痛這個詞經常被混淆；我遇過許多病人以為慢性疼痛是一種劇痛，所謂「慢性」其實是持續一段時間的疼痛，一般持續逾三個月的疼痛就叫慢性疼痛（chronic，慢性，以古希臘時間之神 Chronos 命名）。

不過，對精神科醫師來說，問題不在於如何解釋這些術語。最大的問題是，大家普遍認為慢性疼痛與急性疼痛一模一樣，只是持續時間較長。這種誤解在醫師中和病人中都很常見，而這種誤解導致的治療失敗，是我接手的轉診病人的重要來源。

但如果慢性疼痛不等同於急性疼痛，它究竟是什麼呢？牛津大學研究員崔西（Irene Tracey）研究慢性疼痛，她和同事布什內爾（Catherine Bushnell）認為，慢性疼痛應該被視為一種獨立疾病，受慢性疼痛之苦的患者，其大腦結構及功能發生了特殊的變化。[3]慢性疼痛未必在身體某處有生理原因，「幻肢痛」——一個人感覺到被截肢的疼痛——就是一種奇怪但公認的現象。

承受持續性疼痛的病人最終會來到我的門診。一個七月的午後，門診異常平靜，我首次見到馬吉德。候診室熱得要命，祕書左右為難，該把唯一的電風扇擺在她那熱得難受的辦公室，還是搬去候診室，她終究是搬了過去。雖然有了電風扇，陽光照樣透過精神醫學部的落地玻璃直射進來，大家無精打采盯著牆上海報，海報教他們如何訴說病痛，又或者如何辨認禽流感的症狀。夏天提早報到，我已經放棄平日的西裝領帶，改穿醫師標準的夏日行頭：襯衫和斜紋棉布長褲，最後套上襪子與黑色雕花皮鞋。我還是覺得沉重，身子熱得黏糊糊，對穿著輕薄夏裝和涼鞋的女醫師感到一陣羨慕。

馬吉德坐在椅子上，顫抖的手鬆鬆地攥著一塊手帕擦著額頭的汗水。他身子籠罩著鬍後水的氣味，那股味道濃得簡直可以看見，彷彿北京上空的霧霾。他穿著寬鬆的長褲，開領短袖襯衫，還有襪子和涼鞋。他頭髮稀疏，抹了油，從一邊耳朵上方分向另一邊。他一絲不苟，討人喜歡，看上去三十多歲，說話帶著濃重的口音，沒有起伏的語氣彷彿在平穩波浪中滑動。他說話時，小鬍子跟著顫抖。他費力走向診間，我跟他閒聊著炎熱的天氣。他一面甩著手，一面沿著狹窄走廊的欄杆走，建築的這一側遠離日照，稍微涼爽點。進入我的診間，他在桌旁的椅子坐下，臉上露出痛苦的表情。

寒暄完畢後，我們開始晤談，聊到他的背景。他告訴我，他出生在喀布爾的中產階級家庭，父親任職於公立醫院，母親留在家裡照顧他與四個兄弟姊妹。他在阿富汗度過童年，感歎自己的國家從未擺脫過外界的干擾，但在喀布爾的成長記憶是生命中一段快樂時光。他後來出國念大學，成為專業的土木工程師，返國後從事各種建築案子，幫助重建支離破碎的國家。

有一回出差，在廣袤的阿富汗的某地，他們一行人遭到伏擊綁架。他記得有個人在一開始的襲擊中受了重傷，但他很久以後才知道那個同事遇難了。他則是被抓去當人質，關在阿富汗乾涸地帶的一個小房間。他回憶起被剝光衣服的羞辱，遭到毆打的痛苦，以及在困境中感到恐懼與無助。接下來幾週，綁匪帶著他不停換地方，他只好聽從命運。他厭倦了恐懼，但始終沒有完全擺脫恐懼。他回憶說，日子一天天過去，他發現胸口越來越痛，在一開始遭到綁架時，他的胸腔多次被毆打，另外，腿上被鐵鍊縛住的地方也越來越痛。

他告訴我，最後是付了贖金，綁匪才釋放他。他的體重少了七公斤，他覺得困惑、恐懼和羞辱。經過漫長的旅程，他到達相對安全的喀布爾，但發現難以安頓下來，也對工作失去興趣。於是他和家人決定不如到英國重新開始。

他告訴我，他的國家美麗無比，覺得英國的生活非常陰鬱，他不受歡迎。他悵惘地說，他想念阿富汗。英國生活不容易，他不得不尋求庇護。工作難找，他無法養家餬口，所以備感挫折，最後在一家小型計程車行輪班開車。他的房子到了冬天變得十分潮濕，現在廚房有蟻患，怎麼除也除不掉。他的疼痛，尤其是胸痛，持續困擾著他。他去看社區醫師，做了檢查，醫師一開始擔心疼痛可能是心臟引起，所以安排了胸部 X 光和心電圖檢查，結果是陰性的。然而疼痛變得更厲害，而且開始向一隻手臂延伸，他的手變得會顫抖。另外，他的腿也在疼。由於沒有其他辦法，也沒有明確的診斷可以治療，社區醫師替他開了止痛藥，可是沒有見效；醫師有些猶豫，但還是讓他服用更強的止痛藥。一開始有效，但後來效果似乎逐漸消失，馬吉德回到原點，但是對鴉片類藥物卻成癮了。

之後的幾個月，他改看心臟科，被診斷為「非典型胸痛」，幾個月內回診了數次，接著他們也失去興趣，以「沒有心臟原因」為由，要他不用再回診了。他又去看風濕病科，接著是神經科，每一次驗血和檢查都沒有找出疼痛的原因。最後，他被轉介到疼痛科，那裡的醫師勇敢嘗試不同的藥物和治療組合，但都沒有效。馬吉德出於禮貌接受了所有治療，但不抱一絲熱情或期待。如今，十八個月過去，似乎因為沒有更好的治療方法可以嘗試了，他被轉介到我這裡。

對於綜合醫院的精神科醫師來說，持續性疼痛永遠是有趣的轉診病例。造成持續性疼痛有許多因素，與我們思考疼痛時通常會想到的事無關。一九五〇和六〇年代的早期研究顯示，疼痛的感受有文化因素。五〇年代，美國人類學家芝布羅斯基（Mark Zborowski）做了一項知名實驗，他在紐約挑選不同「種族文化」團體的志願者，[4] 研究的主要重點是志願者——他們不是猶太人或義大利人，就是所謂的「老美」（典型的白人新教徒）。所有志願者當時都有疼痛的問題，大多數人因為椎間盤滑脫或其他脊椎問題而背痛。之所以選擇這幾類人，是因為義大利人和猶太人被認為會誇大疼痛，而「老美」當對照組，與其他文化比較。

研究人員發現，義大利裔美國人和猶太裔對疼痛都有情緒反應，但義大利裔主要關心的是疼痛本身的感受，而猶太人則更關心疼痛的意義，以及疼痛對他們的健康和未來的意義。這一點反映在他們對減輕疼痛的態度上，因此義大利裔更願意接受止痛藥，猶太人則擔心養成依賴，更重要的是，藥物治療是否反而隱匿了沒有治療的潛在疾病的發展過程。所以，當猶太患者的痛苦緩解時，他們的擔憂並沒有消除，對醫師的信任也未必加深。研究人員發現，「老美」喜歡不帶感情談論自己的疼痛，能夠如實地描述疼痛（「一個超然不帶感情的旁觀者角色」），讓醫師在診斷時能在最理想狀態下執行職責。他們認為，對疼痛投入太多情緒只會阻礙診斷。所以，以同樣的疼痛情況來說，疼痛的感受和疼痛的表達的確存在著文化差異。

但疼痛閾值——感受到疼痛的那個點——是什麼呢？一九六〇年代，一項研究對志願者進行電擊，探索疼痛的閾值。[5]這項研究與上述芝布羅斯基的研究有些相似處，志願者分成美國新教徒、愛爾蘭裔和猶太裔，而測試結果發現他們對於疼痛耐受度大致相仿。猶太志願者知道疼痛的原因，所以對「為什麼」疼痛不大關心，這有助於他們忍受疼痛。我們可能都有過這樣的經歷，知道疼痛的原因並不危急，痛苦於是減緩了很多。自發性胸痛比網球擊中胸口所引起的疼痛更讓人擔心，也因此更加痛苦。這說明了疼痛的意義，以及疼痛的意義會影響我們對於疼痛的感知。大約在同一時間，一項類似的研究發現，猶太受試者的疼痛閾值較低，但當他們得知實驗是為了看哪一個宗教團體更能忍痛時，情況就不同了。[6]知道這件事大幅提高了他們的疼痛閾值。這一切都說明，當我們感受到痛苦的刺激時，痛苦的意義、情緒對於痛苦的實際感受的影響，都遠超過我們的想像。

觀察不同文化和語言對疼痛的描述也很有趣，西安大略大學心理系教授羅爾曼（Gary Rollman）在一本有趣的書中提出了概述。[7]在一項研究中，愛爾蘭志願者傾向避免使用疼痛語言，所以不會說哪裡很痛，而用「疼痛就像我眼睛跑進了沙子」一類的形容表達眼睛疼。另一方面，義大利受試者報告的症狀更廣泛，分布在身體更多部位，覺得疼痛嚴重妨礙到健康。據說，日本患者表達疼痛的語言簡明扼要，相對受限，比如描述疼痛，不是說很痛，就是不大痛；不是淺，就是深；不是水平延伸，就是局限部位，[8]英國人則更常使用隱喻來描述疼痛（這自然是我與患者交談的臨床經驗），比如「灼痛」、「麻痛」和「刺痛」。[9]人們描述痛苦的方式又帶出一個問題：你描述痛苦的方式，你描述痛苦的語言，是否影響你感受痛苦的方式？我相信，在一九六〇年代進行的實驗中所呈現的文化差異，許多會隨著文化同化而逐漸縮小，毫無疑問，文化差異並不如實驗設計中那麼明顯。但它確實告訴了我們，衡量疼痛幾乎沒有客觀的標準，我們如何感受疼痛的眾多影響因素之中，很可能包括我們出身的文化，我們使用的語言，以及疼痛之於我們的意義。

此外，還有其他因素。其中一個與我們評估疼痛及其意義有關，通常稱為「貝氏機率」（Bayesian probability）。根據貝氏機率的概念，我們對於機率和風險具有主觀的估計，並會依據新資訊而修改主觀估計。貝氏機率與常態機率不同，常態機率只考慮機率已知的情況，比如我們知道拋硬幣人頭朝上的機率是二分之一。

但如果機率不是完全已知的呢？如果重點是我這個手痛有多大可能是嚴重原因引起的呢？你可能已經有了一些資訊，你可能做過幾樣檢查，結果都正常，這當然令人感到鼓舞。但是，你也可能相信，如果你身體哪裡會痛，那一定是有原因的，即使醫師找不出來。所以，假設你一開始心底有一個數字——疼痛起因嚴重的機率是百分之七十五——既然有這個可能，那麼活動手臂或用手臂做運動會受傷。

你還有其他資訊——手部痛覺感受器的回饋，會動搖你認為起因嚴重的信念。如果手不怎麼疼痛，可能降低你認為原因嚴重的估計機率，於是你決定不要去擔心。如果你活動手部時感覺非常疼痛，你可能會把嚴重原因的機率往上調整，比如上修到百分之九十。

但如果你先前對於「手痛是嚴重原因造成」的預期是錯誤的，那又怎麼樣呢？如果嚴重原因的真正機率接近百分之一，而不是你一開始認為的百分之七十五呢？你會不會根據手的回饋來糾正自己的想法（「沒那麼痛，可能是白擔心了。」），將嚴重原因的機率向下修正呢？還是因為你過於相信手痛原因一定很嚴重（「我不能常常用手，只要一動就痛得要命……」），因而曲解了手的回饋。換句話說，我們會更傾向相信來自感官的證據，還是更傾向相信自己所認為的事實呢？根據我的經驗，答案是後者。大腦「由上而下」預測出的機率越高，你就越容易曲解手部痛覺感受器，所以任何手部動作都會引起疼痛，也就是我們的大腦更偏好它所認定為真的東西，並會扭曲現實以符合這種預期。

手痛的原因有多嚴重？我們終究得做出堅定的最後決定。如果信念的起點很牢固，大腦最後做出的決定會是，有一個嚴重的原因。這時，所有來自該部位的感覺都會被扭曲，感覺更痛，也會越來越少使用手，以致非用不可時痛得更厲害，反而倒過來證實了有什麼嚴重問題的假設。

如果你曾經好奇安慰劑為什麼會起作用，其實就是這個道理，只是情況反過來而已。安慰劑可能發揮強大的功效，但實質並沒有任何有效的成分，有意思的是許多服用安慰劑的人甚至會報告出現了副作用。當然，安慰劑在治療這種疼痛是有用的，服用安慰劑後，病人從上往下發展的信念是他們的疼痛將要開始減緩了，因此來自手部神經（以此例而言）由下往上的感覺被解釋成不那麼疼痛，便開始多使用手，而大腦也越來越意識到這些感覺其實並不痛，於是強化了疼痛正在緩解，情況可能不嚴重，而且正在好轉的觀點。大腦由上而下的決定很快就變成了「疼痛正在消退，藥開始起作用了」，不久之後，先前的手痛就很少再被注意，這隻手又開始正常工作。

在忙碌的門診很難解釋這一點，因為這又會回到人為什麼會有這樣的信念上。在每一天的開始，我們對世界、對自己的身體並非抱著無偏見的看法；每天醒來時，我們對世界都有一套先入為主的期望，這些信念通常不會因為周圍的證據而改變。舉個例子，一個生性偏執的人走在街上，會認為別人多看他們幾眼，或者相信自己在人群中更容易被人推擠，雖然這不是客觀的事實。

這方面我有親身經驗。我去體驗虛擬實境圖書館，走在其中的感覺非常不安，而該場景的目的正是要展示這一點。在虛擬實境圖書館，如果我經過閱覽桌時，坐在桌前的虛擬人物會以一種不帶情感的方式抬起頭。雖然是同樣的虛擬實境圖書館，同樣的虛擬人物抬起頭，有的體驗者會認為這些和善的人物——就是我看到的那些——更具敵意和威脅。[10]他們用完全不同的猜疑眼光解釋虛擬人物的面部表情，進一步證明我們對周遭世界的信念會扭曲當下現實，因此眼見未必為實，兩個人在完全相同的場景中卻可能對發生的事做出天壤之別的解釋。當一個人對身體健康有特定信念，比如：所有感受都必須認真對待；疼痛絕對是重症的徵兆；醫師往往沒有發現嚴重的診斷，這一切都會加強高度警惕的狀態，疼痛也就越來越厲害。

影響疼痛的另一個因素是情緒。憂鬱症患者會比非憂鬱症患者感受到更多的身體症狀，包括疼痛在內。[11]其實在憂鬱症中，身體症狀是常態，不是例外。憂鬱症患者如果缺乏生活的動機、動力或熱情，通常會反覆思索疼痛本身，於是疼痛惡化是不可避免的結果。當沮喪、氣餒或心灰意冷時，疼痛的感覺一定是更令人煩惱也更難以忍受。這種效應有雙向作用，持續的疼痛讓人更加消沉，導致憂鬱症惡化，而憂鬱症又會加深疼痛的感受，憂鬱症和疼痛形成了惡性循環。

焦慮症同樣會陷入這種疼痛的循環。我見過的大多數病人起初都擔心疼痛代表著什麼，幾乎最後都會上網搜尋症狀。在近三十年的職涯中，我從未遇過病人搜查症狀後覺得心安，沒什麼好擔心的。這本身是個有趣的論題，而我樂於接受一個論點：我看到的只是另一種極端的人，因為上網搜尋過後感到安心的人，最後是不會來看醫師的。然而普遍的經驗似乎是上網搜尋了一系列症狀之後，衍生的問題多過解決的問題。首先，最罕見或最不可能引起症狀的原因，幾乎總會引起患者的注意，患者於是更加焦慮症狀的起因。（「醫師從來沒有告訴過我這些，也許我需要聽聽別的意見……」）。這讓人想起美國精神科醫師薛姆（Samuel Shem）以菜鳥醫師為主題的經典小說，他在小說中提到，聽到窗外想起馬蹄聲時，醫師會想到「馬」，但醫學生會想到「斑馬」。[12]對於醫學知識有限的患者來說，Google 上大多是「斑馬型」診斷。然而持續的擔憂和凡事往壞處想，便會強化由上而下的信念，認定身體一定是出了問題，這足以扭曲個人所感受到的症狀。

也有證據指出，童年創傷容易讓某些患者出現不明原因的疼痛。一九五八年的世代追蹤研究是這方面最重要的研究之一。[13]一九五八年世代追蹤研究的對象是某一週內出生的一萬七千多人，研究密切追蹤這些人多年，了解他們的各種問題和狀況。由於長年收集了大量的數據，當身體狀況隨著時間推移發展時，研究人員可以回溯過去，看看相同狀況的患者是否有任何共同因素。當研究人員觀察慢性廣泛疼痛時，發現童年在社會福利機構生活過的人，出現這類疼痛的風險更高，兒時經歷過母喪或經濟困難的人也一樣。因此，至少對某些人來說，童年經歷的困難影響了他們日後發展或感受疼痛的方式。事實上，不只是不明原因的疼痛，童年創傷也是許多健康不良結果的標記。一項美國大型研究顯示，童年創傷與心臟病、肝病、癌症和肺部疾病的發展有一定關係。[14] 該項研究者認為，童年創傷很可能導致不健康的應對機制——這些應對機制提供了即時的救援，卻同時造成長期的傷害，如抽菸、酗酒、濫用藥物或多重性伴侶等，雖有可能暫時減輕壓力和不快樂，但如果當成主要的應對機制，會縮短壽命，造成持續的健康問題。

為什麼止痛藥對馬吉德無效？為什麼他的疼痛抗拒所有的治療嘗試？原因有很多。他明顯非常焦慮，事實上他表現出許多典型焦慮症的特徵：陷入焦慮的胡思亂想，容易往壞處想，經常有不祥預感，但非常抗拒心理治療。他認為疼痛是綁匪虐待造成的永久身體傷害，而醫師沒有足夠的遠見（他也暗示醫師沒有興趣）發現這類的創傷。醫師將他轉介給精神科醫師，他又困惑又生氣，但他認為應該去看診，「證明我沒有瘋，醫生」，這麼一來，回到叫他不用再去看診的診所，他又站得住腳，有立場接受更有效的治療。

隨著晤談的進行，氣氛開始緩和下來。他聊到遭到綁架的巨大恥辱、恐懼和無人照顧的感覺，他竭力忍住眼淚，但淚水終究還是流下。他連忙拿出手帕擦了擦眼睛。接著，他拋開包袱，說個不停。他說起沒工作養不了家的羞恥，他說起自己的噩夢，夢見自己被綁架，遭捆綁，所以開始害怕睡覺；他說他上街時提心吊膽，雖然知道沒有人在找他；他說起遠離祖國和朋友的孤獨，始終未曾真正克服文化差異，英國人天性矜持，他很難交到朋友。他接著談到來我這種精神科的羞恥感，他這輩子從沒想過看精神科醫師。他講了很久，超過預約時間，最後他問我一個問題，讓我非常驚訝，他問我對他的疼痛有什麼看法，我是否認為那是心理所造成的痛。

在接下來的幾個月，我們見了幾次面。馬吉德總是提早赴約，帶著一種理智的調查口吻就診，對於用心理學解釋他的痛仍持懷疑態度。他最喜歡討論貝式機率，認為這是理智又抽象的疼痛概念，沒有威脅性，他願意承認這個概念或許有一定的價值。我們嘗試分散注意力的技巧，幫助他將注意力從疼痛上轉移開，看看能否消除他對於疼痛的焦慮，暫時停止他由上而下的信念——他的疼痛很嚴重，正在惡化。我們還聊了機率，也討論了醫師沒能找到引起他疼痛的嚴重原因，是否代表沒有嚴重的原因，還是如他所認為的，醫師可能漏掉了什麼。我們理性檢查正反兩方的證據，他現在看到的證據強力支持無嚴重原因。我們討論他要如何融入社會，在這裡建立生活，以及如何重新樹立目標感。在整個過程中，我們避免直接談論情緒，比如他的焦慮症，因為這會使他很不舒服。另外，任何關於抗焦慮藥物的討論，都會引起神經傳導物質、疼痛路徑、藥物到底在哪裡起作用等問題，這樣的討論太過冗長，需要闡述許多知識，而我的回答從來沒有真正說服過他。

久而久之，他開始降低止痛藥的劑量，他說，反正這些藥都會使他感到疲憊。最後，他完全停止服用，「實驗看看」，這對他喜歡科學的個性很有吸引力。看診的次數越來越少，因為最後馬吉德宣布他的情況改善，越來越好。他仍然擔心疼痛會復發，擔心所有的「萬一」，但由於他的妻子懷孕了（他一直保密），他覺得他需要繼續前進，如果有需要，日後總是可以隨時與我聯繫。

我再也沒有直接聽到他的消息，不過他打電話給我的祕書，說他生了一個女兒。我覺得，雖然是文化差異和不愉快的經歷讓他來找我，但他的情況相當典型。當他克服了被轉診到精神科的尷尬後，逐漸能夠理解另一種解釋他的疼痛的概念，隨著時間的推移，他的疼痛開始變得有道理，我的建議也就顯得合理了。可以這麼說吧，他從來沒有準備好接受自己有焦慮症的事實，但精神科和其他醫學領域一樣，就是要找到方法，而我非常高興，馬吉德最終還是接受了。

---

1 Clarke, E., & Stannard, J. (1963). Aristotle on the anatomy of the brain. *Journal of the History of Medicine and Allied Sciences*, *18*(2), 130–48.

2 Moayedi, M., & Davis, K. D. (2013). Theories of pain: From specificity to gate control. *Journal of Neurophysiology*, *109*(1), 5–12.

3 Tracey, I., & Bushnell, M. C. (2009). How neuroimaging studies have challenged us to rethink: Is chronic pain a disease? *The Journal of Pain*, *10*(11), 1113–20.

4 Zborowski, M. (1952). Cultural components in responses to pain 1. *Journal of Social Issues*, *8*(4), 16–30.

5 Wolff, B. B., & Langley, S. (1968). Cultural factors and the response to pain: A review. *American Anthropologist*, *70*(3), 494–501.

6 Lambert, W. E., Libman, E., & Poser, E. G. (1960). The effect of increased salience of a membership group on pain tolerance. *Journal of Personality*, *28*, 350–7.

7 Rollman, G. B. (2004). Ethnocultural variations in pain. In T. Hadjistavropoulos & K.D. Craig (Eds.), *Pain: Psychological Perspectives* (pp. 155–78). Psychology Press.

8 Rollman, G. B. (1998). Culture and pain. In S. S. Kazarian & D. R. Evans (Eds.), *Cultural Clinical Psychology: Theory, Research, and Practice*. Oxford University Press.

9 Semino, E. (2010). Descriptions of pain, metaphor, and embodied simulation. *Metaphor and Symbol*, *25*(4), 205–26.

10 Freeman, D., Slater, M., Bebbington, P. E., Garety, P. A., Kuipers, E., Fowler, D., Met, A., Read, C. M., Jordan, J., & Vinayagamoorthy, V. (2003). Can virtual reality be used to investigate persecutory ideation? *The Journal of Nervous and Mental Disease*, *191*(8), 509–14.

11 Simon, G. E., VonKorff, M., Piccinelli, M., Fullerton, C., & Ormel, J. (1999). An international study of the relation between somatic symptoms and depression. *New England Journal of Medicine*, *341*(18), 1329–35.

12 Shem, S. (1978). *The House of God*. Black Swan.

13 Jones, G. T., Power, C., & Macfarlane, G. J. (2009). Adverse events in childhood and chronic widespread pain in adult life: Results from the 1958 British Birth Cohort Study. *Pain*, *143*(1–2), 92-6.

14 Felitti, V. J., Anda, R. F., Nordenberg, D., Williamson, D. F., Spitz, A. M., Edwards, V., & Marks, J. S. (1998). Relationship of childhood abuse and household dysfunction to many of the leading causes of death in adults: The Adverse Childhood Experiences (ACE) Study. *American Journal of Preventive Medicine*, *14*(4), 245–58.

14 求死

通常，我的辦公室很整潔，文件堆得整整齊齊，在便宜但寬大的美耐板辦公桌上，筆沿著仿木紋理排列，透露出一點強迫症的意味。桌上擺放著NHS提供的桌上型大電腦。我發現，凌亂的工作環境會讓我感到有點焦躁和不知所措（相較之下，在家的首要任務是放鬆和舒適，我幾乎不會注意到東西亂了）。因此，辦公室成了我的寧靜綠洲。小桌放著咖啡機，缽中收著許多五彩繽紛的咖啡膠囊，幾個我莫名喜歡的厚實馬克杯，還有一個沒料到用了一回就有了水垢的透明水壺。

我輕快地呼吸，看完診，給社區醫生的信也上傳到雲端，當天晚些時候會列印出來回到我手上。我想，在生活中，這是科技讓日子變得輕鬆的少數例子之一。今天，在整潔的辦公桌上，有一份我給自己的禮物，那是我週一固定的獎勵。因為這一天我上下午都有門診，午休時間還要督導一個小醫師。在這一天僅有的二十分鐘空檔，我就像動物園裡的海豹，如果有好吃的，我的表現會更好。而和海豹一樣，我今天的犒賞是生魚片，壽司是我中年後才發現的美食。我打開盒子，琢磨著怎麼處理「山形葉」（是可以吃的？還是裝飾而已？），正攪拌著醬油和芥末醬，有人敲門了。於是，一整個下午，我的生魚片就這麼留在辦公桌上，等到晚些時候回來時，我聞到辦公室瀰漫著一股魚腥味。

是我帶的團隊的主治醫師，他想討論一個緊急轉診的個案。病患來自負責處理各種癌症的腫瘤科團隊，是位五十出頭的女性，叫艾波，患有不治療會致命的肺癌。這個階段還不算太遲，只是少不了一些令人不快的化療和放射治療。她目前住在腫瘤科病房，她告訴腫瘤科醫師，她已經做了決定——她不想再接受進一步的治療了。

我去病房看艾波。一想到她拒絕接受治療的後果，我一如往常惶惶不安，感到責任重大，因為我知道做得好可能為她帶來活下去的契機，而一次處理不當的晤談，卻可能導致致命的後果。到了病房，我邀請艾波到日光室坐一坐。日光室專為病人準備，讓他們除了病床以外還有個地方待著，通常擺了幾張扶手椅或沙發，窗檯堆放著幾本書。不過日光室很少有人，今天同樣也是空著。我指了指沙發，她坐在沙發的一頭，我面對著她，坐在一張過大的扶手椅上。

開始談話時，我先迴避一些爭議太大的話題，問了一些她的背景。艾波來自英格蘭南部海濱，過著一般稱為「另類」的生活。她對我所代表的東西——也就是呆板、傳統、壓抑、缺乏想像力和社交保守的醫學界——多少有些蔑視，她花了一點時間才克服了蔑視，加入我們的討論。平心而論，我也花了一些時間才讓思緒不受手鐲、涼鞋和紮染寬褲的影響，這些讓我聯想到反核的格林漢姆婦女和平營（Greenham

Common），也想起反資本主義的抗議活動，她的鼻環則讓我聯想到安格斯牛。我認為大多數醫師對另類生活方式沒有意見，醫師難以做到的是尊重非主流的健康信念，尤其是當它們會導致壽命縮短時。

於是，在各自帶著一套偏見的情況下，我開始詢問艾波的病史。一聊起來，我就對她產生了好感。她敏銳機智，又有自知之明，還有一種自嘲的幽默感。我認為她對我也有好感，我們過著截然不同的生活，卻因為共同的人性——原來，還有相仿的幽默感——而產生連結，我們得以相互理解、喜歡和尊重。我們聊到她不尋常的童年，她小時候經常搬家，有一段時間和母親住在婦女庇護所，逃避家暴的父親。離開學校後，她在倫敦一艘船屋住了一陣子，接下來不是擅自入住閒置空屋，就是住在嬉皮社區，週末到市集賣自己設計的珠寶賺錢維生。我們年齡相仿，我回想起在曼徹斯特郊區度過的童年，我念預備學校，接著上一家獨立運作的文法學校，最後進了大學。我想到我成長過程中所得到的安全與保障，當時認為傳統又無聊的事現在似乎成了福氣。我心想，要是一直過著艾波那種生活，我現在會是什麼樣子呢，可能沒有她那麼好吧。她沒想過要結婚，也沒想過要安定下來，還說她根本不相信男人，接著趕緊笑著補充說，我是醫師，其實不算男人。說完，她意識到這句話聽起來很奇怪，又笑了起來。我們談了一會兒，她說出她想見我的真正原因。我原本以為是關於另類療法與傳統療法的差異，原來不是，但也不是什麼抨擊「西醫」的問題。她告訴我，腫瘤科醫師跟她詳細討論過各種治療的選擇，她認為她不喜歡這種感覺，想在幫助下結束自己的生命。

這種情況越來越普遍。在我行醫的這些年裡，醫療決策的看法出現地震般的轉變。我剛踏上醫學之路時，倫理學似乎很簡單，標準的醫學倫理學講座會介紹四大準則：行善（為病人好）；不傷害（不給病人造成任何傷害）；尊重自主（病人有自己的決定權）；正義（公平分配整個社會資源）。在某種程度上，這除了反映一種醫療父權主義，也是造就這種父權主義的原因，在這種主義下，醫師將自己的意志強加於患者，決定哪一種治療最好。如今我們已經遠離這種模式，醫療父權主義也成了非常令人詬病的概念，被視為屬於過去的時代。然而，我的看法是，病人，至少一部分病人，重視也喜歡醫療父權主義的做法。人，特別是在受到驚嚇或身體不適時，並不希望醫師給他們一大堆選擇，再由他們來選擇最好的。在這種情況下，人往往希望被告知該如何做，在有得選擇的時候，他們幾乎都會問，如果治療的是自己的親屬，醫師會怎麼做。

當我還是新進醫師時，曾在外科醫師手下工作。他是一般人眼中的典型外科醫師，嗓門大，固執，沒耐心，脾氣很暴躁。我記得有一回早上巡房，住院醫師、護理師、物理治療師、職能治療師和醫學生簇擁著這位顧問醫師，到病房巡視當天要手術的病人，以及前一日動了刀正在恢復的患者。他很不客氣停在一個中年婦女的床邊，說明當天會為她做腸道手術。

「醫師，你要做什麼手術？」病人在床上顫抖著問。外科醫師漲紅了臉，這個病人居然想知道關於她自己的手術，這個冒失之舉觸怒了他。

「女士。」他大聲斥喝，床邊薄薄的圍簾因為他的話飄揚起來。「我是醫師，你是病人，我想最好由**我**來決定你需要做什麼手術。」不等回答，他就斷然走出簾子區，明顯被激怒了。他往鄰床走去，我們也趕忙追上去。

病房巡視結束後，主治醫師、資深住院醫師和我回到病人床邊，準備為顧問醫師的行為道歉，我們已經習慣了這麼做。當我們走近時，她坐起身來，主治醫師在床角坐下，他還沒開口道歉，病人帶著依戀的眼神，望著顧問醫師離開病房的背影，她說：「哦，真是個了不起的人。」這下子沒有道歉的必要了，主治醫師只向她補充說明手術安排的時間。幾分鐘後，我們一起默默離開了病房。

醫療父權主義是當時的模式和習慣。當我們急於將它貶為古風遺俗，譴責為萬事通醫師的症狀，我們卻也失去了醫療服務的一個重要關鍵：病人有時喜歡讓醫師負責，而非自己承受決定的負擔。那樣的時代過去了，在新的時代，病人的自主權凌駕其他價值之上。當然，這在我們的廣大社會中是顯而易見，一般來說是好事一樁。然而，它卻導致一些自相矛盾的倫理狀況，比方說，病人服藥過量，而他們被判斷為具有心智能力，或已預立有效的醫療決定，既然病人有自主決定的權利，那麼醫師試圖搶救他們可能被視為對他們的傷害（違反了不傷害的倫理原則），放手讓他們離開，反而可能被視為是對他們的好（行善的原則）。

這就把我們帶到當前醫學界最大的倫理挑戰之一，也就是關於「協助死亡」的爭議。協助死亡，係指病人在醫師協助下結束生命，與撤除維生醫療或安樂死不同。在安樂死中，醫師親手施打致命的藥物；在協助死亡中，醫師對病人進行評估，判定他們處於痛苦之中，有能力做出結束生命的決定，將死亡的手段交給病人。如今，在美國幾個州、澳洲和哥倫比亞的部分地區，以及包括荷蘭、比利時和瑞士在內的歐洲國家，協助死亡是合法的。全世界的潮流都堅定朝著這個方向發展，英國亦有人嘗試引進相關法案，協助死亡合法只是時間上的問題。

我可以坦白說，我反對協助死亡，並絕對反對醫師參與。有人冷靜理性選擇結束生命，但也有難以計算的人可能迫於壓力或脅迫而這麼做。記得有一次聽人說，夜間鎖門不是為了阻止有人闖入，而是為了防止路人隨意開門。同樣的道理，英國反對協助死亡的法律，不是要保護深思熟慮後才決定結束生命的人，而是要保護弱勢群體，以防止有人為了避免「成為家人的困擾」，可能在脅迫之下同意結束一己生命。臨近生命終點時，感到不安恐懼的人可能感受到一種壓力，這股壓力來自口頭或暗示：讓家人獲得遺產；但如果家人必須支付醫療或養老院費用，這筆遺產就沒了。他們還可能感到一種壓力，想讓家人放下照顧他們的重負——脆弱害怕的病人唯有決定以協助死亡的方式結束生命，才可能感受到家人的愛、接納和重視。

記得還是菜鳥醫師時，聖誕節期間我在急診室工作，一位老太太由兒子和兒媳帶來醫院。她的兒子對我說：「她就是不對勁。」然後要我評估。老太太穿著病房服，坐在急診室的床上，我向她詢問病史。

「我聽說你不舒服。」我開口說。

「我一點毛病也沒有。」她一回答眼淚就流了出來。

「哦，你兒子認為你不舒服，否則為什麼帶你來看急診？」

「他們就是不希望聖誕節時我在。」

我一時間怔住了。醫療晤談有自己一套評估問題的公式，但此刻情節沒有按照劇本走。我藉故走開，去找她的兒子媳婦，想知道更多細節，結果發現他們已經離開急診室。我按病歷上的號碼打了電話，但電話關機，無法聯繫上他們。我回到急診室，問急診室護理長該怎麼辦？

「哦，假期棄親潮，每年聖誕節都發生。」她口氣一派輕鬆，從櫥櫃拿出一瓶生理食鹽水。

「對噢，今天是十二月二十四日，我該怎麼辦啊？」

「試試社會服務部。」

我撥了號碼，自動語音回覆說他們已經下班了。我四處打電話，急診室的病患越來越多，最後我明白沒用了。在找出解決辦法以前，老太太先住進老年病房。她最後在病房度過了聖誕節。

竟有這種事，我覺得很苦惱，但護理師對這種行徑已經習以為常，而且這種行為還有一個名稱，太令人震驚了。醫學讓人迅速成長，我很快改變了「人總是以敬老為榮」或「大家都尊重老人」的觀念。每次討論到協助死亡時，我的腦海就會想到這個經驗。

這些問題擺在立法者面前時，我們常常聽到的說詞是，不必擔心，會有安全措施，想結束自己生命的人會接受經驗豐富的醫師評估，確保弱勢者得到保護。我只能說，身為被要求進行這種評估的經驗豐富專家，這種說法根本不能使人放心。要真正了解一個人的動機談何容易，要求協助死亡者的動機也不例外，在當事人感到恐懼、脆弱時，或者為了取悅他人，想完成他們認為他人希望他們做的事，動機會變得格外難以理解。如果一些醫師基於道德立場，如同出於良心而拒絕入伍的人，決定不想參與協助死亡，那麼做出準確評估就成了更加複雜的問題。這麼一來，又給了那些明確支持協助死亡的醫師機會，他們可能覺得能夠理解病人的心願（「如果你是他，你難道不會有那種感覺嗎？」），更傾向於點頭同意這樣的請求。

事實上，越來越多的證據表明情況已是如此。不管爭議有多大，協助死亡最初是為了飽受折磨的絕症患者（一般認為壽命少於六個月），在比利時、盧森堡和荷蘭，協助死亡擴大到包括非絕症的精神疾病患者，[1]據估計，現在比利時[2]和荷蘭[3]的協助死亡個案中，有百分之三是精神疾病患者。精神疾病通常不是絕症，自殺衝動往往是疾病本身的一部分，這些人可以使用一種國家認可的方式結束生命，這應該是每個人都該關心的問題。

一項研究顯示，百分之五十求死的荷蘭精神疾病患者有人格障礙[4]（一種非常易變的診斷結果，症狀之一是對社會壓力極其敏感），與比利時的數字類似。[5]百分之二十的人從未因精神健康問題住院（使人懷疑其嚴重程度），百分之五十六的個案中，孤獨和社交隔離被認為是重要因素。這又引發出一個問題：協助自殺是否被用來代替適當的社會和心理健康保健。研究中最令人不安的統計數字，或許是在荷蘭百分之十二的個案中，三名評估員並沒有達成一致的意見，最後還是進行了協助死亡。[6]

毫無疑問，公眾大半贊成協助死亡，估計約占人口的百分之八十。[7]不過有趣的是，民眾掌握的訊息越多，就越不可能認為協助死亡是好主意。和大眾相比，支持協助死亡的醫師較少（從百分四十到百分之五十五不等），在從事安寧緩和醫學或老年照護的醫師中，支持協助死亡的人更少。[8]安寧緩和照護醫師明白，在優質的安寧照顧下，絕大多數人求死的欲望會逐漸減弱。我的經驗是，人求死時通常是在傳達另一種訊息。他們是在請求幫助他們活下去；他們要說的是他們不知道如何應付所面臨的問題，請幫助他們找到方法，克服眼前看似不能解決的困難。如果將他們的要求信以為真，把他們送到最近的協助死亡診所，無異於放棄我們之於病人的責任，協助死亡旋即成為一種更便宜的治療病人方式，而一旦病情變得不樂觀時，也會更容易放棄病人。事實上，某些病人入院時確實抱持著「被安樂死」的恐懼，如果協助死亡合法，肯定會加深這種擔憂。

當我們要求一個人想像某種未來時，比如他們未來癱瘓了，或是患有嚴重殘疾，他們通常會說他們會想死。如果不能再騎自行車、跑步、打網球、開車，有的人會說自己寧死也不要過那樣的生活。但我逐漸明白一件事，當人處於那種境地時，好比發生意外事故，或是患了什麼病，他們對生（和死）的看法就不再相同了。如果問他們是否想死，想死的機率低於他們的預測。我們往往會給自己的生命找到不同的意義，適應當下所碰到的不同情勢。

對許多人來說，死亡的渴望和協助死亡的要求是因為擔心失去掌控，擔心在痛苦中死去，以及不想成為他人負擔。他們可能以為放棄生命比放棄對其他事物的控制更好，這通常源於長久以來對於「靠自己最實在」的深刻體會，他們總是相信他人會讓自己失望，這種觀點通常來自於他們早年的生活經歷。相較之下，也有人會覺得非常無助，十分依賴他人，對於他們來說，渴望死亡只是因為無法應對。這一切指出，我們需要更深入了解病人，給他們同情、關懷和時間，這對他們的幫助遠大於協助死亡。從事安寧緩和照護的醫師，要到病人最後的日子，才會提供他們選擇和控制權，因為他們更了解病人的需求，這也是何以他們之中仍有這麼多人反對協助死亡。

但艾波就坐在我面前，請求我協助她死去。她說，她不是現在就要死，而是不久之後，尤其是當她無法再忍受病痛時。她希望我支持她結束生命，即使她必須到瑞士的診所才能辦到。這產生一個問題，根據英國的準則，我們不許做任何可能被視為鼓勵、協助或通融想要協助病人自殺的事。我們又聊了幾句，但很難看出我還能做什麼。

從情感的角度來說，我也很難讓自己脫離這個情境。我理解她，也喜歡她這個人，但她的立場雖然條理清晰，卻不是我能支持的。我們討論過她是否考慮接受腫瘤專家所建議的治療，但她堅決反對。她明白我無法幫助她進行協助自殺後，我們就陷入了僵局。我診斷不出她有什麼精神疾病還是心智或大腦的障礙，總而言之，沒有任何事情能影響她在生活中自己做選擇的能力。

我在狹小的日光室逗留了一會兒。她看上去若有所思，說我讓她吃了一驚，還說她的決定在那一刻顯得不大恰當。我想，她感覺她的決定從某種角度而言對我很重要，在這方面她是絕對正確的。艾波這個個案讓我很難把我的職業角色和個人觀點分開，我想多花點時間說服她接受治療，給自己一個活下去的機會，只是她心意已決。我轉身離去，留她獨坐在日光室的花沙發上，旁邊桌子上放著一個塑膠花瓶，裡頭插著假花，走的時候我的心情很沉重。幾個月後，我聽說她在病房裡走了，前一週才入院的。我不知道她是否洽詢過協助死亡診所，但我知道她終究沒有去。我真心期盼，無論結局是如何到來，她的心都是平靜的。

---

1 Appelbaum, P. S. (2018). Physician-assisted death in psychiatry. *World Psychiatry*, *17*(2), 145–6.

2 Verhofstadt, M., Thienpont, L., & Peters, G. J. Y. (2017). When unbearable suffering incites psychiatric patients to request euthanasia: Qualitative study. *The British Journal of Psychiatry*, *211*(4), 238–45.

3 Van der Heide, A., Van Delden, J. J., & Onwuteaka-Philipsen, B. D. (2017). End-of-life decisions in the Netherlands over 25 years. *New England Journal of Medicine*, *377*(5), 492–4.

4 Kim, S. Y., De Vries, R. G., & Peteet, J. R. (2016). Euthanasia and assisted suicide of patients with psychiatric disorders in the Netherlands 2011 to 2014. *JAMA Psychiatry*, *73*(4), 362–8.

5 Thienpont, L., Verhofstadt, M., Van Loon, T., Distelmans, W., Audenaert, K., & De Deyn, P. P. (2015). Euthanasia requests, procedures and outcomes for 100 Belgian patients suffering from psychiatric disorders: A retrospective, descriptive study. *BMJ Open*, *5*(7).

6 Doernberg, S. N., Peteet, J. R., & Kim, S. Y. (2016). Capacity evaluations of psychiatric patients requesting assisted death in the Netherlands. *Psychosomatics*, *57*(6), 556–65.

7 Swales, K., & Taylor, E. A. (2017). British social attitudes 34: Moral issues. The National Centre for Social Research. Retrieved from https://www.bsa.natcen.ac.uk/media/39147/bsa34_moral_issues_final.pdf (accessed 26 Nov.2020).

8 Seale, C. (2009). Legalisation of euthanasia or physician-assisted suicide:Survey of doctors' attitudes. *Palliative Medicine*, *23*(3), 205–12.

15

想不開的代價

午診時，凱倫走進我的診間。當時，我快要處理完幾天來不斷積累的成堆電子郵件，這些未完成工作發出微弱的威脅。大多數郵件都是通知，直接刪除了；有些需要三、兩句的答覆，我回覆了；有一、兩封郵件值得多思考一下，所以先放到一旁。一封是精神科另一位醫師路易斯寄來的。原因老早忘了，但我們互通電子郵件時，喜歡使用蘇聯時代中央政治局成員的用語，可能是我們下意識感覺NHS的運作像治理不善的極權主義國家吧。有一次，我求他贊助我代表某醫療慈善機構參加半馬，他的來信開頭說：「桑豪斯同志，我向地方委員會青年會員建議，每個人自願捐獻三盧布二十五戈比。年輕人有理想，一週不吃馬鈴薯也能活。他們非常民主，熱烈地支持這項動議。我們『陽光運動』的姑娘們也已開始為你規畫凱旋之宴（在盧比揚卡人民食堂，以免你未完成比賽）。」郵件附帶他的贊助收據。我笑了笑，開始寫回信，這時櫃臺人員打電話告訴我，當日午診的第一個病人到了。

我在辦公桌上翻了翻，找出病歷摘要和轉診單，是糖尿病和內分泌科的顧問醫師寫的。凱倫四十九歲，長年來糖尿病控制不佳，已經出現併發症，包括腎功能受損，眼睛也有問題，所以最近她被轉介去接受雷射治療。顧問醫師和團隊嘗試過各種不同的胰島素製劑、給藥途徑和給藥時間，但是都沒有效果。凱倫的糖尿病控制情況持續惡化，只要一天控制不佳，都會導致病情一點一滴持續惡化。轉診單透露出一絲惱怒（「我們試過千方百計……不管我們怎麼警告，凱倫就是不接受……」）。轉診到精神科必是糖尿病團隊的最後一著，是病情惡化之下想挽救合理結果的最後嘗試（「不知道精神科的評估能否提供可行的方法」）。糖尿病團隊的憤慨，反映出醫師眼睜睜看病人健康惡化的無助感，但只要病人願意，結果其實是可以改變的，因此這種無助感更加強烈。我們都遇過類似情況，我們都見過聰穎的孩子對老師父母的懇求無動於衷，但師長相信，只要他們願意，他們一定可以做得很好。足球學校有很多具有天賦的球員，他們從未發現自己的才能，由於缺乏動力，只能混進低級的聯賽。而在醫學界，最痛心的莫過於看著完全可以避免的悲劇發生。

凱倫並不像我想像的一副什麼都不肯說的強硬模樣。過去同樣有人迫於壓力來找我，篤定這是浪費時間，對每個問題都打出死牌。凱倫不同，她一副輕鬆姿態，外表比實際年齡年輕，直髮齊肩，穿著戶外服裝，海軍藍色機能長褲和深藍色刷毛衣。畢業後，她進鐵路局工作到現在，她有兩個兒子、一個女兒，以及沒什麼好感的丈夫。她沒有公開表現出對他的敵意，只是透露出輕蔑的冷漠。丈夫是愛她的，不過她把那當成他貧窮軟弱的進一步證據。

凱倫已經記不得罹患第一型糖尿病以前的日子。她童年時就確診了，這個病加深了她的成長記憶。她永遠必須注意自己的飲食，餐前還得自己注射胰島素，她為此感到難為情。進入青少年時期後，糖尿病給她帶來的生活限制讓她越來越不滿。她必須定期檢測血糖值，逐漸意識到未來的生活充滿他人所沒有的負擔和限制。

快二十歲時，她嫁給青梅竹馬的戀人，但愛火並沒有燃燒很久，她開始瞧不起他胸無大志，很快就厭倦了和他一起生活。她感覺像是有一張網漸漸收緊，糖尿病和平淡無奇的生活困住了她。工作是她唯一喜歡的事，她從戶外工作的自由中得到一些樂趣。「我不會想要你的工作，成天困在辦公室裡。」她對我說。

她努力投入工作，享受同事之間的情誼。她一天大部分時間都在外頭，所以在路上吃午餐，又因為難為情，不敢注射胰島素。她不想讓同事知道她有糖尿病，況且也找不到安靜的地方注射。

「妳認為他們會介意嗎？如果知道妳有糖尿病。」我問。

她輕蔑地看著我，歎了口氣。我不明白。

「我只想做個普通人，不用天天都去想那件事。」

像青春期晚期的少年，她開始忽視自己的糖尿病，然後索性不再監測血糖，因為那樣她就沒有問題了。下班後，她喝酒喝到很晚才回家，首次嘗到無憂無慮的滋味。漸漸地，糖尿病併發症悄悄找上門，她也開始了預約看診卻不去，因為覺得醫院的建議太嘮叨，反正她覺得自己很好。日子久了，控制不佳的糖尿病開始影響腎功能。知道出現併發症，非但沒有激勵她，反而讓情況更加惡化。她很難說清楚，但似乎可以歸結到一個理由上：既然不能完全康復，乾脆就不要好起來算了。她任由自己的健康持續惡化，如今一切都來不及了。

這個理由邏輯不通，不過我有些能夠理解，因為幾週前我不過是遇到一樁小事，但居然因此氣惱極了。一個朋友偶然提到，他用信用卡累積的里程數，換了一張飛羅馬的免費機票，在接下來的對話，我們開始討論如何累積里程、使用里程。沒多久，我冒出一個想法，要是我早辦一張可以累積里程的信用卡就好了，那麼現在不就有足以換取免費機票的里程數了。這個念頭讓我很糾結，現在才去辦里程回饋信用卡，反而會提醒我幾年前早就該辦了，所以現在不去辦卡，心裡反而比較舒坦，也不會再想到這件事。我編了一些理由，解釋為什麼這麼做不值得，但任何邏輯分析都會證明，我的立場違背了我的利益，畢竟還不算太晚，我也沒那麼老，何不現在開始累積呢？然而，我早就發現，我們所做的許多決定，甚至是重大決定，都是情感驅使的，與理智關係不大。

我問凱倫為什麼來找我。她對晤談仍舊不感興趣。她想了一會兒，我看得出她正在衡量是否要告訴我。

「因為眼睛，我怕失明。」她說。

她不大在乎死，但失明了，不能做自己喜歡的工作，這種日子對她而言是比死亡更可怕的命運。她只是不知道該如何扭轉局面，她的處境讓她覺得挫折，她也氣自己任由事情發展到這種地步，每天都好痛苦。她發現早上起床越來越困難，許多家務該做也不想做。她的丈夫盡了最大的努力，但她幾乎沒有時間陪他。一想到孩子日子過得這麼勉強，她就更加愧疚。醫師要她打胰島素，說就算不是為了她自己，也要為了孩子而打，她聽了覺得好難受，雖然明知醫師說的有道理，她討厭自己的孩子這樣被利用。她落入自己設下的陷阱，覺得脫身太難，不如就繼續陷在其中。她表現出既無助又強硬的態度，而這種強硬讓別人更難幫助她。

事情原本是非常簡單的。糖尿病是一種不能根治但能控制的疾病。我們有專業的醫學知識來管理治療，英國病患也有免費的可用藥物。糖尿病控制不良的後果相當嚴重，會威脅到視力、腎臟、神經、足部和心血管系統。醫院投入大量精神照顧凱倫，她卻不願意控制糖尿病，使得治療失敗，引發原先可以避免的併發症，代價慘重。

從精神醫學的角度來看，凱倫處於診斷的灰色地帶，所有的精神科醫師——其實是所有的醫師——都必須適應這個灰色地帶。她有憂鬱症的症狀，但憂鬱症不能說明她所有的問題，不能解釋她所感受到的叛逆、憤怒、不滿和不公平。但更重要的是，即使確鑿無疑是憂鬱症，我確信凱倫會認為我開立抗憂鬱藥是不假思索的反射性反應，所以我看不出提議服用抗憂鬱藥有什麼好處。

其實，凱倫已受夠別人告訴她該怎麼做。我決定讓她自己提議下一步該怎麼做，讓她重新掌控自己的生活。如我所說的，她的行為有點像青少年，我想把她當成年人對待，而非像醫療系統讓她變成小嬰兒，這麼做應該是好的開始。我問她，如果她繼續這樣下去，她認為會發生什麼。她不用想太久。

「大概是瞎了眼，工作也沒了。」

一陣沉默。我把問題反過來問：「好，如果妳勉強接受糖尿病團隊所建議的治療，妳想幾年後妳會怎麼樣呢？」

「可能和現在一樣，繼續工作，和朋友來往，沒什麼改變。」

該如何選擇，答案很明顯了，但我不會提出暗示。又是一陣沉默。

「可是妳不確定要怎麼做。」這是一句陳述，不是一個問題。由於我沒有給她任何可以反抗的建言，淚眼取代了強硬的姿態。

「我覺得我沒辦法，我真的不知道。」她看起來很激動，反映出她尚未化解內心的不安。她要讓自己的憤慨和牢騷毀了自己？還是要選擇以一種她認為是投降的方式活下去？這個選擇對我來說也許很清楚，但對她來說卻不是。

凱倫這樣的患者無疑很痛苦，他們優柔寡斷，身體健康慢慢惡化。然而除了個人代價以外，心理障礙也會付出經濟代價。併發症會越來越多，以凱倫的例子來說，腎衰竭、洗腎和失明都是迫在眉睫的威脅，也是一筆不小的醫療開支。除此之外，還有失去工作、收入減少和傷殘津貼資格遭到取消的經濟代價。不管如何以心理學概念描述解釋凱倫的症狀——也許是憂鬱症，也可能是她的個性和對疾病的思考方式——就層面更廣的健康經濟來說，結果都是一樣的。

在一份含括全英的報告中，「國王基金會」估計，慢性疾病患者出現心理健康問題的可能性比其他人口相比高出二至三倍。[1] 即使不計生活品質下降，推測每年也給英國經濟帶來八十億至一百三十億英鎊的額外支出。在美國，一項針對六十多萬份保險索賠進行的研究顯示，有醫療問題的憂鬱症患者，取決於所觀察的疾病，平均額外支出一千五百多美元到一萬五千多美元不等。[2] 整個西方國家都是類似的情況。德國一項針對三十多萬名患者的研究發現，精神疾病讓住院醫療費用增加百分之四十，對任何醫療保健系統而言，這都是一筆龐大的費用。[3]

還有許多研究探討憂鬱症對長期健康結果的影響。可想而知，結果非常可怕。在我們所關注的任何疾病中，憂鬱症都會產生重大負面影響。例如，憂鬱症會使中風後的結果惡化。[4] 它會導致殘疾增加，也會造成認知障礙和死亡機率提高。儘管醫學文獻在這方面做了詳細的描述，但中風後憂鬱症的治療並不像身體治療（如溶栓藥物和物理治療）排在優先順序。

我們知道憂鬱症和心臟病也是如此。[5] 憂鬱症本身就是心臟病的重要風險因子。若心臟病發作後出現憂鬱症，更有可能拖長病情，導致死亡。這很可能是因為憂鬱症所引起的種種化學變化造成，但更重要的是憂鬱症會打擊士氣。憂鬱症患者不太注意自己的健康，例如可能繼續吸菸，或是維持大致不健康的生活方式和飲食習慣，久坐不動，或者缺乏回診的動力。同樣的，這些大家都知道，但如果心臟病發作後出現憂鬱症，治療憂鬱症卻不如以藥物治療心臟病那般受重視。這是一個沒道理的奇怪悖論：我們發現可以治療的疾病——憂鬱症——也知道治療它對整體疾病和生存率有好處，那麼憂鬱症為何得到的關注較少呢？我認為主要原因有二。第一，一般認為憂鬱症「可以理解」，包括醫師在內的許多人都認為這是正常反應（「如果你是他，難道不會有那種感受嗎？」）。第二，醫學細分為越來越多的專科，心臟病專家通常對治療心臟很有把握，但在治療（甚至只是判定）心理障礙時，卻遠遠沒有那麼自信。

你隨便到一家醫院不同部門走一圈，就像我每天做的那樣，在每個部門都會發現類似的故事。氣管疾病患者得了憂鬱症，生存率較低，出現的病症也更多。[6]他們不太可能戒菸（抽菸本身通常是他們一開始看胸腔科的主因）。同樣，出現憂鬱症的糖尿病患者在用藥方面不太謹慎（糖尿病藥物和胰島素注射的管理相當複雜）。[7]他們堅持糖尿病飲食的可能性較低，更易出現眼疾、神經損傷以及其他糖尿病併發症，整體醫療費用也高於無憂鬱症的糖尿病患者。大體來說，一個人如果有糖尿病等內科疾病，又患了憂鬱症，那麼患病和死亡的風險可能增加。

綜合醫院對精神醫學的重視，根本反映不了憂鬱症等疾病衍生問題的嚴重程度。

憂鬱症不是慢性疾病的附帶品，它可以治療，也可以放心地忽略，關鍵在於是否有人注意到，或者是否有時間和興趣來治療它。更準確地說，憂鬱症通常是患者是否服藥，或者是否決定改變生活方式的關鍵。嚴重的是，憂鬱症本身對身體有害，會導致早逝，研究不斷顯示，憂鬱症患者的死亡率高於同齡非憂鬱症患者。[8] 然而，大多數綜合醫院不是不提供精神醫療服務，就是提供的服務不足，即使綜合醫院設有精神科，通常也是附屬於急診室之下，關心的是自殘與自殺未遂的病人。

之後的幾個月，我見了凱倫幾次。她的糖尿病控制情況沒有改變，病情毫無進展。我感到心煩，甚至覺得要動怒了。我也很沮喪，逐漸捲入糖尿病團隊將她轉給我時的感受，莫可奈何看著她的健康慢慢惡化，腎功能衰退，視力一點一滴受損。我不明白，她沒有任何進步，也沒有任何努力，為什麼還不斷地來找我呢？我想了一下，得出兩個答案。第一個想法是，凱倫若是認為回診浪費時間，那是不會再來了，所以她一定是有所收穫。我的第二個想法是，我的感覺可能恰好反映出凱倫的感受——無力、沮喪、無助、擔心。根據我的經驗，病人帶給你的感受通常是在傳達某些東西，只是以非口頭的方式間接表達。我把這個念頭告訴她，也說出了我所感受到的情緒。我們的討論似乎因此多了坦誠，她更能暢談困於環境的那種害怕徬徨。

我問她，在遵循糖尿病醫療團隊的建議時，她認為最大的困難是什麼。她再一次提到不想讓同事知道她有糖尿病，也不想改變生活。我仍舊小心翼翼不提出建議，因為她認為聽從自己的建議比我的建議更容易。我們的討論遵循所謂的「動機晤談法」，也就是不告訴病人該怎麼做，而是鼓勵他們自己找出解決自己問題的方法，引導他們走到他們想要到達的目的地。

她想讓同事知道她有糖尿病，好放心不尷尬注射胰島素，但又不希望他們討論這件事。因此，我們一步一步來，她決定先把她的糖尿病告訴一個工作上的朋友，也就是工作中最親近的人。她花了幾週時間才說出口，我問她結果如何。

「她丈夫也有糖尿病。而且她早知道了。她看見我櫃子裡放著血糖監測工具。」

我想點頭表示支持，精神科醫師是不做評論的，但我還是忍不住噗哧一聲笑了。我說：「辛苦瞞了那麼久，居然！是不是……」我原想問個問題，但人生百態有喜有悲，我笑到眼淚都流出來，忘了要問的問題。我實在同情我們人類，對某些事情在乎到不行，堅持鐵一般的原則，困於自己的內心世界，結果它們根本禁不起與現實世界的輕輕一觸。很可悲，也很有趣，凱倫也啞然失笑了。

從那以後，進展腳步加快了，凱倫的情緒在其後幾週明顯改善。她把難題拆解開來，立刻發現問題是可以克服的，越來越明白所有阻礙她生活進步的障礙，都只存在於她自己的腦袋中。她開始監測血糖，更確實地施打胰島素。她也開始接受自己對腎臟和眼睛造成的損害，決心至少不讓情況變得更糟。不久，我就讓她不用再來看診了。雖然她的生活並非一帆風順，與丈夫的分歧也不是好兆頭，但起碼她做決定時可以少受低落情緒和絕望感的拖累。

不過可悲的事實是心理障礙很少受到重視，更不可能得到有效的治療。也許這是因為治療心理障礙不是採用最新開發的藥物（比如藥廠大張旗鼓，推出一種新發現的化學物質）。精神治療不容易，需要專業知識和技能，而鑽研身心之間銜接或慢性病對精神影響的精神科醫師又相對更少。而當沒有精神科醫師或心理醫師可求助時，不找出心理問題反而比較簡單。醫師傾向採用現成療方，套一句老話：當你唯一的工具是一把錘子時，你會把所有的問題都變成一顆釘子。

有時，我覺得在門診一次治療一個病人是徒勞的工作，然而這一領域的精神科醫生如此之少是有原因的，因為很少有醫院願意為此買單。儘管有很多關於身心健康平等的討論，但現實遠非冠冕堂皇的大話那般簡單。

---

1 Naylor, C., Parsonage, M., McDaid, D., Knapp, M., Fossey, M., & Galea, A. (2012). Long-term conditions and mental health: The cost of co-morbidities. The King's Fund and Centre for Mental Health.

2 Welch, C. A., Czerwinski, D., Ghimire, B., & Bertsimas, D. (2009). Depression and costs of health care. *Psychosomatics*, *50*(4), 392–401.

3 Wolff, J., Heister, T., Normann, C., & Kaier, K. (2018). Hospital costs associated with psychiatric comorbidities: A retrospective study. *BMC Health Services Research*, *18*(1), 67.

4 Whyte, E. M., & Mulsant, B. H. (2002). Post stroke depression: Epidemiology, pathophysiology, and biological treatment. *Biological Psychiatry*, *52*(3), 253–64.

5 Dhar, A. K., & Barton, D. A. (2016). Depression and the link with cardiovascular disease. *Frontiers in Psychiatry*, *7*, 33.

6 Pumar, M. I., Gray, C. R., Walsh, J. R., Yang, I. A., Rolls, T. A., & Ward, D. L. (2014). Anxiety and depression – Important psychological comorbidities of COPD. *Journal of Thoracic Disease*, *6*(11), 1615–31.

7 Musselman, D. L., Betan, E., Larsen, H., & Phillips, L. S. (2003). Relationship of depression to diabetes types 1 and 2: Epidemiology, biology, and treatment. *Biological Psychiatry*, *54*(3), 317–29.

8 Wulsin, L. R., Vaillant, G. E., & Wells, V. E. (1999). A systematic review of the mortality of depression. *Psychosomatic Medicine*, *61*(1), 6–17.

16 精神能力

那是我擔任精神科顧問醫師的頭一個月。從進入醫學院開始算起，我花了十八年的歲月才升到顧問醫師。在這段時間，我參加的考試多得數不清（我數過，但數到四十就放棄了）。三十歲生日前幾個月，我參加最後一場考試，但即使考完了，還要受訓幾年。如今我三十多歲了，雖然覺得已經為這份工作做足了準備，但沒有什麼能讓你為承擔所有臨床和管理問題的最終責任做好準備。我還在適應環境，認識同事，在我看得到醫院內部的那間新辦公室掛起所有在家不允掛出的圖畫照片。一幅死氣沉沉的水彩畫，畫的是我的母校劍橋大學以馬內利學院，這是父母送給我的畢業禮物；一張我二十一歲在大學足球隊的團體照，我的蓬髮從頭頂筆直往上衝；一幅像是什麼抽象畫的作品，是朋友給我買的十八歲生日禮物；一張裱起來的曼城足球俱樂部的股票證書，也是生日禮物。

我的職權是建立綜合醫院的精神醫療服務，然後交付給內科和外科團隊。在第一個月，我忙著拆箱子，接收職業衛生服務部門發來沒完沒了的電子郵件，工作進度緩慢。當我接到腎臟科顧問醫師來電，反而覺得鬆了一口氣。他希望我能去看一看多姆，這個二十六歲男子在上個月突如其來就腎衰竭了。在腎臟科，病人大多是逐漸發展成腎衰竭，多姆則不同，他是他們所謂的「迫降患者」。大多數腎衰竭患者，往往有幾年的時間來適應逐步惡化的腎衰竭，與醫療團隊討論血液透析治療或移植的可能。然而多姆卻是在虛脫狀態下送進急診室，接受緊急透析，入院十天後，病情穩定才出院，以門診病人身分繼續洗腎。

這是一個月前的事。從此以後，他一週到醫院洗腎三次，分別是週一、週三和週五的下午。我被找去看他的那天，他一如往常來醫院洗腎，雖然不大清楚是怎麼回事，但他最後決定不做了，拒絕接上透析機，與護理人員發生衝突，警衛都被叫去了。根據我的經驗，在醫院把警衛叫來，情況十之八九會變得更糟。腎臟科團隊束手無措，他們可以確定的是，如果多姆繼續拒絕洗腎，很可能一週內就會死。不過多姆覺得自己不需要看精神科醫師，經過一番勸說後才肯見我。在走過去看他的路上，我心裡很不安，情況緊迫危急，充滿了不確定性。

我見到多姆時，他在門診的候診室裡，穿著牛仔褲和黑襯衫。他有一張粗曠的圓臉，滿臉絡腮鬍。一個紋身從襯衫底某處延伸出來，一路刺到脖子，像鳥的翅膀，但也許是一片葉子或花瓣。我走近時，我注意到有兩個警衛在後方徘徊，不確定應該做什麼。多姆一副百無聊賴的模樣，臉色不耐到快要爆發的地步。就連我們走進診間時，他也立刻讓我知道，他等了很久，想回家了。他告訴我這是白費時間，什麼都改變不了他的想法。我示意他坐下來。

「唔，反正等都等了，不就是為了跟我說話，你想談什麼？」我問。他看上去猝不及防，一臉困惑。

「我告訴你了，我不想和你說話。」

「哦，我以為你想談談呢。我呢，是受過專業訓練的精神科醫師，應該不會看錯吧？」

多姆笑了，雖然面具很快戴了回去，不過緊張氣氛已經冷卻下來。他坐在椅子上，稍微轉向我的方向，說起了近幾週的經歷。醫師無法確定他腎臟突然衰竭的原因，但是損害已經不可逆轉了。他告訴我，他還住在家裡，沒有工作，不過可以透過各種不完全合法的管道賺錢——如果我懂他的意思。

他一生過得很隨意，被兩所學校開除過，一次是因為想撬開老師的車，一次是因為在學校吸毒。他似乎缺乏認同感，不能確定自己所代表的是什麼。除了毒品，他也從熱烈但膚淺的男女關係中尋求樂趣。戀情總在幾週內結束，他博愛，但無法深情。在危機時刻，他會努力應對內心的緊張，一般靠著自殘來獲得解脫，通常是用剪刀或剃刀刀片。有時他會用針刺自己，有時拿菸頭燙自己。他發現痛和血腥畫面有紓壓效果。他告訴我這些時，捲起袖子露出幾十處傷疤，有蒼白的舊疤，也有微紅的新疤。

他那天早上才決定要停止洗腎。他和母親吵了一架，覺得已經受夠了生活。

「你們吵什麼？」

「她又對我說什麼要去找工作，她不要我待在家。我告訴她，如果你那麼討厭我，為什麼不直接說出來呢？」

「也許她是關心你，才會對你做的事在意。」

他用力地搖頭，沒有意願讓步。他起身想要走了。

「那洗腎的事呢？」我問他。

「我要回家了，你阻止不了我，我媽在等我。」

「你媽媽？在哪裡等？」

「候診室啊。」他翻著白眼說。

到診間的路上，我看到他旁邊有一個女人，坐得腰桿挺直，黃褐色外套扣到下巴，她看上去拘謹傳統，非常焦急。

「那是你媽媽？穿棕色大衣的？」我以為她也是病人，她和多姆一點也不像，尤其是她的舉止。「你介不介意我和她說幾句話？」

我走到候診室。她坐在椅子邊上盯著門看，當我走出診間時，她立刻站起來，臉龐皺成一團，露出關切的表情，眼底有黑眼圈。她很想說話，所以我朝著護理站附近一處安靜的區域走去。好，現在就只有我們兩個人，她反倒突然沉默下來，不知道該如何說起。她的沉默所造成的空白，讓我想起十六世紀詩人丹尼爾的另一句話：「竭力訴說自己的苦惱，卻說不出話來；因為淡淡的憂慮會說話，而巨大的悲痛是啞巴。」原來多姆對她來說是一種巨大的悲痛。

「從他出生那天起，他沒有給過我一秒鐘的快樂。」她開口說話，這句話的直白和她語氣的真誠都讓人震驚。她有三個孩子，多姆是老二。就她的記憶，他在學校老是闖禍，交不到朋友。他的學業普通，不怎麼用功，也不得老師的疼愛。她告訴我，多姆有冒險精神，但這種精神出於衝動，不知輕重，毫無計畫。他的哥哥妹妹幾乎不和他說話。她對多姆有出於責任感的母愛，沒錯，但僅此而已。如今面對他即將死亡的事實，遺憾、悔恨和痛苦統統湧上了她的心頭。

到目前為止，根據我在他的病歷中讀到的內容，以及多姆和他母親告訴我的情況，這是人格問題，而非精神疾病。精神醫學與人格障礙的關係一直很不穩定，[1]雖然有診斷的原則，診斷方式卻不太一致。人格障礙有許多不同亞型，但有一個公因數——它們會給個案的生活造成困難，個案難以建立可維持工作、戀愛或發展友誼的關係。在人格障礙個案中，衝動、破壞性行為、自殘和觸法行為較為常見。由於診斷人格障礙不易，有充分的證據顯示，有的醫師會給他們不喜歡的病人貼上這樣的標籤。[2]如果病人難纏、粗鄙或麻煩，醫師很容易忘記一點，那就是這類行為可能是因為病人受到驚嚇或不高興，反而歸因於病人的人格，並非真實的情況。因此缺乏充分證據時，我通常戰戰兢兢，不會隨便做出這個診斷，也很少在初次見面後就做診斷。我相當不願意做出人格障礙的診斷還有另一個原因：說患者人格「紊亂」，就像在攻擊一個人的靈魂、他們的本質。不過到目前為止，所有證據都指出多姆有這個傾向。

精神科醫師認為處理人格障礙困難還有另一個原因，就是人格障礙的治療效果一般都很不理想。如果人格是固定且穩定的，那麼把一個人的人格當成「病」來「治」，這樣的概念說不通。如果有能夠改善的地方，一般要幾個月或幾年才能看到真正的改變。簡而言之，沒有什麼能改變多姆的態度，或是他對自己處境的看法，多姆就是想停止治療，回家去等死。我懷著沉痛的心情回到診間找他。

問題是，我不真的認為多姆想死。但如果要不顧他的意願讓他接受治療，就必須證明他欠缺做決定的精神能力，那是我能夠強迫他接受治療的唯一合法方法。要證明某人缺乏能力，需要回答一系列的問題。首先，多姆有精神或大腦障礙嗎？嗯，不算有，我想你可以認為人格障礙是一種精神障礙，但那難道不過是另一種看待世界和與世界互動的方式嗎？我們不是都有不同的性格和世界觀嗎？我們意見紛歧，對批評的反應不一，對挫折的容忍度也是不同的。人格障礙並非像——比方說思覺失調症吧，是一種精神障礙。

繼續下一個問題。他是否了解侵入性治療（他的例子是血液透析）、拒絕治療的風險以及接受治療的風險和好處？嗯，他很清楚拒絕洗腎會讓他在幾天內死亡，所以答案一定是「了解」。最後，他能不能在接受或拒絕洗腎的利弊之間進行權衡，得出一個決定？在精神醫學中，這個問題始終是真正的難處。我們是情感動物，做決定時會考慮幾十個問題，而且往往根據情感而非理性來做決定。一個寧死不活的決定有幾分算是「理性」？在這種情況下，我們如何判斷選擇死亡的決定是精神疾病或者人格的反映呢？回到我們一開始討論的地方，在任何情況下，人格障礙有幾分算是一種精神疾病呢？

多姆心意已定，他要回家，無法阻擋他。他不想再活了，就是這樣。我很不情願，也相當不安，但同意他願意的話是可以做出這樣的選擇。

我很少下班後腦中還念念不忘某個個案。一般來說，在一週的時間裡，我會做出許多決定，聽到許多個案的故事，接觸到他們遭受的各種情感痛苦。我能理解個案的情緒，但不會感染那些情緒。如果我也有了情緒，那就難以做好我的工作。但我為病患擔心和感到焦慮，並不同於同理心，因為這種焦慮其實也是對我自己的焦慮，我不確定自己的決定是否正確。

當天晚上，我無法靜下心。最後決定看部電影來轉移注意力，但沒用。我不停按下「暫停」，這樣可以再擔心幾分鐘，但電影終究是看不下去。我的擔憂如同嘴上啣著一片橘子，舌頭會不停地去舔，即使稍微轉移注意力，也有一種不祥的預感。我不安地坐了片刻，想起不安的原因，然後又仔細想了一想。多姆帶著比他矮一個頭的母親離開精神科，她的母親垂著肩膀，泣不成聲，那畫面始終在我腦海中縈繞不去。

次日早上，我進了辦公室開始處理電子郵件。路易斯傳來一封信，由於前一日發生的種種，我忘了參加醫院的員工教育訓練課程。「桑豪斯同志——」郵件開頭說：「委員會察覺你缺席醫院信託基金活力十足又鼓舞人心的必修課程，而在我們敬愛的黨母親般的羽翼下，我早為眾人樹立追求平等與多元的體貼好榜樣，卻照舊參加了『平等與多元講座』。你可能忘了，我曾獲主席團授予『最體貼同志』勳章，但現在我對桑豪斯同志不再體貼了。期盼S同志明白，這個小插曲對我們眾人會是一個寶貴的教訓。」我笑了笑，登記了下一堂課，把日期記在行事曆上，繼續處理郵件。有一封來自血液透析顧問醫師的信，說多姆當天晚上改變心意，回醫院洗腎了。我搖了搖頭，鬆了一口氣，也覺得很氣惱。信上問我說了什麼讓他改變主意。我猜想這件事與我無關，但放鬆下來，滿懷著愛心，開始了我的早診。

在綜合醫院精神科，評估病人能否做出治療決定（一般稱為「同意能力」）的轉診個案正在增加。接受治療，不只關乎是否有治療方法，也關乎某人是否選擇接受治療。人選擇或拒絕治療的原因可能很難理解，有時只是一個不明智或不理性的決定，但這是他們的權利。有時下決心的過程有時會因為難以診斷的心理健康問題而受阻。然而，法律假設精神科醫師可以洞察人們的心思，了解心智的運作，判斷出他們是否有能力做出治療決定。

在綜合醫院（不只是精神病院）接受治療的患者當中，不乏在治療上欠缺決定能力的人。一項研究指出，至少百分之四十的住院病人沒有這種能力，而臨床醫療團隊很少發現這個問題。[3]大多時候，身體不適的病人照醫生說的最好方法去做，皆大歡喜。信任醫師並不等於具有同意能力，但對大多數人來說，這已經夠好了。就算有這樣的病人，也很少轉到我這裡，所以在綜合醫院的精神醫療部門中，我們看到的只是冰山一角。

見過多姆後不久，外科病房找我過去。雷，一個六十九歲的老人，養老院護理人員發現他暈倒在地，將他送進醫院。原來「柚子大小」的肥大攝護腺（泌尿科醫師似乎總是愛用水果來比喻前列腺尺寸，通常用橘子、葡萄柚和西瓜）阻礙尿液從膀胱排出，因此壓迫到腎臟，導致腎臟衰竭。泌尿科醫師認為，首選治療方法是常規的攝護腺切除手術——這不是沒有危險，但由於病人已經三度出現相同病徵，其他方式看來無法見效。

雷過著孤立的生活。他做過一段時間的磚瓦匠，但已經多年沒有工作。他與家人分開，也沒有朋友。和他交談後，我能理解原因。他說話粗魯，幾乎不可能建立什麼溫暖或融洽的關係，他對世界的看法大致落於多數人認為的「正常」邊緣。他認為幽浮存在，也相信超自然現象，他分享這些觀點的語氣，彷彿他在談論的事是歷任政府隱瞞我們的既定事實。同樣的道理，他認為住院是一種壓迫。不，他不相信他的攝護腺有什麼問題。他堅定認為，他的入院和擬定的手術是為了進行未經許可的實驗。他不能容忍別人跟他爭辯，他想回家，一個人待著。我打電話給養老院的護工，他們告訴我，從來沒有人去探望他，他們也不曾見過他的家人。他大部分時間關在房裡，在過去一年左右的時間裡，他越來越偏執，越來越有敵意。他好像不明白自己狀況有多嚴重，矢口否認自己有問題。他的精神疾病讓他無法權衡治療與否的利弊。結論只有一個：他欠缺對自己的治療做出正確決定的能力。

接下來的午餐時間，我坐在四〇路公車的頂層，前往莫茲利醫院，我週四下午在那裡看診。這時手機響了，像往常一樣，趁著這段時間，我想回幾封電子郵件，看幾篇論文，現在同時又要接電話。是泌尿外科醫師打來的。

「你昨天看的那個病人。」

「嗯嗯。」我心不在焉地說，想撿起一張剛從座位滑落的紙。

「他跟我在手術室，準備給他動刀了。」

「好，祝一切順利。」

「嗯，好，我只是想確認你是不是還是覺得沒問題。」

我回過神來，專心聽電話。事實上，現在走到了這個地步，給一個不想動手術的病人動手術，就算他沒有積極反抗，確實也頗讓人畏懼。在那之前我一直認為，不治療一個可以幫助的病人，那才是困難的決定，如今我們要為一個未徵得其同意的病人進行救命的手術，縱然他拒絕同意的原因是精神疾病的影響，感覺仍舊像是面對一項巨大的任務。我可以理解為什麼外科醫師如此不安。

這個個案的結局出人意料。大約一週後，我在病房看到了雷，當時我要去查看另一個病人。我躡手躡腳從他的床邊走過，生怕他會在大庭廣眾之下給我一頓臭罵。可是我剛踏進病房，他就看見了我，還招呼我過去。他用一種頗為熱情的態度和我打招呼，完全沒有敵意。我問他感覺如何，他覺得輕鬆多了，像是因為解決了問題而鬆了一口氣。比我第一次評估他時，他的心情顯得好多了，不那麼緊張躁動。手術很順利，雷也沒有記仇，大家都鬆了一口氣。但我不想再碰一次運氣，所以離開病房時，走了另一條路。

從某些方面來看，雷這個個案是一個可以容易並迅速做下的決定。這種情況如果拖下去，後果可能才是真正的問題。幾年後，皮膚科請我去看一名患有皮膚癌的男子。哈維年近六旬，在我見到他的前幾週確診。皮膚科醫師和腫瘤學家碰面，就治療達成共識，也把計畫告訴了他。哈維拒絕，起初很難確認拒絕的理由，他似乎沒興趣說話，直截了當回答對他提出的問題，沒有什麼細節或修飾。他和我說話時，我被拉進了他那哀傷孤立的世界。他獨居在一間單房公寓，與附近的親戚斷斷續續聯繫，但沒有朋友，也沒有人特別關心他。他靠電視打發時間，盡可能不出門採買，靠著烤麵包和喝茶度日。他的衣服都穿破了，人很清瘦，看上去「飽經風霜」，兩頰凹陷，面色蠟黃。他的鬍子是灰色的，幾乎全白了，但因為他一天習慣抽三十根香菸，鬍子有褐色的尼古丁污漬，中指和食指的指尖也有類似污漬。他看起來比實際年齡大得多，很難與他建立起良好的關係。哈維堅信自己是醫術高明的醫師，並沒有像醫師咬定那樣得了癌症，只是感染。他說，他準備服用抗生素，抗生素會解決他的問題，讓大家滿意。

哈維不是醫師，他根本已經幾十年沒有工作。反覆發作的思覺失調症限制了他的生活，他的最高教育程度是十六歲時的學校考試。他一點也不笨，但肯定沒有受過高等教育。我翻看他的病歷，發現他自以為是醫師的妄想由來已久。

幾年前，英國法院審理一起類似案件。該案涉及一名簡稱為「C」的病人。C患有糖尿病，腿部長出壞疽。主治醫師建議他進行膝下截肢手術，避免敗血症擴散到血液中致死。外科醫師認為，不截肢的話，他的存活機會很低，約為百分之十五。C長期患有偏執型思覺失調症，事件發生前，他住在一家安全的精神病院，但拒絕做手術。他妄想自己是世界知名醫師，因此大概認為自己懂得更多。他相信自己會被治癒，對醫院工作人員表現出信任，不過也承認自己可能死於壞疽。審判長認為，C對壞疽和拒絕手術的利弊有充分的了解，可以自行決定拒動手術。陪席法官認為，他的思覺失調症或妄想症，不足以干擾他對自己長了壞疽的腿的決策能力。

雖然C（主診醫師或許訝異）後來康復了，但我覺得這個判決難以理解。精神科醫師齊格蒙德（Tony Zigmond）是英國皇家精神科醫學院精神健康法的翹楚，在著作

《臨床醫師的精神衛生法簡明指南》（*A Clinician's Brief Guide to the Mental Health Act*）中補充說明這個案例。[4] 考慮到C可能死於壞疽，C的律師建議他立遺囑。C同意了，但說想把錢留給自己，因為他死後需要這筆錢。因此，如果C認為死亡是一種暫時的狀態，我們很難相信他能夠想清楚拒絕手術的後果。另外，由於他權衡這個決定的判斷，是基於他認為自己是外科醫師的信念，而他根本不是，所以我們也很難理解這個判斷。他康復只是運氣好，而非判斷力佳，如同在不會解數學題的情況下矇對了答案。不過這個個案說明，判斷一個人是否有能力做決定是非常複雜的事，尤其因為在決定行動之前有太多影響到決定的小細節。

儘管C案有這樣的裁決，我認為哈維沒有能力判斷拒絕治療的後果。他不接受癌症的診斷，也不相信自己會死，甚至不承認可能出現致命的後果，比C更不具備權衡治療利弊的能力。這裡的問題不在於他是否缺乏能力，因為我覺得這個決定相當簡單。問題是，即使他確實缺乏能力，我們該怎麼做呢？這跟C的情況不同，也不是雷那種只要立刻動刀便能解決眼下問題的情況。如果哈維要接受化療，就需要他積極配合，配合一回還不夠，需要維持一段時間。讓一個拒絕治療又積極抵抗的病人進行化療，無異於緣木求魚，不光醫護人員會有危險，甚至可能引起加速死亡腳步的併發症。

唯一的選擇是盡量積極治療他的思覺失調症，希望改善精神健康之後可以減少他自認是醫師的妄想，讓他能夠接納正牌醫師的話。這是一場與時間的賽跑，一週不做化療，治療的成功機會就會降低一點。

熟悉的不安感再次襲上我的心頭，只有在處理精神能力問題個案時，我才會有這樣的感覺——徬徨無助。說實話，我真想搖醒哈維，讓他明白情況有多危急。多姆與哈維的情況大不相同，但我對他也有同樣的感覺，渴望去做一件不可能的事，在不可能的時間內治療一種難治的精神障礙，讓生命綻放，不要熄滅。我知道，患者才是生病的那個人，但我內心深處也跟著他們痛苦。哈維的精神健康始終沒有穩定到可以接受治療的程度，終究走到無法回頭的地步。當時，他由社區精神健康醫療小組照顧，當我再碰到社區精神科醫師時，他告訴我，哈維已經去世。

多姆也走了。在我初次見到他的幾個月後，他又做出停止洗腎的決定。這其間，他有幾度又上演衝動決定停止洗腎，然後再度改變心意的戲碼。但是他停止洗腎的願望越來越堅定，越來越不衝動，最後乾脆不再治療了。他的光芒短暫地閃耀，如今熄滅，他是自己人格的受害者。

醫學界的悲劇太多，你不可能在每個悲劇上都傾注情感，同時保持住自己的理智。但我發現精神能力問題個案特別令人痛心，案例中有些東西讓我很不舒服。能力評估凸顯醫療診治方式的缺陷。醫學自負技術進步能使病人有更好的結果，只是這個框架太狹隘了。病人願意相信什麼，他們接受什麼治療方法，都與醫學進步無關，而與他們的心理素質有關。人會決定哪些症狀要誇大，哪些症狀要隱瞞，人可能無理、固執、憂鬱，或者只是對事物有不同的看法。每一次醫療互動中，都會出現無數的思考過程和決定。有人因為憤怒或害怕拒絕治療，有的病人接受了，但沒有完全理解治療的影響。媒體關注比較高調或具有爭議的病例，而有大量的病例根本沒有得到承認，更不用說考慮了。久而久之，我是習慣了評估能力的工作，不再因而輾轉難眠，但與其他個案相比，要我做能力評估的轉診個案，仍舊最讓我感到不安。

---

1 Lewis, G., & Appleby, L. (1988). Personality disorder: The patients psychiatrists dislike. *The British Journal of Psychiatry*, *153*, 44–9.

2 Ibid.

3 Raymont, V., Bingley, W., Buchanan, A., David, A. S., Hayward, P., Wessely, S., & Hotopf, M. (2004). Prevalence of mental incapacity in medical inpatients and associated risk factors: Cross-sectional study. *The Lancet*, *364*(9443), 1421–7.

4 Zigmond, T. (2012). *A Clinician's Brief Guide to the Mental Health Act*. RCPsych Publications.

17 最後的日子

一個寒冷但陽光明媚的冬日午後，我被找去外科病房看看哈利。哈利是六十一歲的老先生，已經知道自己得了腸癌，但無法手術，所以日子不多了。我坐在他的床邊，他告訴我他的這一生。他在蘇格蘭長大，二十一歲結婚，這段婚姻已經維持了四十年。兩個兒子都長大成年，住在離他們幾條街遠的地方，現在也都有了自己的孩子。哈利是做窗戶清潔的，有一段時間自己當老闆，日子過得一般，但很穩定。他加入酒吧飛鏢隊，愛看電視，也喜歡和朋友玩在一起。從各方面來說，他就是個普通人，過著正常的生活。他告訴我，原本一切都很順利，後來有個同行不顧窗戶清潔這行所有不成文的規則，開始搶他的生意，為了捍衛自己的生意地盤，哈利搞得心煩又痛苦，遑論花上的時間和金錢。哈利的生意受到影響，因壓力過大而休息沒工作，不過從未去看過醫生。

這件事過沒幾年，他第一次被診斷出患了癌症。順利治療後，又繼續過了幾年生活。現在，癌症復發了，哈利知道這代表什麼。他至多只能再活幾個月，他也接受了這個事實。

「我知道我快死了，醫師，誰都幫不上忙，不過走之前我有一件事要完成。」

我很快就明白，他最起碼想威脅以前那個生意對手，甚至想要他的命。我沒有立刻做出反應，因為我從未遇過這種情況，不太確定該說什麼。思考如何回應時，我從他的肩膀上看出去，從高高的蓋氏醫院大樓的十一樓，我看到太陽開始從城市上空落下，遠方的船隻在泰晤士河上平穩前進。

我轉回頭看他，或許他不是認真的，只是逞口頭之勇。「你確定要這麼做嗎？我是說……」我的聲音逐漸低了下去，我不確定自己想表達什麼，或者應該說，我無法將我想說的以語言表達出來。

「嗯，反正法律也拿我沒轍，不是嗎？」他回答。

我想了一想，從某些角度來說，他是對的，他不會坐牢。只是我瞧著他，不大相信他有能力撂倒誰，除非他有出其不意的手段。他日漸消瘦，幾乎成了皮包骨——但話說回來，誰也不知道，說不定憤恨會在恰當的時刻讓他最後一次爆發力量。我問他知不知道那人住在哪裡，他不知道，但知道他都在哪間酒吧喝酒。他有弄到武器的門路嗎？這個問題他不太願意說。我最擔心的是槍，天曉得在倫敦南區弄到一把槍有多容易？

我好好想了一遍。我的工作是擔任精神科醫師，了解他的精神病史。我並沒有發現任何心理健康問題的證據——除非將謀害他人的衝動視為心理健康問題。倘若沒有心理健康問題，就沒有什麼需要精神科醫師治療的地方，沒有什麼需要治療的地方，那麼我到這裡的工作也就完成了。我告訴哈利，我顯然是幫不上忙，但也不能聽了他的話卻什麼也不做，我得通知警察。他聳了聳肩，「就做你該做的吧，醫師。」於是，我懷著沉重的心情回到辦公室，打電話給警察。

打了電話，我才發現我不知道應該找誰。我是說，這種事到底該要向誰報告呢？當政治人物懷疑有人幹下犯罪行為時，他們通常會「去函警局」，但他們把信寄給誰？以我來說，我從網路上查到附近警察局的代表號，撥通電話，解釋了打電話的理由，最後和一個巡佐說到了話，巡佐滿頭霧水，想知道是否確實有人犯了罪。這時，我已經是第三次講同樣的故事。我歎了口氣，俯身越過辦公桌按下水壺的燒水按鈕，巡佐記下細節。我聽著他公式化的問題——從老套到不相干都有——水壺開始冒泡，越來越大聲。

幾天後，我剛坐下來要開始看診，就接到一個位階很高的警官來電。我不記得把手機號碼給過誰，這次對話內容完全不同於幾天前和那個困惑巡佐的對話。我想起了《一九八四》（*1984*）那本小說，你最終會看到老大哥背後那隻睿智的指導之手。不管警方對哈利說了什麼，似乎都讓他猶豫了，他應該是認為威脅威脅就好，用不著殺人。結局是這樣的：「醫師，我們找過你的病人，和他談了談。可以這麼說吧，在不久的將來，不管是在酒吧附近，還是在任何地方，他都不會攻擊人。」事情就這麼落幕了。幾週後，我路過那間病房，偶然聽說哈利已經安詳地走了，家人陪伴在身邊，他沒有再提要殺人的事。

這個小故事深深印在我的腦海裡，因為當一個人意識到死亡就在眼前時，這種反應相當罕見。對大多數人來說，面對自己的死亡是一個深刻、通常也是相當孤獨的體驗。對死亡的恐懼普遍存在，但在我遇過生命只剩最後數週或幾個月的人中，他們很少表現出對死亡的恐懼。我猜測那是因為他們沒有機會，起碼在英國這個國家沒有進行這種對話的文化。幾年前，我在綜合醫院巡視病房，遇到一個至今還忘不了的婦人。她六十多歲，患了不治之癌，有思覺失調症的病史，思覺失調症讓她與所有親友逐漸疏遠。她在病房孤孤單單，奄奄一息，非常恐懼即將到來的死亡。我每週去看她，表面是為了監測她的心理健康，而她一天天憔悴委靡下去。我走進病房，她痛苦地扭動著身軀，主治醫師團隊卻找不出她不舒服的原因，但你用不著是精神科醫師也能看出，這種痛苦來自心理。我和她說話時，她會一遍遍地重複：「我好怕，我好怕。」

我無話可說。我理解她的恐懼，很難不感染這種情緒，甚至有種無力感。她不願多聊自己的感受，但她的感受很容易傳遞給他人——至少從我本身的反應來看是這樣。每次離開她的病房，我都覺得難過不安，這種感覺會伴隨著我好幾個小時，我就算口才再好，也無法更了解她。

後來我終於明白了，我必須停止修正自己，不再以醫學詞彙來定義我和她的互動，晤談才變得更容易進行。我會陪她坐一會兒，談談她的生活，聊聊她過去喜歡做的事，讓她至少有一些正常的人際互動。有一次，我還留下來玩了一下桌遊，她的心情似乎輕鬆起來。這不是藥，至少按照現今定義不是，但達到任何止痛藥都達不到的效果：她安靜坐了半個小時，完全不覺得疼痛。

更普遍的是情況是，在生命最後幾週表現出焦慮時，他們是在懷疑自己是否好好活過。澳洲護理師瓦爾（Bronnie Ware）照顧臨終病患，發現他們最大的遺憾是沒有活得更像自己。[1]很可惜，大多數人沒能做到，然後懊悔讓真實自我和理想做出種種妥協，也許是因為他們的事業、他們所結交的朋友或他們所生活的社會。按照自己的價值觀生活需要極大的勇氣，如果你的價值觀走在主流之外，你必須忍受冷嘲熱諷（也許還有嫉妒），而且要有足夠的決心或原則，才能維護這些價值觀。在我認識的人之中，很少有人能做到這一點，我很羨慕做得到的人。

臨終談話在醫院裡仍舊少見。醫師、護理師——事實上幾乎所有的健康專業人士，對於在病人的最後幾週就生死問題進行重要討論，都戰戰兢兢。醫院工作人員認為，他們沒有本領也沒有時間來處理病人的提問，或許這也會讓醫務人員對自己死亡感到不安。無論是哪種情況，醫護團隊覺得專注於技術層面的醫療服務更容易。用心執行治療計畫，比解決某人的恐懼，更讓人放心和熟悉，也更容易掌控。像我們這樣在越來越仰賴技術的醫療照護系統中工作，病人的死亡會被視為醫療照護的失敗，而非生命循環的一部份。死，是需要迴避的話題。

在這個關鍵領域做研究的人少之又少，但加拿大曼尼托巴大學的喬奇諾夫（Harvey Chochinov）教授始終在臨終精神醫學最前線從事研究。我擔任英國皇家醫學會精神醫學委員會主席時，有幸邀請他到倫敦，在一場討論生命末期的研討會上發表演說。他的研究領域聽似嚴肅而審慎，但他有出人意外的風趣幽默。我不確定我期待的是什麼，但一個眼神發亮機智活潑的人不是我的想像。很明顯，他有敏銳的智慧和深厚的同情心。

在一項研究中，喬奇諾夫教授探討兩百名絕症患者對於死亡的渴望。[2] 逾百分之四十以上的人有過短暫的願望，希望死亡早點到來，但只有百分之八點五的研究對象持續抱著這個心願。人之所以渴望死亡，原因似乎多少是家庭支持不足以及身體承受痛苦。然而，到目前為止，最大的因素還是憂鬱症。這種憂鬱症可以治療，但在絕症人身上卻常常遭到忽略，這對病人及家屬來說實在都是一種遺憾。

臨終患者的憂鬱症是健康專業人士很少問及的問題。一般普遍認為憂鬱症不過是罹患絕症的正常反應。然而，及時發現精神疾病並及時治療，對一個人生命最後的幾日、幾週和幾個月，以及對於他們家屬的感受，都會產生深遠的影響。我印象最深的例子，是醫院腫瘤醫學部病房的一個老先生，他只剩幾週的時間，沒有意願也沒有動力進食，所以我們只能用餵食管餵他。他住在一間深長的病房中央，病房住滿了人。老先生不給誰添麻煩，只是靠著枕頭坐著，盯著床單發呆，所以也沒有人會陪著他。在忙亂的醫院環境中，呼天搶地的病人得到關注，不出怨言的沉默病人則少有人關注。每天內科醫師巡房時，會圍在他的床邊問幾個問題，只是現在他也不愛說話了，所以醫師、護理師、物理治療師、藥劑師、職能物理治療師和學生一行人快步移到下一床，幾乎沒有停下來與他互動。

我見到他時，他明顯已經來日無多，也明顯情緒極度低落，幾乎不言不語，非常痛苦。他雙眼盯著前方，沉痛地皺著眉頭。我想，如果讓他選擇的話，他一定會毫不猶豫當場結束這一切。然而，他只能躺在那裡，日漸消瘦下去，一臉絕望。當時，我做了一件我很少做的事——決定他需要做電療（ECT）。我向他解釋我的提議，他冷漠以對，毫不在乎，最後才點頭表示理解，同意接受電療。

電療的主要問題不在於是否有效——其實，以嚴重憂鬱症來說，它是目前最有效的抗憂鬱藥，也是衡量其他抗憂鬱藥的黃金標準。問題不在於療效，而是形象。大多數人想到電療，會聯想到傑克・尼克遜主演的《飛越杜鵑窩》（One Flew Over the Cuckoo's Nest），在電影中，精神病院濫用電療，約束不受管控的住民。這是大多數人對於這種療法的認識，而這部電影對於精神醫學聲譽的損害，超越我能想到的任何單一事件。它將精神醫學刻畫成高壓控制的學科，殘酷無情。即使到了現在，電影拍攝近五十年之後，在首映時都還沒出生的人，還會提起這部電影。

電療是一種奇怪的治療方法，無人明白它有效的原理和原因。根據醫學史家斯庫爾（Andrew Scull）在《瘋癲文明史》（*Madness in Civilization*）的概述，一九二〇年代和三〇年代發展出許多治療方法，電療是其一，其他還有胰島素休克治療法、椎管注射馬血清一類，絕大多數理所當然埋入失敗醫療科技的墓地裡，無人哀悼。[3]然而，當時這些治療精神疾病的新奇物理療法，是科學進步的先鋒，讓精神醫學走出精神病院，在醫學界贏得了科學的聲望。一九三八年首次使用的電療，就是這樣一種治療方法，剛推出時是用來治療思覺失調症，做法是讓電流通過病人的大腦，進而引發癲癇發作，其理由是思覺失調症與癲癇不能共存，所以引發癲癇能把思覺失調症趕出體外。雖然治療思覺失調症沒有成功，但當時的人觀察到電療原來能夠有效治療憂鬱症，於是醫學上最具爭議的治療方法誕生了。今日電療雖然不是很普遍，但仍有人使用，只適用於最極端難治的個案。此外，現在電療是一項醫學專業化的手術，在配置專業設備的電療室中進行，患者必須全身麻醉。癲癇發作的唯一證據，是顯示腦電活動的監視器螢幕，整個過程六十秒內結束，病人接著送回恢復室。

讓我不敢多用這種療法的主要原因是爭議過大。首先，因為擔心病人的反應，我通常根本不想提議。我也必須承認，電療有副作用，最常見的是對記憶的影響。雖然很多醫師認為，接受電療不會讓記憶力明顯出現缺損，況且記憶力差是他們所要治療的憂鬱症的常見症狀，但無可否認的是患者確實察覺了記憶力問題。記憶力缺損通常無關事實和數字，這也許可以解釋為什麼在實驗室測試記憶時沒有顯示變化。記憶力缺損通常是與個人記憶有關，比如生日和結婚紀念日，而醫師的記憶檢查單上絕對不會列出這類事。儘管如此，電療在適當時候用於適當患者，產生的結果簡直如同奇蹟，在我使用過的極少數幾次中，我事後都真希望自己能更早使用。

對於癌症病房的那位患者也是如此。一個典型的療程要做六到十二次電療，通常每週安排兩次。然而，做過兩次電療後，他就能坐在床上，笑著用嘶啞的聲音和護理師說話，我走去看另一個病人的路上經過他身邊，他還向我揮了揮手。他開始進食，和其他病人交談，機敏又積極。在我治療過的病人身上，無論之前還是以後，我認為我都沒有看到這麼顯著的轉變。這件事成了病房護理人員的熱門話題，見到他這麼活潑健談，大家都感到驚訝。幾週後，患者病逝了，但他是在愉快的交談和人際交往中度過生命最後幾天。我不敢想像，如果沒有使用電療，他生命的最後幾天會是什麼樣子。然而，我也相信，若是我當初什麼都不說，什麼都不做，也沒有人會責怪我，因為「有這種感覺是可以理解的」。

對於很多臨終患者來說，最感傷痛的是「自己不是人」的感覺，他們還有一口氣，但已經不被當人對待了——這種想法殺傷力很強。以上述的個案來說，小細節成就大改變。我相信，替病人端上一杯茶水，就他們正在讀的書寒暄幾句，問問他們過去的工作情況，還是聊聊他們床頭櫃上的家庭照片，幫助都要比開立任何藥物要來得多。這些小小的舉動能夠改變病人的自我認知，進而改變他們最後日子的整個心境和色彩。

記得前不久我坐到一個中年男子的床邊，他叫唐，穿著曼聯足球衣躺在床上，他患了癌症，來日無多，癌症讓他的身體、臉部、手腳都出現難看的瘀傷。醫療團隊建議他不要接受進一步治療。他的腎臟衰竭，每週需要洗腎三次。他當了一輩子的司機，後來在快遞公司工作。他從未結婚，不過與前伴侶有一個孩子，如今與他們都失去聯繫。他獨自住在租來的住房協會公寓，有幾個熟人，但沒有一個他認為算得上親密的好友。他在英國沒有其他家人，臨死的心願是去加拿大探望弟弟，也就是他唯一在世的親戚。可惜他無法去看他，因為負擔不起機票和在加拿大洗腎的費用，而他的弟弟也病重，無法飛來英國。他的故事讓人聽了於心不忍，不過他講的時候並不自憐。他說完後，一陣沉默，他的情況悲慘無望。我聽在耳裡，懂在心裡，最後說：「而且你還是曼聯球迷，沒有比這更糟的。」我們都笑了，那一瞬間，在荒誕的幽默和悲愴中，在生活的脆弱和平庸中，我們連繫在一塊。沒有別的可做了。我坐了一會兒，然後開口說，我們或許可以向慈善機構申請補助或募款，讓他去世前去加拿大見弟弟最後一面。他虛弱疲憊，但還是振作了一下精神，再三感謝我，雖然我很想告訴他，我什麼還都沒有做。但我最後告訴他，過了週末再來看他。

週一下午，我坐在住院醫師的辦公室，與我帶的實習醫師一起查看住院病人名單，唐已經不在名單上。我得悉他在週末去世了，我知道他應該是在綜合醫院的病房走的，床邊沒有家人，也沒有朋友。想到這裡，我一陣惆悵，接著做了大多數身經百戰的醫師會做的事——盡量不去想太多，大醫院醫師的生活經常出現這樣的場景。我回想和唐的最後對話，希望能獲得一些安慰。當醫學無能為力之際，在我們不能再做醫師之時，那麼我們就做一個人類同胞該做的。能夠給予希望，切實的希望，而非空洞的承諾，是當一個好醫師的關鍵，病人需要知道他們有個盟友，一個在身邊關心他們遭遇的人。能以可衡量的方式完成的事確實有限，但若能減少一個人最後日子的絕望，這價值要怎麼計算呢？

一九七九年，一項芬蘭研究在《美國流行病學期刊》（*American Journal of Epidemiology*）發表，研究顯示，未接受癌症治療的病人自殺率比接受治療的病人高。[4]目前還不清楚為什麼會這樣，因為許多自殺事件發生在確診後幾週內，當時可能還未開始治療。也許這些個案在治療開始前自殺，但也有可能在這些案例中醫生決定不提供治療，這可能是實用而明智的決定，讓資源可以更恰當分配給醫師認為有望治癒的人，而非無望治癒者。然而，感到無望的人，感到被醫學專業拋棄的人，很快在思想、言語和行動上也會放棄自己。二〇一二年，一項更新近的研究追蹤美國三百五十多萬癌症確診患者，研究結果再次顯示，自殺風險在確診後的第一個月達到頂峰，此時的絕望和焦慮可能是最深的。[5]

當然，反過來說也是正確的。我從喬奇諾夫教授那裡學到了「尊嚴療法」，這個療法旨在解決臨終患者的心理痛苦和存在痛苦。[6]在這一療法中，臨近生命終點的病人接受一系列訪談，訪談鼓勵他們討論對他們一生來說最重要的事情。訪談記錄後編輯成冊，可以留給家人。這是一種個人遺產，後代將能夠從文字認識對先人而言最重要的事情，從而更認識他們是誰，明白他們在世間留下的足跡。對病人本身而言，約有半數的人回報說，這個療法提高他們的生存意願；有三分之二的人說，他們覺得更有目標，人生更有意義。毫無疑問，這對家屬也有幫助，一項研究表明，百分之七十八的親屬認為，這有助於排解悲傷，也持續帶給他們安慰。[7]

我之所以想起喬奇諾夫教授的工作成果，是因為在《英國醫學期刊》（*British Medical Journal*）讀到另一篇研究。[8]該報告於二〇一七年發表，研究了二〇〇九至一三年歐洲藥品管理局核准的四十八種癌症新藥。該研究的發現很令人沮喪，大多數獲准用於治療癌症的藥物進入市場後，沒有證據顯示它們可以提升生存率或生活品質。換句話說，雖然購買癌症新藥的成本迅速上升，但藥物帶來好處的證據其實非常薄弱。這似乎是現代醫療的一個縮影，由於我們將健康醫療化，沒有廣泛考慮到病人的福祉，因此有人靠著在生命末期收效甚微的藥物賺錢。我毫不懷疑，每個推動新藥上市的人都是一片好心，想要改善癌症治療方法。當然，不管是什麼領域的治療，我都支持比過去有顯著進步的藥物。或許有點一廂情願，心裡也希望這些藥物讓人覺得是護理方面的進步。然而，證據顯示事實並非如此。相較之下，尊嚴療法這類真正改變死亡經驗的療法，卻幾乎無人聞問，更不用說資助，因為它缺少醫學新突破所帶來的興奮感，而興奮感正是人們渴望的。心理療法能夠產生深遠的影響，但在急於替新藥背書的熱潮中似乎遭到忽視了，這種忽視並非出於惡意或刻意，而是因為這就是今日的醫學。

---

1 Ware, B. (n. d.). Regrets of the dying. Retrieved from https://bronnieware.com/blog/regrets-of-the-dying/ (accessed 26 Nov. 2020).

2 Chochinov, H. M., Wilson, K. G., Enns, M., Mowchun, N., Lander, S., Levitt, M., & Clinch, J. J. (1995). Desire for death in the terminally ill. *The American Journal of Psychiatry*, *152*(8), 1185–91.

3 Scull, A. (2015). *Madness in Civilization*. Princeton University Press.

4 Louhivuori, K. A., & Hakama, M. (1979). Risk of suicide among cancer patients. *American Journal of Epidemiology*, *109*(1), 59–65.

5 Johnson, T. V., Garlow, S. J., Brawley, O. W., & Master, V. A. (2012). Peak window of suicides occurs within the first month of diagnosis: Implications for clinical oncology. *Psycho-Oncology*, *21*(4), 351–6.

6 Chochinov, H. M., Hack, T., Hassard, T., Kristjanson, L. J., McClement, S., & Harlos, M. (2005). Dignity therapy: A novel psychotherapeutic intervention for patients near the end of life. *Journal of Clinical Oncology*, *23*(24), 5520–5.

7 McClement, S., Chochinov, H. M., Hack, T., Hassard, T., Kristjanson, L. J., & Harlos, M. (2007). Dignity therapy: Family member perspectives. *Journal of Palliative Medicine*, *10*(5), 1076–82.

8 Davis, C., Naci, H., Gurpinar, E., Poplavska, E., Pinto, A., & Aggarwal, A. (2017). Availability of evidence of benefits on overall survival and quality of life of cancer drugs approved by European Medicines Agency: Retrospective cohort study of drug approvals 2009–13. *BMJ*, *359*.

18 世紀之疫：COVID-19

回想起新冠病毒大流行之初，我的腦海浮現一些零碎的畫面。當風暴開始聚集時，大家都屏住呼吸。我在 Twitter 看到一段影片，在中國武漢，有個男子開車想突破封鎖，結果遭到攔阻，警察圍了上去，在男子下車時逮捕了他。與一般的逮捕不同，沒有「舉手投降」的一刻，沒人與這位差點成功的逃犯說話，而是直接拿了網子罩住男人的頭。那是一種長柄網，讓我聯想到夏日草地和追捕蝴蝶，但現在這個捕蟲網套到這人的頭上，如此一來，穿著全套防護服的警察把他摺倒在地之前，他可說是動彈不得。這個鏡頭非常超現實，刻畫出正在發生的事有多麼不真實。一場全球性的大流行病席捲中國，而且正在向西散播開來。消息從香港、泰國、韓國傳來……接著，乍然降臨到了我們歐洲。我看著電視新聞，螢幕出現倉皇無措淚流滿面的義大利醫師，他們的臉孔因為戴口罩而變得皺巴巴，正在發生的事太嚴重了，他們不知如何是好。在英美，恐慌提升為對衛生紙的狹隘關注，在我的記憶中，超市的衛生紙首次賣光。

病毒是微小的顆粒，小到肉眼看不見，即使以超高倍率的光學顯微鏡也未必見得著，而且以任何意義來說都不是真正的生物。病毒不能像其他生物那樣複製，需要進入一個真正生物體，劫持宿主細胞來製造更多的病毒。接著，很快有數以百萬計、數十億計的病毒產生，等著透過空氣、血液、接觸，傳播到另一個宿主身上。病毒沒有思想和意圖，沒有惡意和目的，我們將病毒人性化，說它們邪惡，談論與它們的對抗，但我們的對手並不知道它在與我們對抗。它冷酷，而且無情。

這個病毒讓世界屈服，引起了特別的共鳴。我擔心全球暖化、戰爭、恐怖主義，因為這些可能改變我們的日常生活。然而，自然界中最微小的粒子卻揭露了人類的傲慢自大，這是一部黑色喜劇，也是一齣絕望悲劇。病毒把生活剝得只剩最基本的東西，進而揭示了我們內在深處的性格，對我們個人、社會以及全球政治結構都是如此。病毒，是偉大的啟示者，也是心狠的劊子手。

醫院上下都進入作戰模式，召開緊急會議，視訊會議的新鮮感還沒有退燒。這場危機爆發初期，我們慷慨無私，害怕冷嘲熱諷。我們說了很多話，大部分毫無意義，因為我們迴避一個明顯的結論：沒有人知道這場大流行病會變成怎樣。由於缺乏證據，眾說紛紜。精神醫學的定位尚未確認，但預計非常重要。

意外的是，第一個討論的話題不是關於病人，而是醫師和醫務人員的自處之道，精神壓力預計將非常沉重。我們引入一個過去在醫學上未曾使用的概念——從軍事借來的術語——「道德傷害」。[1] 既然都說與病毒「作戰」，那麼使用軍事術語也許不足為奇。用軍事術語來說，道德傷害是戰鬥的無形影響，指的是被要求參與違背個人道德價值觀的行為，或是目睹了這類行徑而未加以阻止的情感影響。據說，倫理和道德上的妥協會造成長期的羞愧、內疚與心理健康問題，有時還會導致成癮問題，對於迫使個人陷入這種境地的官僚或體制產生憤怒和怨恨，這些情緒可能始終揮之不去。在會議上，精神醫學專家所關切的是這即將成為醫務人員的命運，他們將被要求做出選擇，哪些病人使用呼吸器，哪些病人只能任其死亡。他們將無法看著失去親人的家屬的眼睛說：「我們已經盡力了。」[2]

幾天過去了，幾週也過去了，這種令人擔憂的情況並未發生。在世界其他地方，許多醫療系統瀕於崩潰邊緣，醫師越來越乏於應付。在英國，加護病房醫師忙得焦頭爛額，精疲力竭。另一方面，我有許多同事，無論是一般內科還是外科，都提出相反的問題：他們沒有足夠的工作可做。為了提高醫院的處置能量，門診、常規手術和移植手術一概取消，結果卻發現我們並不需要這麼做（至少在第一波中是這樣；第二波則全然是更殘酷、更挫折的經歷）。與此同時，醫療機構中的大量醫療問題消失了，心臟病發作、中風、哮喘、視網膜脫落和其他緊急醫療問題哪裡去了？病人似乎不再上醫院，精神科的轉診也減少了，還有——至少就我所在的地區來看——自殘的病人似乎少了。

我想起美國九一一恐攻事件後《英國精神醫學期刊》刊登的一篇論文。[3] 該文研究了恐攻之後的自殺率，發現該年九月自殺率創下二十二年來九月自殺率的新低紀錄，呼應了十九世紀、二十世紀初法國社會學家涂爾幹（Émile Durkheim）的理論。[4]涂爾幹是從社會學角度探討自殺問題的先鋒，他不只探究個人的影響，也探究社會對於自殺率的影響，包括經濟以及其他社會事件。他強調的一個例子是一八四八年歐洲自殺率陡降，而這一年整個歐洲大陸發生一連串的革命。他的假設是，在特殊危機時期，比如發生戰爭或其他衝突，人民會團結起來。在一個原子化的社會，感到孤獨是一種自殺風險，但在對抗共同敵人時，社會凝聚力降低了自殺率。毫無疑問，新冠肺炎疫情蔓延就是一個危機時刻，涂爾幹的理論似乎正在被證明是正確的。不過，我沒有忘記他理論的另一面：在經濟危機時期，自殺率有上升的趨勢。當世界各國政府為了維持經濟運轉而借了大量資金，經濟學家便警告這將是二戰以來最嚴重的經濟衰退，而我則擔心在 COVID 之後是否會有一波自殺潮。

在英國政府宣布首次封城之前，大家都已經知道那是早晚的事。封城前一日，我去了離家二十分鐘車程的公園，想在遠離人群的空曠空間享受些許獨處時光。我懷著感傷，設法接受生活即將改變，而且是可能永遠改變的事實，想要用心品味這趟散步。沒想到，公園擠滿所有抱持相同想法的倫敦人，我們設法保持兩公尺距離的同時，首度參與了一段集體編舞，也像是共同創作了一幅幾何設計。感覺荒誕又悲涼。走回車子時，我注意到沒人撿起無主的飛盤，就怕被感染。

次日封城開始，心理影響出現了。首先是一封政府機構寄給我妻子莎拉的信。信上說，她有哮喘，如果不幸染上新冠病毒，屬於脆弱的一群，因此需要「嚴加保護」。她與任何人的距離，絕對不能少於兩公尺，包括直系親屬在內，這種保護必須維持十二週。這封信瞬間對心理產生了影響。莎拉自己也是醫師，平日頭腦冷靜，但這封信她幾乎只讀到「脆弱」幾個字。我被放逐到客房，如果我們不小心同時進了廚房，就會在流理臺四周跳起奇怪的同步舞，我想開冰箱，莎拉就繞過廚房中島，避到水槽那一頭。

「莎拉，這太離譜了。」

「這是政府的建議，我需要嚴加保護。」

「可是昨天在車上你就坐在我旁邊啊，從那以後，我也沒去別的地方。」

與我們許多情緒一樣，這不是根據對於現實的理性評估，而是一種無力感，被貼上「脆弱」的標籤，必定有這樣的感受。這個標籤具有傷害力，帶來恐懼和猜疑，讓人預期最壞的情況會發生。在其後幾週，我與許多必須「嚴加保護」的病人和朋友交談，他們對於被「嚴加保護」有類似的反應。被正式歸類為脆弱的一群，有一種打擊士氣的獨特感受，我許多病人開始擔心死神嶙峋的手指來拍打他們的肩膀。新冠病毒揭露了所有人內心深處的生存恐懼。

在醫學這門學科中，脆弱是一種很普遍的感受。現代醫學的聲譽建立在治療傳染病的能力之上，醫學消弭人類對於瘟疫的忌憚或因手指割傷而感染身亡的恐懼。新冠病毒則可能推翻這一切，以不可預測的奇怪路徑傳播，我們幾乎無法理解，更遑論控制住它。它對男性的影響大於女性。原本老年人格外嚴重，誰知突然間一個健康的年輕人也可能成為重症患者。懷疑和徬徨悄悄鑽入公眾心理。

這是最糟的一種懷疑。談到賭博，最容易上癮的地方是「隨機強化」，也就是時贏時輸，勝負難以預測。下一輪的轉盤，下一回的擲骰子，可能就翻盤了，沒有任何規則可言，也無法控制，這就是為什麼賭徒會抱持迷信，讓自己有種控制局面的錯覺。反之亦然。當可能會有非常不好的結果時，不能預測或無法控制結果的話，尤其令人沮喪，而正是這種不確定性對人的幸福感最具破壞性。（這讓我想起兒時的猶太老笑話，有個人收到母親的電報，上頭寫著：「開始擔心吧，詳情之後再說。」）新冠病毒善變難料，它的影響充滿了不確定，足以讓恐懼持續下去。

病毒似乎給我整個醫界同行帶來奇怪的情緒。我注意到，覺得自己是重要的局內人，被認為在領導對抗病毒的行動，是醫界普遍的動力。虛擬世界出現了醫務人員編排舞蹈的影片以及醫師穿著個人防護設備的自拍照；而現實世界中存在著大量的重複工作。醫師希望其他人想得到的任何新冠病毒新對策，他們老早也都想到了。我想起描述心理學家的那句老話：他們寧可使用彼此的牙刷，也不願使用彼此的評量表。我想，這在任何地方都是一樣的，當腳下的沙子在流動時，每個人都希望感覺到他們的生命很重要。

為了滿足民眾對於新冠肺炎新聞的無底需求，名嘴紛紛露面。起初這些言論令人心驚，接著是厭倦，最後是多到受不了。我想起了黑暗的未來主義戲劇《黑鏡》（Black Mirror）的作者布魯克（Charlie Brooker），他在接受《新聞之夜》（Newsnight）電視新聞節目採訪時，把觀看新冠病毒的新聞比喻成吃水果，「在一定程度上對你有好處，再多，就讓你拉肚子了。」但是，我們被無休無止的新聞迷住了，彷彿被眼鏡蛇催眠一樣，目光無法從盯著我們的死神身上移開。人人都成了病毒學和流行病學專家，我們將希望寄託在疫苗上，而「希望」是一個糟糕的危機處理策略。

至於我的個案所受到的影響，好壞參半。其中一些人告訴我，他們比平日更快樂，這是我在疫情之初始料未及的。不用天天通勤上下班，他們覺得少了負擔，更開心能夠成為自己工作場所的主人。個人之於工作環境的控制，對於我們的健康和幸福感受，有著遭到低估但非常重要的影響。一項著名的研究，即「白廳研究」，研究在英國政府中心白廳公務員的心臟病發病率。[5]研究人員發現，控制工作環境的程度，也就是何時工作、如何工作，與日後罹患心臟病的風險相關。無法控制自己工作的員工，也就是研究中所謂的「決定自由度低」者，壓力大過於能夠控制自己工作的人。如果缺乏控制能力，那麼在追訪期間冠狀動脈疾病的發病率會更高。因此，我有幾個個案首次嘗到了自主權提高的滋味，感覺更受信任，更有控制力，也更有成就感。

更令人驚訝的是，一些焦慮症和憂鬱症患者告訴我，他們能夠忍受封城措施，有些人甚至很享受。每個人現在都生活在自己的世界裡，沒有人比他們更常外出或玩得更開心。難得一次，這些患者加入了人類普遍的體驗，而不是成了被遺忘與邊緣化的少數群體。有幾個個案說，他們擔心發生這種大災難很久了，現在災難終於來了，簡直是一種解脫。他們不再只在意著擔憂和不確定，而是用心做到最好。

但最常見的是，個案開始感到痛苦。我打電話給幾個月前才初次就診的門診個案。他轉診的原因是持續情緒低落與焦慮，此外，也有不明原因的瘙癢。起初，醫療小組懷疑可能是由於肝臟或腎臟疾病引起的，但所有檢查都沒有結果，瘙癢問題仍然無法解釋。他二十多歲，很瘦，坐在我辦公桌對面的椅子上，有些不自在。我推測他知道吸毒是導致他所有問題的原因，因為我沒花多長時間就弄明白了，但他任由自己接受一連串檢查，不願面對告知醫師事實的羞愧。或許這其中也有一廂情願的因素，也有否認的因素。但是，一旦我們開始談論吸毒的問題，一旦事實揭露，他顯然解脫了，而能夠對我坦誠。由於無聊，他大部分時間都在吸毒，以填補生活中的空虛。他沒有親近的家人，沒有可以說話的真正朋友，也沒有社交生活。他獨自和狗生活在一起，在白天做一份文書工作，晚上卻無事可做，於是他就開始吸毒。我們制定了一個治療計畫，以增加他的社交接觸為基礎，擬定切實可行的步驟來安排生活，這樣就不需要仰賴毒品獨自度過漫長的夜。他告訴我，計畫很順利，直到封城和強制隔離開始。無聊再次成為他的伴侶，不久，他又開始吸毒了。我毫不懷疑他低估了他吸毒的程度，也許他是不想讓我失望。更有可能的是，他不想向自己承認這一點。無論是哪種情況，看著個案退步並不好受。

我還有一些個案變得更加偏執，因為孤立會讓人顯現出這類的特質。記得我有個長輩在晚年變得更加偏執，即使在她年輕的時候，她也算有點多疑，老是咬定清潔工偷她的東西，或者雜貨店老闆在她的購物袋放了較差的農產品。當她年紀大了，丈夫走後，她經常打電話告訴我們，有人在夜間進入她的公寓，拿走肥皂或動了她的鞋子。我們都認為她開始癡呆了，偏執只是其中一個徵兆，但是後來她住進護理之家，令我們驚訝的是，偏執就立刻消失了。另一種形式的人際接觸，有助於所謂的快速理智檢查，對我們的想法或情緒進行三角測量，確定我們沒有悄悄離開我們的停泊處。這種經驗我們都有過：反覆思考某人的評論，把它翻過來倒過去，最終過度解讀，賦予它根本沒有的意義。當我們反應過度時，需要可靠的人來點醒我們。孤立會消除這些檢查和制衡，讓人表現出導致不信賴和敵意的預設思考方式。

有的個案變得更孤僻消沉。缺乏社交接觸並不容易，但失業或無薪假（大多數人在新冠病毒疫情爆發之前從未聽說過的無薪假，我覺得 furlough 這個英語單字聽起來隱約好像跟馬有關）尤其容易讓某些人沮喪。時間裂了大口，始終被日常生活的紛擾拒於門外的疑慮和不確定都流了進去。對有焦慮傾向的人來說，COVID 讓他們對於這一切何時與如何結束產生了焦慮的想法；至於容易情緒憂鬱的人，它誘發了無助、困頓和絕望的感覺。

在政府方面，新冠病毒揭露並放大了政治家、國家元首以及整個政治體制的缺點。對政治家來說，面對他們控制力如此有限的危機，任何決定的不利後果都會透過每天大量死亡人數來衡量，這讓他們感到不安。一些政治家試圖混淆視聽，否認真相，儘管他們肯定知道真相終會大白。還有的政治家認為，他們可以憑藉著意志力讓問題消失，結果卻發現，一廂情願是比希望更糟糕的策略。政治家的直覺越專制——他們越是試圖打敗病毒，而非確實與科學打交道——問題似乎就越嚴重。一天晚上，我躺在床上，好奇世界各國領袖躺在床上時腦子在想些什麼，他們是感到恐懼還是內疚，是漠不關心還是聽天由命，是恐慌還是基於道德而保持冷靜？我並不羨慕他們。我希望他們盡量不去想他們的決定促使人類要付出的代價。

至於我呢？我擔心在曼徹斯特的父母，我已經好幾個月沒有見到他們了。我不是在家，就是在工作場所，沒有朋友，沒有足球比賽，沒有咖啡館，沒有酒吧，也沒有假期，這讓我感到有些幽閉恐懼。我持續感受到時間的流逝，日升日落，日子一天天過去。我可以聽到鳥兒在樹上啁啾。每晚躺在床上時，我都很想知道我的生命在那一天是否有價值。這些思考有時會伴隨著一陣焦慮，一種深切的不安。新冠病毒揭發了許多真相：我意識到我獨自掙扎，我害怕孤獨，我害怕碌碌無為的晚年，我害怕死。

我也擔心人類。但我相信，我們是自負又有韌性的物種。也許新冠病毒是一個讓我們重新思考彼此之間互動的機會，讓我們成為更緊密、更慷慨和更有奉獻精神的社會。儘管我們人類有缺點，但我們想要一種歸屬感，能為更大的利益做出貢獻，有一天回顧我們的人生時，能夠說世界曾有我們走過而變得更美好。也許未來幾年會帶來這種變化。也許新冠病毒會帶領我們走向一個連結更深，更加公正、更加平等的社會。也許我們將齊力面對全球暖化、貧困和不平等的挑戰。

有一段時間，新冠病毒奪去了我們的所有。我們跌回我們為自己建立之生活的本質。病毒使我更加了解自己。我意識到我從根本上喜歡人，我認同在診間看到的許多問題，即使自己從未經歷過。我對人類，對我們的恐懼和脆弱，對我們的不安全感，對我們可憐的困境，對我在這個星球上的同伴的基本人性，充滿同情。也許這就是我成為精神科醫師的緣故吧——我想努力幫助他們。

---

1 Litz, B. T., Stein, N., Delaney, E., Lebowitz, L., Nash, W. P., Silva, C., & Maguen, S. (2009). Moral injury and moral repair in war veterans: A preliminary model and intervention strategy. *Clinical Psychology Review*, *29*(8), 695–706.

2 Greenberg, N., Docherty, M., Gnanapragasam, S. & Wessely, S. (2020)Managing mental health challenges faced by healthcare workers during covid-19 pandemic. *BMJ*, 368, Available at: https://www.bmj.com/content/368/bmj.m1211

3 Salib, E. (2003). Effect of 11 September 2001 on suicide and homicide in England and Wales. *The British Journal of Psychiatry*, *183*(3), 207–12.

4 Durkheim, E. (1952). *Suicide: A Study in Sociology*. Routledge & K. Paul.

5 Bosma, H., Marmot, M. G., Hemingway, H., Nicholson, A. C., Brunner, E., & Stansfeld, S. A. (1997). Low job control and risk of coronary heart disease in Whitehall II (prospective cohort) study. *BMJ*, *314*(7080), 558.

後記

精神科醫師很少收到感謝卡。大多數人寧願忘掉看過精神科這一回事，所以，看到信件格中有一封信，裝在奶油色手寫信封中，我完全猜不出與何事有關。我費了點工夫才撕開，險些撕破裡面的信。信來自一個我早已忘了的個案，我只見過她一次，而且是四年前了，所以還得查閱她的病歷，提醒自己替她看診的原因。她是個護理師，有憂鬱症病史，多年來定期服用抗憂鬱藥，但不能肯定藥物是否有用，而且她的憂鬱症似乎想來就來、想走就走。她擔心自己得的是難治型憂鬱症，這種恐懼左右了她的生活。

晤談後，答案很明確：抗憂鬱藥不起作用，那是因為她根本就沒有憂鬱症。幾年前，她確實有過一次憂鬱症發作，那一次治療有效，只是此後只要情緒一波動，似乎都以藥物治療做結。人得過憂鬱症後往往會忘記，傷心時落淚、挫折時難過都是正常表現，很容易把這些感受歸結為憂鬱症復發，最後醫師往往也會同意。像憂鬱症這樣的診斷，不僅僅是標籤，還是很難撕下的強力標籤，最後造成極大的傷害，使人相信自己不健康，終究無能面對生活問題。我給她的建議是，繼續過日子，好好生活，享受生活，畢竟她很健康，除了自尋煩惱的問題之外，並沒有其他真正的問題。我祝她一切順利，只晤談這一次，就要她不用再回診。

她在信上說，她找房貸文件時，在文件櫃後頭發現了我的信，上頭總結了那次的晤談。她想告訴我，在晤談後，她再次思索我所說的話，發現自己對精神疾病的執念讓生活變得太複雜，換一個角度來看，她發現自己基本上很健康，最糟的問題不過是容易自我設限。有了新的思考模式，她似乎沒有理由不接受男友的求婚。如今，她已經結婚三年，也生下一對雙胞胎，生活順遂，她想我或許想知道。

讀到這封信，我很開心。一次早已遺忘的晤談，一個我甚至記不得名字的個案，而我竟然給她帶來這麼深刻的影響，甚至讓她步入婚姻，生兒育女——想想還真是奇妙。一方面，我其實並沒有做什麼，我沒有做出巧妙的臨床診斷，也沒有使用特殊新興的造影技術，更沒有用最新最昂貴的藥物來治療她——假使這麼做了，我敢打賭，她病情好轉一定會被認為是醫學成就。然而，我做的不過是仔細了解她的問題背景，了解她的生活經歷，然後得出一個結論：她沒有問題，她很健康。先前其他人持不同的觀點，只粗略評估她的症狀，就開給她不同療程的抗憂鬱藥。

這讓我想起我在醫學院時讀過的一本書。有一回我在圖書館準備期末考，發現一本滿是灰塵的舊書，裡頭提到一場爭論，據說發生在一九四〇年代末期的英國醫學協會，爭論的問題是：醫學是一門科學，還是一種藝術。記得這段話我讀了一遍又一遍，怎樣也讀不懂這個問題，完全不明白怎麼會有這樣的問題。當時我埋首在病理學、生物化學、生理學、解剖學和外科的教科書書堆中，正在學習判讀 X 光片，還聽說有一項新技術問世，也就是核磁共振，它能顯現出美麗的影像，讓人得以直接一窺身體內部——醫學分明就是一門科學，我無法理解聰明人怎麼會認為這個問題值得討論。我繼續往下讀，翻到下一頁，在這場辯論中，「醫學是科學」的論點最後險勝。「很好。」我心想，但等一等，仍有近半數意見認為醫學不是科學。我搖著頭暗忖，這場辯論是在「失落的一代」（The lost generation）的醫師之間展開，他們穿奇怪的長外衣，行事迷信，還在使用瀉藥、藥膏和水蛭來治病療傷，與我現今所學的醫學毫無關係。

不過，隨著時間推移，我有了新的領悟：醫學的基礎是一門科學，醫學的診治卻是一門藝術。當然，我非常尊重科學，醫療保健的創新時常令我折服讚嘆，我也熱中閱讀基因體學、標靶單株抗體、外科手術進展的文章。然而，從這些進步獲益的人，只是就診者之中的一小部分，而不幸的是，醫學相信一個觀點：這才是「真正」醫學。有些紀錄片欣喜若狂地拍攝外科團隊的英雄事蹟，還給了螺旋狀 DNA 特寫鏡頭。這是大眾所接觸到的東西，因此他們認為這就是醫學也不足以為奇。人們相信，移液管、試管、活組織切片、病理切片、成像和精確手術是醫學的大致基礎；這種信念非常普遍，所以一般沒有受到質疑。

記得在讀醫學院時，我被派到倫敦數英里外一家醫院接受小兒科訓練。醫學生生活通常枯燥無味，比枯燥無味更糟糕的是還有一種揮之不去的無能感——被踩在每個人的腳下，對病人的健康也無實質的貢獻。我必須不停地去旁聽門診，靜坐在一旁觀察，這不是一種鼓舞人心的學習方式，甚至也沒什麼效果。無聊是我相當忠實的伴侶。一些較好的醫師會讓你獨自和小病人或父母說說話；有的醫師偶爾想起你也在場，在病人離開後，就病人的狀況粗略討論幾句；還有一些醫師根本就不理會你，把你當成空氣。當時，我跟著最後一種醫生看診，等著門診時間結束，或者被告知可以去吃午餐了。我在椅子上扭動身體，發現背部已經麻了，哮喘病童逐一進入診間。好不容易熬到結束，我問主診醫師喜不喜歡他的工作，會不會推薦選擇兒科作為終身職志。一瞬間，大壩彷彿潰決了。他告訴我，他對自己的職業選擇後悔不已。他原本相信這個選擇能夠拯救生命，贏得父母的感激，在重重壓力下做出決定，是多麼刺激又充滿戲劇色彩。但與預期相反，他的生活不外乎連絡學校，與社服機構開會，安撫焦慮的家長，他每一分鐘都覺得厭惡。沒有人告訴他這是醫學。他領悟得太晚了，醫學不是拯救世界的英雄之舉，不是化險為夷的神來之手。這些拍成電視劇肯定精采，但只是少數病人的遭遇。

醫療保健越來越專業化，分散到不同的專科醫師團隊；專科醫師的知識越來越深入精細，而代價是見樹不見林。我多次被找去查看五、六個不同專科醫師經手過的病人，每一次的門診都浪費了病人的時間和情緒能量，但我讀專科醫師的報告，他們說的幾乎都一樣。他們會肯定地說，病人的問題不是什麼別的問題，而是與他們的專科器官有關的問題；有時只是在檢查和治療掃描或驗血中出現足以亂真的問題，他們才得出這個結論。他們建議另一位專科醫師在另一個地方尋找病人不適的原因。在自我限定的專科領域裡，每個人都有把握，而在那個領域之外，卻越來越無能為力。

醫學基於一個假設：病人出現症狀，是因為有潛在的疾病。凌亂的病患自訴，患者對己身問題的不精確認識，全都有賴醫師清楚明瞭的探查。醫師希望能夠克服雜訊，找出信號。一項研究發現，病人第一次就診坐下來後，通常會在十一秒後被醫師打斷。[1]看診程序由醫師訂定，不是病人。醫師的程序是，透過仔細詢問和標靶檢查找出病因所在，像雷射光一樣搜索身體，逼它說出祕密；也就是企圖從混亂中理出頭緒。霧氣散去，診斷浮現，在陽光下焦距變得清晰。

這種做法的問題在於現實世界籠罩在灰色暗影中。病人出現的症狀，與疾病或是臨床診斷毫無關係。了解病人想要討論的問題會讓問診更有成效，使你能夠直接解決病人所擔心的問題，而這問題往往不是醫師猜得中的。記得我看過一位犯頭痛的年輕女性，她的醫師不大在意頭痛問題，但她最後說服醫師為她做了腦部掃描和其他檢查。雖然得到了護理，但她覺得醫師「打發」她，我覺得這麼說有些不公平，因為他對她進行了相當徹底的檢查。然而，她說那位醫師做得非常勉強，敷衍了事，最後檢查結果顯示為正常時，她聽到他說：「都是好消息，你沒有什麼問題。」

但是，她相信自己一定有什麼問題，因為她的頭痛仍舊沒好。在我們晤談時，我問她是不是不信任替她做檢查的醫師，她告訴我不是這樣的。我說：「好吧，顯然你也想了很久，你認為頭痛是什麼原因？」她有點不好意思地說，一方面明白自己反應過度，另一方面這也反映出一種真正的恐懼。她告訴我，她在大學認識的一個人，上學期因為腦瘤休學了，她不清楚他怎麼了，因為他們不是特別熟，但這個插曲讓她極度焦慮。她只是需要一句「你沒有腦瘤」的保證，有了這句保證，她的頭痛就會自然好了。

醫師通常很少有時間與病人**真正**交談。門診量帶來龐大壓力，需求無盡，幾乎不可能滿足。這也證明了「欲速則不達」的真理，因為不符合成本效益。我們已經知道，每年額外花在不必要檢查的費用達數十億元，也明白了精神問題會讓慢性疾病成本變得複雜，包括健康成本和財務成本。我們發現了臨終關懷的成本，未能理解病患決定的理由的成本，還有，病患是否會服用處方藥物的成本。

如果你曾經與人吵架，想改變對方的想法，你一定知道出發點是傾聽和理解對方的立場。改變他人的想法，必須建立在對方感受到被傾聽，而非高聲喝止的基礎之上。唯有他們感覺你聆聽了他們的意見，他們才會願意傾聽你的意見。醫療也是如此。如果想要有效治療，尤其是想讓病人理解你的觀點，你需要的是多聽少說。然而我們知道，醫師在問診時說個不停，還經常提前打斷病人。

大多數醫師已經明白這一切，只是知與行是兩件事。儘管我們了解疾病，也理解病人的行為，醫療卻始終偏於理性主義和科學觀點，這一點在第二級醫療院所更為明顯。在第二級醫院中，醫師更有可能認為他們的角色是處理生病的身體，而非不安的心靈。這可以裡解是為了控制問題而有的做法，但在這種情況下，生命關懷可能被簡化為臨床診斷（然後再簡化成診斷計費代碼）。這種做法可以幫助醫師，但從根本來說並沒有服務到病人，因為過分簡化理解病人問題會導致過分簡化的解決方法。有效的醫療照護需要理解個人的生活背景、他們所受的影響，以及他們感覺到「被人理解」。無法達到這一點，正是患者使用另類療法或補充藥物最常見的原因。病人可能尊重醫學的技術能力，但不尊重它背後的人心。

我在教學醫院也要負責帶醫學生。我喜歡帶醫學生，因為醫學生通常還沒有培養出常識，經常會提出一些追根究柢的問題。然而，醫學生往往強烈渴望一個清楚簡單的答案。我教導他們治病方法時，經常誘使他們用一個單詞來回答我，常見的回答是藥名。我則會試圖解釋，比方說，治療憂鬱症的方法不是「抗憂鬱藥」，或至少不單單只有抗憂鬱藥，還要了解個案的生活方式、支持來源、就業、藥物使用、自尊和所有可能需要改善才能達到康復的條件。身體健康問題也是如此。治療疼痛的方法不是只有止痛藥，還要了解疼痛的背景，任何相關的情緒觸發因素，病人是否覺得自己能夠控制疼痛，他們認為疼痛代表著什麼，他們對疼痛有什麼恐懼。如果不針對症狀的背景或其心理層面加以深入了解，醫療毫無意義。不過，幾十年來，醫學的「科學化約論」（scientific reductionism）已經把我們帶到了這個地步。

在確定沒有被人偷聽時，醫師會私下討論「心沉患者」——進入診間時會讓醫師心往下一沉的患者。以前這些病人的醫療相關文件夾厚厚一疊，而現在他們有大量的電子病歷，要花很長時間才能下載。他們不斷為了持續的症狀去看病，醫師卻無法處理，專科醫師不斷把他們送回一般社區醫師那裡，卻沒有得出一個診斷結果。隱約的背痛，似乎不會消失的頭痛，頭暈，鼻竇不舒服，盆腔疼痛，疲憊，喉嚨感覺有腫塊，長期咳嗽，瘙癢不止——在醫界中，他們引發一種無助感和挫折感，因為醫師最不喜歡的莫過於病人好不了。病人不斷回來是一種挑釁，讓人想起醫師的無能，以及目前的醫療診治方式無法解決許多病人的問題。病人帶著症狀去找醫師幫忙，卻被認為「沒有真正的病」，這不是真正的醫學。顯然，我們對於醫學的思考和診治方式出了問題。

泌尿科醫師格拉斯（Jonathan Glass）是我的好友兼同事，曾經告訴我他對「心沉患者」的想法（後來發表在他精采的部落格）。[2]多年來，他的部門每週開一次泌尿外科會議，有一週主題就是心沉患者。他所屬部門的成員輪流介紹他們難纏的個案。喬納森則決定換個角度，從病人的立場來看問題，還創造了「心沉醫師」一詞。這種醫師讓患者一進入診間就發出呻吟，因為他們立刻知道這次看診將會敷衍了事，醫師不會投入什麼情感能量，甚至對病人本身的基本興趣也沒有。心沉醫師「除了目前呈現的症狀外，不會努力去發現更多有關他們面前病人的事……他們以治療計畫為導向，沒有按照個案需求去安排醫療照護，他們希望盡早將病人轉診到其他專科。」

興趣與好奇心是很難教的，但如果對眼前的病人沒有興趣和好奇心，就不能成為成功的臨床醫師。如果不了解個案的生活，那就不可能理解某個症狀的含義，也不可能理解個案為什麼會害怕它。眼皮跳是正常的，但對於一個親屬患有多發性硬化症的人來說，眼皮跳對他的意義，不同於一個幾晚沒有好好睡覺的人。如果不了解他們的價值觀和世界觀，就無法理解為什麼有人會不願意吃藥，或是不接受醫師認為他們必須接受的治療。醫師眼中的「不服從」治療，通常是醫師還未理解的觀點。

在行醫生涯中，我很少遇到惡劣的同行。幾乎所有我遇過的醫師都是有原則有幹勁的，帶著這份職業的使命感，懷抱著改善自己照護對象的生活的願望，賣力工作。只是我們為自己所創造的系統——我們稱為醫學的系統——偏離了軌道。以色列前駐美國和聯合國大使埃班（Abba Eban）說過：「共識，是人人同意集體說出而個人並不相信的東西。」醫界的共識是——幾乎沒有人相信，但幾乎普遍實行——越多的醫學就是越好的醫學，這種謬論認為，更多的檢查和更多的治療會帶來更好的結果。近年來，北美發起「聰明就醫運動」（Choosing Wisely）想要解決這個問題，這個運動也在許多西方國家推廣開來，不過過度檢查和過度開藥的吸引力仍然很強。

我的職業生涯花了很多年時間收拾此法造成的爛攤子。我想到了蓋文，一個持續偏頭痛的四十四歲男子。他告訴我，他從十年前開始偏頭痛，一直持續到現在。偏頭痛讓他無法工作，幾乎毀掉他與妻子的關係，朋友也漸漸疏遠他。他回憶起那個決定命運的早晨，他醒來時，頭痛毫無預警就開始了。他告訴我，他一定是夜裡磨了牙，因為他醒來時下顎很痛，腦袋好像有什麼在劇烈地敲著。他開始講述他的故事。

蓋文個性溫順而敏感，給人的印象是善良但膽怯，他努力讓生活中最重要的東西——工作、伴侶和家庭——保持平衡，但不冒犯到任何人。他違背妻子的意願照顧病危的母親，妻子不支持他，也不明白何以其他家庭成員不願伸出援手，何以事情總是落到他的頭上。妻子告訴他，他對她是有責任的。另一方面，他的弟弟開始認為，蓋文照顧生病的母親，是為了把即將可以繼承的遺產通通拿走。他的弟弟非常多疑，長達數月的家族內鬥就這麼展開了。

他們的母親去世後，遺囑公開了，不知何故，蓋文什麼都沒有繼承到。沒有任何解釋，他實在不明白這是怎麼一回事，推測也許母親認為弟弟的經濟需求更大，或者（他認為更有可能）弟弟對母親加以威嚇哄騙，她只好讓步，同意更改遺囑。蓋文發現他根本無法表達自己的苦惱。他告訴我，他在夢中對弟弟大喊大叫，一吐在現實生活中永遠不能對他說的話。他夜晚磨牙，白天緊張急躁，心裡充滿不祥的預感。他和弟弟撕破了臉，最後不再說話（「他現在對我來說已經死了」）。

蓋文看了醫師，被轉介到當地醫院的神經科檢查頭痛，接受頭部核磁共振和許多血液測。所有檢查結果都正常，於是醫師給他施打肉毒桿菌素，用低週波治療器和藥物嘗試控制疼痛。低週波治療器是個小盒子，利用皮膚墊片施予輕微的電擊，阻止疼痛信號傳遞到大腦。這是根據痛覺的閥門理論，也就是輕觸會優先傳到大腦，關閉痛覺的閘門。但毫無效果。一直以來，他都試圖告訴醫師他的推測，他的頭痛可能是和弟弟鬧翻、從母親的遺囑中除名的結果。但這個想法根本沒有討論的機會，完全被忽略了。他換醫院，換醫療團隊，費了十年工夫，終於有人問他對自己的病痛有什麼看法。終於，在許多年過去之後，他對自己的生活幾乎無能為力的現在，他才得到他一直試圖尋求的協助。「我十年的人生。」他說著，做了把紙張揉成團扔進屋角垃圾桶的假動作。「看了那麼多的醫師，做了那麼多的檢查和治療，全是白費力氣。」

晤談結束後，我還想著蓋文。一個畫面在我腦海揮之不去：揉成一團的紙，代表著他的人生歲月，就這麼被扔開了。很難想像也很難解釋為什麼會發生這種事，只能說醫學界不鼓勵以複雜心理學解釋健康問題，而傾向以簡單的醫學來解釋。

顯然，我們的行醫方式延續一套不適合大多數就醫者的醫療保健制度。在我做精神科醫師的二十年裡，我逐漸領會了同行前輩的智慧，他們始終明白，醫學首先要關心的是人，事實上也只關心人。我們每一代都忘記了這一點，每一代都需要重新學習這一點。每一代都以為，在診斷和治療的過程中，先進技術最為優先，人的互動只能擺在次之的地位。

精神醫學絕對不是醫學的邊緣學科，它**是**醫學。但在英國大多數急症醫院，精神醫學的工作做得很表面，甚至根本沒有。在英國，我們每年多花了八十至一百三十億英鎊，就因為我們未能解決慢性疾病個案的心理健康需求。[3]這包括每年花費三十億鎊對因身體狀況而就診者進行不必要的檢查，但他們的病因其實是心理因素，好比蓋文的症狀。在美國，由於醫學無法解釋的症狀，每年衍生的支出據估計為兩千五百六十億。[4]在臨床路徑的每一個階段——從去小診所看病和掛急診，到去大醫院門診和住院——有醫學無法解釋的症狀的人，就診次數更多，花費也更高。

在行醫生涯中，我一直在觀察統計數據告訴我們的真相——憂鬱症者比無憂鬱症者更早死於醫療問題；向社區醫師提出症狀的人，通常他們的症狀沒有任何生理解釋。我逐漸了解，一個人的心理健康和性格，不只決定了他承受的症狀，也決定了他一輩子身體健康問題的後果。

誠然，無論在身體健康方面還是一般生活中，我們都是自己的個性和心智的囚徒和產物，不過未必只能如此。我的經驗是，在幫助人們突破這些牢籠，理解身心相互作用方式的過程中，醫學藝術可以結合醫學科學，變得比單獨任何一方都更有用也更有效。

1 Ospina, N. S., Phillips, K. A., Rodriguez-Gutierrez, R., Castaneda-Guarderas, A., Gionfriddo, M. R., Branda, M. E., & Montori, V. M. (2019). Eliciting the patient's agenda – secondary analysis of recorded clinical encounters. *Journal of General Internal Medicine*, *34*(1), 36–40.

2 Glass, J. (2019). The heart sink doctor [blog]. The BMJ Opinion. Retrieved from https://blogs.bmj.com/bmj/2019/10/23/jonathan-glass-the-heartsink-doctor/ (accessed 26 Nov. 2020).

3 Naylor, C., Parsonage, M., McDaid, D., Knapp, M., Fossey, M., & Galea, A. (2012). Long-term conditions and mental health: The cost of co-morbidities. The King's Fund and Centre for Mental Health.

4 Barsky, A. J., Orav, E. J., & Bates, D. W. (2005). Somatization increases medical utilization and costs independent of psychiatric and medical comorbidity. *Archives of General Psychiatry*, *62*(8), 903–10.

致謝

當我決定寫一本書，闡述我的想法，解釋我們的身體健康和心理健康是密不可分的，我以為這個過程很簡單。我想像自己寫出了一本書，選擇由哪家出版商出版。這樣的天真有時是生活上的優勢，否則什麼事都難以開始了。但我的狀況是，問題很快就出現了：原來寫書有其現實的一面，出版是一段神祕的過程。這時，我何其有幸，遇到了我的經紀人 Jonathan Conway，他是我所認識的最善良、最溫柔、最聰明的人，讓這本書更有輪廓和重點，在我的文字未經雕琢之時，便對它們抱持信心。我也很榮幸能與 Avery 出版社的編輯 Caroline Sutton、Atlantic 出版社的編輯 Mike Harpley 一起工作，他們的見解，追根究柢的問題，對細節的眼光，以及他們對這本書的信念，讓這本書在許多方面都獲益良多。我還要感謝我在美國的經紀人 George Lucas，以及 Avery 出版社的助理編輯 Hannah Steigmeyer，感謝他們的付出，也要感謝他們的善良和效率，他們兩人幾乎都搶在我發出郵件之前就回覆我。

在全國各地，好幾位同行慷慨無比，抽空和我討論，幫助我開發想法。牛津的 Michael Sharpe 教授，愛丁堡的 Alan Carson 教授，劍橋大學 Annabel Price 精神醫學博士，哈羅蓋特外科醫師 Clare Adams 女士，以色列心臟病專家 Gideon Paul 博士——他們花時間和我談論書中的概念，無非是出於對醫學的熱愛。在離家較近的倫敦，也有許多人出了許多力：泌尿科專家 Jonathan Glass 先生（但在我看來他自己就是一個精神科醫生）；Alex Leff 教授；Ros Ferner 教授；神經科的 Guy Leschziner 教授與 Paul Bentley 醫師；腎臟科的 David Game 醫師、Refik Gökmen 醫師和 Rishi Pruthi 醫師；糖尿病代謝醫學的 Luigi Gnudi 博士；藥劑部 Siobhan Gee 博士；心理醫學部 Renata Pires 博士、Daniela Alves 博士和 Dorota Jagielska-Hall 博士；精神醫學部 Tim Segal 醫師、Gareth Owen 醫師和 Nikola Kern 醫師；持續身體症狀醫療小組的 Trudie Chalder 教授。我要感謝這些年來我遇過的個案，能在他們困難時期提供一些幫助，那是我的榮幸。我也要感謝我工作的醫院——南倫敦莫茲利 NHS 基金會信託（The South London and Maudsley NHS Foundation Trust），他們是模範雇主；還有蓋氏聖托馬斯 NHS 基金會信託（Guy's and St Thomas' NHS Foundation Trust），我每週大部分時間都在那裡工作。

一本書寫到最後，終究是要離開安全的電腦，迎接公眾嚴厲的批評眼光。這永遠是叫人惴惴不安的時刻，因此，我永遠感激我的姊姊 Kate Fulton，我最重要的啦啦隊長，她是第一個閱讀並批評每個章節的人，她的評論沒有打擊我，反而還鼓勵了我。

我還要感謝我的朋友 Dan Green，他對書籍的熱愛讓他成了提供另一種觀點的最佳人選，而他所提供的意見既清晰又幽默。

最後，在結束以前，我想感謝一些人，有關係很遠的人，也有關係親近的人。要感謝關係很遠的人，是因為這本書的大部分內容是我每天上下班在倫敦地鐵北線上寫的。或是擠在座位上，或者站著，勉強一手拿 iPad，一手打字，當有乘客從我身後閱讀時，我總是感到難為情，儘管寫書的目的就是供大眾閱讀。不過，在地鐵北線的旅伴和難友們，你現在可以自己買一本了。

最後感謝我的家人。我的父母始終給予我無止盡的支持，從不吝於告訴我他們對我的觀點的意見，但看到這一切的實現，他們感到自豪。感謝我的岳父母，感謝他們多年來所做的一切。感謝我的姊姊凱特和弟弟提姆，他們是我最親密的朋友。感謝我四個兒子，他們讓一切都變得值得，他們經過電腦時，喜歡指出我的文法錯誤，尤其是我太喜歡使用逗號。還要感謝我的妻子莎拉，她是我的北極星，是我生命中的摯愛，更是成就斐然的血液學家。她，是我的靈感。